W0215783

FiNALEonline.de

FiNALEonline.de ist die digitale Ergänzung zu deinem Arbeitsbuch. Hier findest du eine Vielzahl an Angeboten, die dich zusätzlich bei deiner Prüfungsvorbereitung in Deutsch unterstützen!

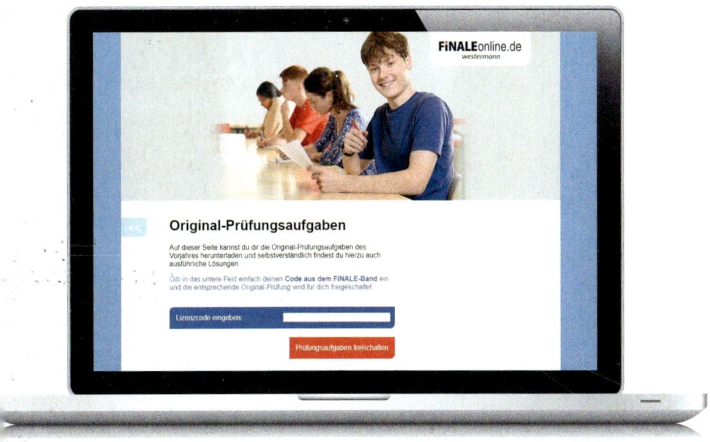

Das Plus für deine Prüfungsvorbereitung:

→ das Extra-Training Rechtschreibung

→ Original-Prüfungsaufgaben mit Lösungen (bitte Code von S. 2 eingeben)

→ Tipps zur Prüfungsvorbereitung, die das Lernen erleichtern

Online-Grundlagentraining

Du hast noch Lücken aus den vorherigen Schuljahren? Kein Problem! Das Online-Grundlagentraining auf FiNALEonline.de hilft dir dabei, wichtigen Lernstoff nachzuarbeiten und zu wiederholen. Und so funktioniert es:

Für das Fach Deutsch stehen dir über 100 Aufgaben zu prüfungsrelevanten Grundlagen in kurzen Trainingseinheiten zur Verfügung.

Unser Tipp für Lehrerinnen und Lehrer:
Nutzen Sie unsere vielfältigen Arbeitsblätter auch für Ihren Unterricht.

Für Lehrerinnen und Lehrer:
Die Lehrerhandreichung für den optimalen Einsatz der Arbeitsbücher im Unterricht zum kostenlosen Download!

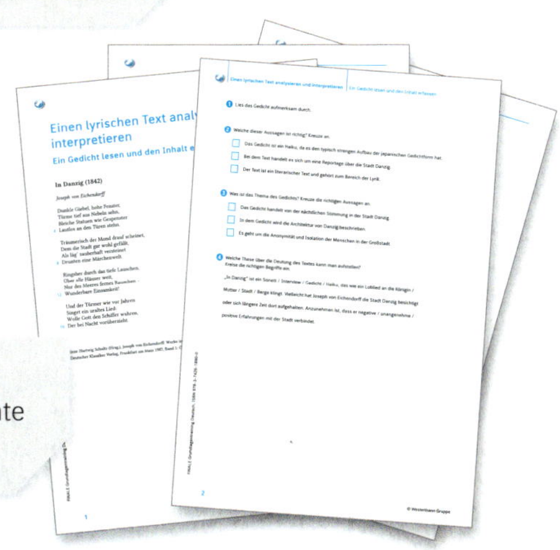

Du übst lieber auf Papier? Dann klicke auf „PDF“ und drucke dir die gewünschte Trainingseinheit aus.

FiNALE Grundlagentraining Deutsch

Das FiNALE Grundlagentraining ist die ideale Ergänzung zu diesem Arbeitsbuch. Es bietet eine große Auswahl an Materialien, mit deren Hilfe du prüfungsrelevantes Grundlagenwissen auffrischen und aktiv trainieren kannst.

Folgende Inhalte werden in diesem Band behandelt:

- Überprüfung des Leseverstehens
- Analyse und Interpretation literarischer Texte
- argumentativer Umgang mit Sachthemen
- Arbeitstechniken und prüfungsrelevante Fachbegriffe
- grundlegendes Grammatikwissen
- die wichtigsten Operatoren im Fach Deutsch

Zu jeder Trainingseinheit gibt es anschauliche Lösungen.

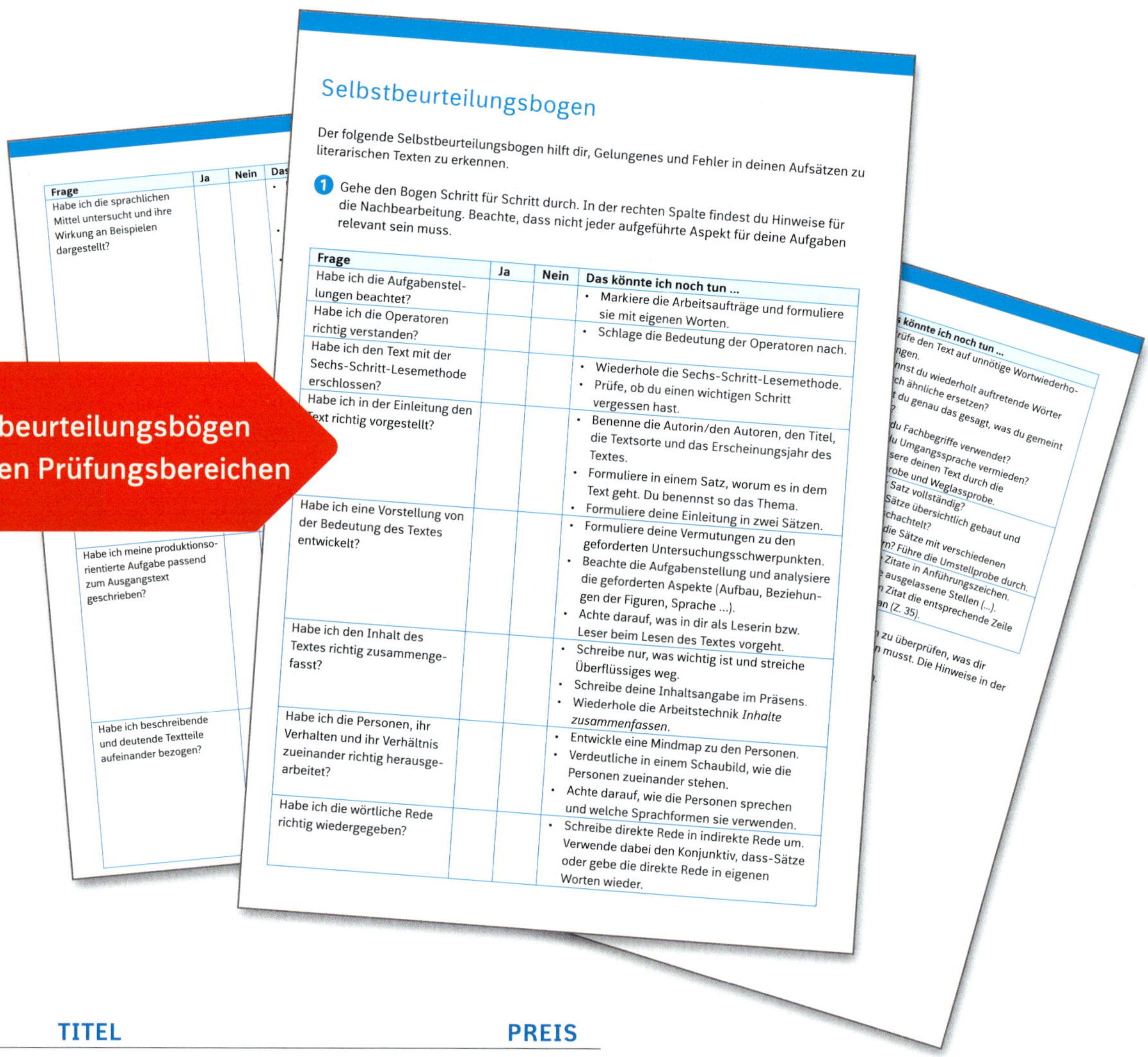

Selbstbeurteilungsbogen

Der folgende Selbstbeurteilungsbogen hilft dir, Gelungenes und Fehler in deinen Aufsätzen zu literarischen Texten zu erkennen.

1 Gehe den Bogen Schritt für Schritt durch. In der rechten Spalte findest du Hinweise für die Nachbearbeitung. Beachte, dass nicht jeder aufgeführte Aspekt für deine Aufgaben relevant sein muss.

Frage	Ja	Nein	Das könnte ich noch tun ...
Habe ich die Aufgabenstellungen beachtet?			• Markiere die Arbeitsaufträge und formuliere sie mit eigenen Worten.
Habe ich die Operatoren richtig verstanden?			• Schlage die Bedeutung der Operatoren nach.
Habe ich den Text mit der Sechs-Schritt-Lesemethode erschlossen?			• Wiederhole die Sechs-Schritt-Lesemethode. • Prüfe, ob du einen wichtigen Schritt vergessen hast.
Habe ich in der Einleitung den Text richtig vorgestellt?			• Benenne die Autorin/den Autoren, den Titel, die Textsorte und das Erscheinungsjahr des Textes. • Formuliere in einem Satz, worum es in dem Text geht. Du benennst so das Thema. • Formuliere deine Einleitung in zwei Sätzen.
Habe ich eine Vorstellung von der Bedeutung des Textes entwickelt?			• Formuliere deine Vermutungen zu den geforderten Untersuchungsschwerpunkten. • Beachte die Aufgabenstellung und analysiere die geforderten Aspekte (Aufbau, Beziehungen der Figuren, Sprache ...). • Achte darauf, was in dir als Leserin bzw. Leser beim Lesen des Textes vorgeht.
Habe ich den Inhalt des Textes richtig zusammengefasst?			• Schreibe nur, was wichtig ist und streiche Überflüssiges weg. • Schreibe deine Inhaltsangabe im Präsens. • Wiederhole die Arbeitstechnik *Inhalte zusammenfassen*.
Habe ich die Personen, ihr Verhalten und ihr Verhältnis zueinander richtig herausgearbeitet?			• Entwickle eine Mindmap zu den Personen. • Verdeutliche in einem Schaubild, wie die Personen zueinander stehen. • Achte darauf, wie die Personen sprechen und welche Sprachformen sie verwenden.
Habe ich die wörtliche Rede richtig wiedergegeben?			• Schreibe direkte Rede in indirekte Rede um. Verwende dabei den Konjunktiv, dass-Sätze oder gebe die direkte Rede in eigenen Worten wieder.

Mit Selbstbeurteilungsbögen zu wichtigen Prüfungsbereichen

BESTELL-NR.	TITEL	PREIS
978-3-7426-1890-0	FiNALE Grundlagentraining Deutsch	13,95 €

FiNALE Grundlagentraining gibt es auch für die Fächer Englisch und Mathematik.

westermann

FiNALE Prüfungstraining

Nordrhein-Westfalen

Hauptschulabschluss 2023

Deutsch

Andrea Heinrichs
Martina Wolff

FiNALEonline.de

Liebe Schülerin, lieber Schüler,

sobald die Original-Prüfungsaufgaben zur Veröffentlichung freigegeben sind, können sie unter **www.finaleonline.de** zusammen mit ausführlichen Lösungen kostenlos heruntergeladen werden. Gib dazu einfach diesen Code ein:

DE4v3Ln

Einfach mal reinschauen: www.finaleonline.de

Bildquellennachweis
|Bitkom e.V, Berlin: 86.1, 129.1. |Institut für Beschäftigung und Employability IBE, Ludwigshafen: Zoom-Fatigue / 2020 121.1. |Kaufmännische Krankenkasse KKH, Hannover: 63.1. |LVR-Institut für Landeskunde und Regionalgeschichte, Bonn: 80.1, 80.2. |Medienpädagogischer Forschungsverbund Südwest (mpfs), Stuttgart: 10.1, 22.1. |Peter Wirtz Fotografie, Dormagen: Titel. |Schwarz, Thies, Hannover: 115.1. |© Statistisches Bundesamt (Destatis), Wiesbaden: 2020, Vervielfältigung und Verbreitung, auch auszugsweise, mit Quellenangabe gestattet 22.2, 22.3.

westermann GRUPPE

Druck A[1] / Jahr 2022
Alle Drucke der Serie A sind im Unterricht parallel verwendbar.

Redaktion: Katrin Spiller
Kontakt: finale@westermanngruppe.de
Layout: LIO Design GmbH, Braunschweig
Umschlaggestaltung: Gingco.Net, Braunschweig
Umschlagfoto: Peter Wirtz, Dormagen
Druck und Bindung: Westermann Druck GmbH, Georg-Westermann-Allee 66, 38104 Braunschweig

ISBN 978-3-7426-**2300**-3

Was erwartet dich in diesem Arbeitsbuch?

Du bist in der 10. Klasse und vor dir liegt die Zentrale Prüfung nach Klasse 10, das große „FiNALE“. Dieses Arbeitsbuch soll dich mit den Prüfungsaufgaben und ihren Anforderungen vertraut machen.

Im **Teil A** erhältst du Hinweise, wie du dich zweckmäßig auf die Prüfung vorbereiten kannst. An Beispielen lernst du Prüfungsaufgaben und ihre Bewertung kennen.

In den **Teilen B** und **C** wiederholst du wichtige Arbeitstechniken und Strategien, wie du Schreibaufgaben bearbeitest. Zu jedem Arbeitsschritt – von der ersten Orientierung bis zur Überarbeitung deines Textes – bekommst du wichtige Informationen und hilfreiche Tipps.

In den **Teilen D, E** und **F** dieses Buches findest du die **Original-Prüfungsaufgaben 2021**, die dir einen Eindruck davon vermitteln, wie die zentrale Prüfungsarbeit aussehen könnte. Außerdem findest du dort Übungsaufgaben zu den Themenbereichen „Medien und Kultur“, „Eine Frage der Beziehung“ und „Digitale Welten“. Manche Aufgaben enthalten Lösungshilfen, die darauf hinweisen, worauf du bei der Erschließung der Texte und bei der Anlage deines Schreibplans achten musst. Sie sind mit dem Zusatz „angeleitetes Üben“ versehen. Andere Aufgaben sind zum selbstständigen Üben gedacht und ebenfalls mit einem entsprechenden Hinweis versehen (selbstständiges Üben).

Die **zentrale Prüfungsarbeit 2022** ist zum Zeitpunkt des Drucks dieses Arbeitsbuches noch nicht geschrieben worden. Sobald die Original-Prüfungsaufgaben zur Veröffentlichung freigegeben worden sind, können sie unter *www.finaleonline.de* zusammen mit ausführlichen Lösungen kostenlos mit dem Codewort **DE4v3Ln** heruntergeladen werden.

Mit dem **Glossar** schließt dieses Arbeitsbuch zur Abschlussprüfung. Hier kannst du wichtige Grundbegriffe zur Erschließung von literarischen Texten und Sachtexten nachschlagen.
Und natürlich gibt es auch ein **Lösungsheft**, in dem du die Richtigkeit jedes Arbeitsschrittes überprüfen kannst. Außerdem findest du zu jeder Original-Prüfungsaufgabe eine mögliche Beispiellösung, sodass du einschätzen kannst, was in der Abschlussprüfung von dir erwartet wird.

In diesem Arbeitsbuch findest du Schreibraum für wichtige vorbereitende Notizen. Deinen Text zur Schreibaufgabe musst du allerdings auf einem gesonderten Blatt Papier anfertigen. Auch wenn du sonst einmal nicht genug Platz für deine Ausführungen findest, nimm dir einfach einen Zettel oder ein Heft zur Hand.

Damit du ein Gefühl für die zur Verfügung stehende Arbeitszeit bekommst, solltest du dir bei den Aufgaben in den Teilen D, E und F eine Uhr bereitlegen.

Wir hoffen, dass du dich nach der Bearbeitung dieses Heftes sicher für das „FiNALE“ fühlst, und wünschen dir für die Prüfung toi, toi, toi.
Das Autorenteam

TIPP

Hast du noch Lücken aus den vorherigen Schuljahren? Dann empfehlen wir dir das „FiNALE Grundlagentraining Deutsch“ (ISBN 978-3-7426-1890-0). Es bietet prüfungsrelevantes Grundlagenwissen zum Nachschlagen und Üben.

Ergänzend dazu findest du im Internet unter *www.finaleonline.de/grundlagentraining* ein kostenloses Online-Training bestehend aus interaktiven Übungsaufgaben und Arbeitsblättern zum Ausdrucken.

A Vorbereitung auf die Abschlussprüfung

A 1 Vorgaben für die Prüfung

Was erwartet dich in den zentralen Prüfungen nach Klasse 10 im Fach Deutsch? Informiere dich über den zeitlichen Ablauf und die inhaltlichen Vorgaben für deinen Prüfungstag:

INFO

Die Bearbeitung der Aufgaben der schriftlichen Abschlussprüfung in Deutsch umfasst **125 Minuten**. Zusätzlich erhältst du 10 Minuten zur ersten Orientierung (Bonuszeit). Du kannst entscheiden, welchem der beiden Prüfungsteile die Bonuszeit zugerechnet wird; eine Aufteilung ist ebenfalls möglich. Zusätzlich hast du 10 Minuten Zeit, um dich für ein Wahlthema zu entscheiden.

Die Abschlussprüfung besteht aus zwei Teilen:

Erster Prüfungsteil: Leseverstehen
Du erhältst einen Text und bearbeitest dazu Teilaufgaben.
Dafür hast du **30 Minuten** Zeit.

Erster Prüfungsteil: Leseverstehen 30 min

Zweiter Prüfungsteil: Schreiben
Du erhältst **zwei** Schreibaufgaben zur **Auswahl**. Jetzt hast du **10 Minuten Zeit**, um dich für **ein** Wahlthema zu entscheiden. Das **Wahlthema 1** ist das **Analysieren (AT 4a)**. Das **Wahlthema 2** ist entweder das **Informieren (AT 2)** oder das **Untersuchen/Vergleichen (AT 4b)**.

Zweiter Prüfungsteil: Wahlthema 1: Analysieren (AT 4a) 95 min

Zweiter Prüfungsteil: Wahlthema 2: Informieren (AT 2) 95 min

oder

Zweiter Prüfungsteil: Wahlthema 2: Untersuchen/Vergleichen (AT 4b) 95 min

Deine Wahlmöglichkeiten → **Wahlthema 1** oder **Wahlthema 2**

1 Notiere, was du innerhalb der vorgegebenen Zeiten am Prüfungstag erledigen musst:

30 Minuten: ______________________________

10 Minuten: ______________________________

95 Minuten: ______________________________

10 Minuten (Bonuszeit): ______________________________

2 Du findest in diesem Heft in den Teilen C bis F verschiedene Schreibaufgaben. Bearbeite sie und notiere jeweils, wieviel Zeit du für die Bearbeitung einplanen musst.

Prüfungsbeispiel: ______________	geplante Zeit	benötigte Zeit
Sich über den Text/die Texte und die Aufgabenstellung orientieren		
Aufgabentext oder -texte lesen und Inhalt(e) erfassen		
Einen Schreibplan anlegen		
Materialtext(e) auswerten und Stichworte im Schreibplan festhalten		
Deinen Text schreiben		
Deinen Text überarbeiten		

A 2 Die Prüfungsaufgaben

A 2.1 Das Leseverstehen: ein Beispiel

Im Prüfungsteil I erwarten dich verschiedene Aufgabenarten. Mit ihnen wird überprüft, ob du den Text richtig gelesen und verstanden hast. Dazu musst du richtige Lösungen ankreuzen, Lückentexte ausfüllen, Aussagen aus dem Text erklären, eine Skizze deuten, Zusammenhänge erläutern oder zu bestimmten Aussagen (Standpunkten) Stellung nehmen.

Doch zunächst musst du den Text erschließen: Unterstreiche unbekannte Begriffe und kläre sie, markiere Schlüsselstellen, finde Überschriften zu Sinnabschnitten usw. Lies die Aufgabenstellungen genau und vergewissere dich mithilfe der passenden Textstellen, dass deine Antworten zutreffen.

1 Diese Prüfungsvorlage wurde bereits zum größten Teil bearbeitet. Überprüfe und korrigiere die Antworten. An manchen Stellen war der Schüler unsicher. Dort findest du Fragezeichen ??. Sie sind ein Hinweis für dich, diese Antworten genau zu überprüfen.

Digitale Welten

Teil I

Lies zunächst den Text sorgfältig durch und bearbeite anschließend die Aufgaben **1** – **12**.

M1 Die Revolution des Lesens

weg vom gedruckten Buch, hin zu E-Reader und E-Book

??

(1) Die „Welt des Lesens" befindet sich zurzeit im Umbruch. Verlage, Buchhandel, Büchereien und Buchhandlungen sowie die Leserinnen und Leser müssen sich auf die zunehmende Digitalisierung des Lesens einstellen. E-Reader und E-Books, Smartphones und Tablets haben das Lese- und Kaufverhalten von Lesern in der Welt gewaltig verändert. Diese Geräte haben seit 2005, als die ersten bezahlbaren, leichten und gut benutzbaren E-Reader auf den Markt kamen, die größte Revolution seit der Erfindung des modernen Buchdrucks vor mehr als 560 Jahren eingeläutet.

(2) Bis zum Jahr 2013 stiegen die Umsätze aus dem Verkauf von E-Books in Deutschland jährlich um mehr als 50 % an, aber im Jahr 2015 ist das Wachstum eingebrochen. Insgesamt bleibt der Anteil von E-Books am gesamten Buchmarkt in Deutschland mit nur 4,3 % immer noch sehr niedrig. Während früher Experten damit rechneten, dass bald mehr digitale als gedruckte Bücher verkauft werden würden, haben sie diese Prognose rasch nach unten korrigiert.

(3) Die Perspektiven für die einzelnen Sparten der Buchbranche sind recht unterschiedlich. Die Verlage setzen weiterhin darauf, dass viele ihrer Titel als E-Book erscheinen müssen. Davon profitiert der Online-Buchhandel sehr stark, weil E-Books in der Regel über das Internet gekauft werden. Die Buchhändler in ihren Geschäften vor Ort sehen deshalb starke Einbußen im Umsatz auf sich zukommen. Warum ist aber nicht damit zu rechnen, dass in den nächsten Jahren alle Leser zu elektronischen Lesern werden, obwohl doch nahezu jeder, vor allem Jugendliche, täglich auf dem Handy, dem Smartphone, dem Tablet oder auf dem Computer Texte liest?

(4) Untersuchungen haben ergeben, dass es auch in Zukunft eine „klassische" und eine „digitale Lesewelt" geben wird. Das gedruckte Buch ist weiterhin so

M2

erfolgreich, weil viele Menschen dem digitalen Lesen immer noch misstrauen. Das Lesen auf Bildschirmen sei flüchtig, meinen sie. Wer behalten will, was er liest, müsse es auf Papier gedruckt lesen. Ein Vorurteil? Es gibt verschiedene Untersuchungen zu diesem Thema, die alle zu dem Ergebnis kommen, dass wir digitale Texte ähnlich gut verstehen wie gedruckte Texte. Dennoch hat die Lust am Lesen von Gedrucktem nicht abgenommen. Viele Leserinnen und Leser möchten beim Lesen kein elektronisches Gerät in der Hand halten, sondern ein Buch aus Papier, bei dem man die Seiten umblättern, das Papier fühlen und das man ins Regal stellen kann.

(5) Noch nie haben Menschen so viel gelesen wie heute. Viele wichtige Informationen erhalten wir heute in Form von Kurztexten über Facebook oder WhatsApp, per SMS, über Twitter oder in Blogs. Das Lesen dieser Informationen geschieht ständig. Da wir hierfür aber nicht unsere gesamte Zeit aufwenden wollen, müssen wir uns zukünftig mit zwei Fragen auseinandersetzen: Müssen wir den Text lesen oder wollen wir ihn lesen?

(6) Die Antworten auf diese Fragen führen zu den beiden verschiedenen Arten des Lesens, die in der Wissenschaft unterschieden werden: das zeitaufwendige tiefe Lesen, bei dem sich der Leser ohne Störung in eine andere Welt begeben will, und das informierende Lesen, bei dem es vor allem darum geht, möglichst schnell und genau viele Informationen aufzunehmen und zu verarbeiten. Zum gedruckten Buch greift ein Leser meistens, wenn es ums Lesevergnügen geht. Um schnell an Informationen zu gelangen, werden das Handy oder das Tablet benutzt. Leserinnen und Leser haben heute nicht nur die Wahl, was, sondern auch, wie sie lesen wollen.

Autorentext

AUFGABEN 1 – 12

TIPP zu 1 bis 4

1. Lies jede Aufgabe und überlege genau, wie sie gemeint ist.
2. Suche im Text die passenden Stellen und vergleiche beide Aussagen.
3. Hilfreich ist es, wenn du vor der Bearbeitung der Aufgaben den Text sorgfältig erschlossen hast; d.h. unbekannte Begriffe sind geklärt, Schlüsselstellen markiert, Sinnabschnitte gebildet und Zwischenüberschriften formuliert.

1 Kreuze die richtige Aussage an. In diesem Text geht es um …

a) die Veränderungen im Bereich des Buchmarkts durch die zunehmende Digitalisierung des Lesens. ☒

b) die Veränderungen im Bereich des Buchmarkts durch den Einsatz von E-Readern. ☐

c) die Veränderungen im Bereich des Buchmarkts durch die sozialen Medien. ☐

d) die Veränderungen im Bereich des Buchmarkts durch den Anstieg der Verkaufszahlen von E-Books. ☐

2 Kreuze die richtige Antwort an.

a) Der moderne Buchdruck wurde um 1450 nach Christus erfunden. ☒
b) Der moderne Buchdruck wurde um 1550 nach Christus erfunden. ☐
c) Der moderne Buchdruck wurde um 1650 nach Christus erfunden. ☐
d) Der moderne Buchdruck wurde um 1750 nach Christus erfunden. ☐

3 Kreuze die richtige Antwort an.
Die „Revolution des Lesens“ begann (Abschnitt 1), als ...

a) man die ersten Laptops kaufen konnte. ☐
b) die ersten Smartphones auf den Markt kamen. ☐
c) die ersten bezahlbaren und gut benutzbaren E-Reader auf den Markt kamen. ☒
d) die ersten Tablets gekauft werden konnten. ☐

4 Kreuze die richtige Antwort an.
Der Satz *„Leserinnen und Leser haben heute nicht nur die Wahl, was, sondern auch, wie sie lesen wollen.“* (Z. 48/49) soll verdeutlichen, dass ...

a) die Menschen überall Bücher und Zeitungen lesen können. ☐
b) die Menschen alles lesen können, was gedruckt worden ist. ☐
c) die Menschen die Freiheit haben zu entscheiden, welche Bücher und Zeitungen sie gedruckt oder in digitaler Form lesen wollen. ☒
d) die Menschen die Wahl haben, ob sie überhaupt etwas lesen wollen. ☐

TIPP zu 5

Der Wortlaut der Aufgabenstellungen gibt dir den Hinweis darauf, dass es mehrere richtige Lösungsmöglichkeiten geben kann. Also musst du evtl. auch mehrere Kreuze setzen.

5 Kreuze die richtigen Antworten an.
Viele Menschen misstrauen dem digitalen Lesen noch (Abschnitt 4), weil ...

a) sie es für zu anstrengend halten. ☐
b) sie davon Kopfschmerzen bekommen. ☐
c) sie glauben, die so gelesenen Informationen nicht behalten zu können. ☒
d) sie es für flüchtig halten. ☒

6 Kreuze die richtige Antwort an. **??**
In der Wissenschaft unterscheidet man zwei Arten des Lesens:

a) das schnelle Lesen und das langsame Lesen. ☐
b) das zeitaufwendige Lesen und das tiefe Lesen. ☐
c) das zeitaufwendige, störungsfreie Lesen und das schnelle, informationsverarbeitende Lesen. ☒
d) das flüchtige Lesen und das informationsverarbeitende Lesen. ☐

TIPP zu 7 / 8 / 9

1. Suche im Text die passenden Stellen und lies sie noch einmal genau.
2. Wenn du eine eigene Entscheidung begründen sollst, denke daran, deine Meinung am Text zu belegen. Du musst also Zeilenangaben in Klammern ergänzen.

7 Kreuze die richtige Antwort an.
Mit „Revolution" meint der Autor im Textzusammenhang (Z. 15), dass sich …

a) das Lesen grundlegend verändert hat. ☐

b) das Lese- und Kaufverhalten von Lesern stark verändert hat. ☒

c) die verschiedenen Medien verändert haben. ☐

d) die Einstellung der Menschen dem Lesen gegenüber verändert hat. ☐

8 Kreuze die richtige Antwort an.
„Die „Welt des Lesens" befindet sich zurzeit im Umbruch." (Abschnitt 1)
Die Formulierung „befindet sich im Umbruch" soll darauf hinweisen, dass …

a) eine Veränderung bevorsteht. ☐

b) eine Veränderung nicht einsetzen wird. ☐

c) eine Veränderung begonnen hat. ☒

d) eine Veränderung unwahrscheinlich ist. ☐

9 Im Text nennt der Autor mehrere Gründe, warum die Menschen weiterhin Freude am Lesen von Gedrucktem haben (Abschnitt 4). Notiere einen davon und begründe, weshalb er für dich wichtig ist.

Ich möchte beim Lesen kein elektronisches Gerät in der Hand halten. Bei einem Buch aus Papier kann ich die Seiten umblättern und das Papier fühlen. Ich mag dieses Gefühl und ich kann mich mit einem Buch aus Papier beim Lesen leichter in eine andere Welt träumen.

TIPP zu 10 und 11

1. Als Ergänzung zu den Texten musst du zum Nachweis deines Leseverständnisses zum Teil auch Schaubilder, Grafiken oder Diagramme auswerten. Wie du sie erschließen kannst, übst du im Kapitel B 4 auf den Seiten 21–23.
2. Die Aufgaben verlangen von dir, dass du das Material im Vorfeld erschlossen hast.
3. Oftmals musst du die Aussagen aus Text und Schaubild, Grafik oder Diagramm miteinander vergleichen.

M2 Das Leseverhalten Jugendlicher

Bücher lesen* (2011 bis 2021)
mehrmals pro Woche/täglich

*nur gedruckte Bücher, Angaben in Prozent, Basis: alle Befragten (Jugendliche im Alter von 12 bis 19 Jahren)
JIM-Studie 2021, Medienpädagogischer Forschungsverbund Südwest

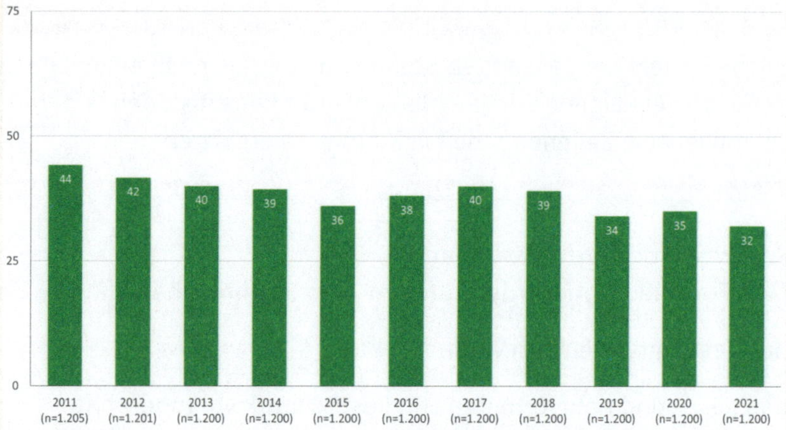

10 Beschreibe das Schaubild mit eigenen Worten.

Das Säulendiagramm beschreibt, wie hoch der Anteil der Jugendlichen im Alter von zwölf bis 19 Jahren ist, die mehrmals pro Woche oder täglich Bücher lesen, und zwar im Zeitraum von 2011 bis 2021. Es fällt auf, dass dieser Wert im Zeitraum von 2011 bis 2015 stetig sinkt, und zwar von 44 auf 36 Prozent. Bis 2017 ist ein Anstieg auf 40 Prozent zu beobachten. Dann sinkt der Wert wieder ab. Ausnahme ist das Jahr 2020. Hier ist ein kleiner Anstieg zu verzeichnen. 2021 wird ein Tiefpunkt erreicht. Nur 32 Prozent der Befragten greifen mehrmals pro Woche oder täglich zum Buch.

11 Begründe, ob Text und Schaubild zusammenpassen.

Meiner Ansicht nach passen Text und Schaubild nur teilweise zusammen. Zwar beschäftigen sich beide Materialien im weitesten Sinne mit dem Thema „Lesen", setzen aber unterschiedliche Schwerpunkte. Der Text beschreibt die Veränderung des Leseverhaltens im Zusammenhang mit der Digitalisierung des Lesens. Das Diagramm hingegen stellt dar, wie hoch der Anteil der Jugendlichen ist, die mehrmals pro Woche oder täglich lesen. Dabei bezieht es sich aber nur auf gedruckte Bücher, während es in dem Text ausdrücklich um das digitale Lesen geht.

12 Eine Schülerin sagt nach dem Lesen des Textes: *„Im Internet finde ich alle Informationen, die ich brauche. Außerdem kann ich mir auf mein iPad alle Texte herunterladen, die ich benötige. Gedruckte Bücher brauche ich deshalb nicht mehr."* Du kannst dieser Aussage zustimmen oder nicht. Wichtig ist, dass du deine Meinung begründest und dich auf mehrere Textaussagen beziehst.

Ich stimme dieser Aussage nicht zu, weil ich finde, dass Lesen mehr ist, als sich Informationen herunterzuladen. Auch sind nicht alle Texte und Bücher, die ich lesen möchte, bereits in digitaler Form erschienen. Manchmal kaufe ich mir auch ein gedrucktes Buch, um das Vergnügen zu haben, die Buchseiten umzublättern, es neben meinem Bett abzulegen oder es morgens im Schulbus zu lesen, während alle anderen mit ihren Handys beschäftigt sind. Viele gedruckte Bücher sind nämlich einfach schön anzuschauen, weil sie hübsch eingebunden und illustriert sind. Da kann ein E-Book nur schwer mithalten.

A 2.2 Die Schreibaufgabe: ein Beispiel (Aufgabentyp 4a)

Im Teil II der Prüfung wird überprüft, ob du Sachtexte, literarische Texte, Gedichte und ggf. auch Schaubilder und Anzeigen analysieren und miteinander vergleichen bzw. aufeinander beziehen (Aufgabentyp 4a oder 4b) oder ob du zu einem bestimmten Sachverhalt einen informierenden Text schreiben kannst (Aufgabentyp 2). Beim Aufgabentyp 4a musst du den vorgegebenen Text zunächst untersuchen. Dabei orientierst du dich an vorgegebenen Teilaufgaben. In einem zweiten Schritt musst du deine Untersuchungsergebnisse in einem zusammenhängenden Text ausformulieren. In einer abschließenden Aufgabe wird entweder eine Stellungnahme zu einer Aussage zum Text bzw. zu einem Zitat aus dem Text oder ein kurzer Text aus der Perspektive einer Figur (vgl. Aufgabe **1** f) von dir erwartet.

1 Die unten stehende Prüfungsvorlage wurde bereits von einem Schüler bearbeitet. Lies dir die an ihn gestellten Aufgaben durch und markiere die Verben und Schlüsselwörter.

2 Bereite den Text selbst für eine Analyse vor. Erschließe ihn mit der Lesemethode (S. 17) und setze die Anmerkungen am Rand fort. Orientiere dich dabei an den Teilaufgaben.

Eine Frage der Beziehung

Teil II

Lies bitte zuerst den Text, bevor du die Aufgaben bearbeitest. Schreibe einen zusammenhängenden Text.

AUFGABENSTELLUNG

1 **Analysiere** die Erzählung „Die Kirschen" von Wolfgang Borchert. Gehe dabei so vor:

a) **Schreibe** eine Einleitung, in der du Titel, Autor und Erscheinungsjahr **benennst** und das Thema **formulierst**.

b) **Fasse** den Text **zusammen**.

c) **Stelle dar**, welches Missverständnis zwischen Vater und Sohn besteht.

d) **Untersuche**, wie die Gedanken des Sohnes durch die formalen und sprachlichen Mittel deutlich gemacht werden (*mögliche Aspekte: Erzählverhalten, Wiederholungen, Satzbau*).

e) **Erläutere**, warum der Sohn am Ende *„den Kopf tief unter die Decke"* (Z. 91–92) steckt.

f) **Verfasse** einen kurzen Text aus der Sicht des Vaters:
- Was denkt der Vater, als ihm das Glas Kirschen in der Küche zerbricht und sein Sohn hereinkommt?
- Warum möchte er, dass der Sohn sofort wieder ins Bett geht?
- Welche weiteren Sorgen macht er sich?

Schreibe in der Ich-Form und berücksichtige die Informationen, die der Textauszug gibt.

ermittelter
stieg

berkranker
t, dass
s zerbricht;
kt, jemand
rde seine
schen essen

Die Kirschen *Wolfgang Borchert (1962)*

Nebenan klirrte ein Glas. Jetzt isst er die Kirschen auf, die für mich sind, dachte er. Dabei habe ich das Fieber. Sie hat die Kirschen extra vors Fenster gestellt, damit sie ganz kalt sind. Jetzt hat er das Glas hingeschmissen. Und ich hab das Fieber.

Der Kranke stand auf. Er schob sich die Wand entlang. Dann sah er durch die Tür, dass sein Vater auf der Erde saß. Er hatte die ganze Hand voll Kirschsaft.

Alles voll Kirschen, dachte der Kranke, alles voll Kirschen. Dabei sollte ich sie essen. Ich hab doch das Fieber. Er hat die ganze Hand voll Kirschsaft. Die waren sicher schön kalt. Sie hat sie doch extra vors Fenster gestellt für das Fieber. Und er isst mir die ganzen Kirschen auf. Jetzt sitzt er auf der

Sohn glaubt, Vater habe seine Kirschen gegessen; hat die Hand voller Saft

Wiederholung

Erde und hat die ganze Hand davon voll. Und ich hab das Fieber. Und er hat den kalten Kirschsaft auf der Hand. Den schönen kalten Kirschsaft. Er war bestimmt ganz kalt. Er stand doch extra vorm Fenster. Für das Fieber.

Junge betrachtet Vater; der ist besorgt und schickt seinen Sohn ins Bett; Sohn bemerkt nicht, dass der Vater blutet; er denkt nur an die Kirschen, die die Mutter kalt gestellt hat

Er hielt sich am Türdrücker[1]. Als der quietschte, sah der Vater auf. Junge, du musst doch zu Bett. Mit dem Fieber, Junge. Du musst sofort zu Bett.

Alles voll Kirschen, flüsterte der Kranke. Er sah auf die Hand. Alles voll Kirschen.

Du musst sofort zu Bett, Junge. Der Vater versuchte aufzustehen und verzog das Gesicht. Es tropfte von seiner Hand.

Alles Kirschen, flüsterte der Kranke. Alles meine Kirschen. Waren sie kalt?, fragte er laut. Ja? Sie waren doch sicher schön kalt, wie? Sie hat sie doch extra vors Fenster gestellt, damit sie ganz kalt sind. Damit sie ganz kalt sind.

Der Vater sah ihn hilflos von unten an. Er lächelte etwas. Ich komme nicht wieder hoch, lächelte er und verzog das Gesicht. Das ist doch zu dumm, ich komme buchstäblich nicht wieder hoch.

Der Kranke hielt sich an der Tür. Die bewegte sich leise hin und her von seinem Schwanken. Waren sie schön kalt?, flüsterte er, ja?

Ich bin nämlich hingefallen, sagte der Vater. Aber es ist wohl nur der Schreck. Ich bin ganz lahm, lächelte er. Das kommt von dem Schreck. Es geht gleich wieder. Dann bring ich dich zu Bett. Du musst ganz schnell zu Bett. Der Kranke sah auf die Hand. Ach, das ist nicht so schlimm. Das ist nur ein kleiner Schnitt. Das hört gleich auf. Das kommt von der Tasse, winkte der Vater ab. Er sah hoch und verzog das Gesicht. Hoffentlich schimpft sie nicht. Sie mochte gerade diese Tasse so gern. Jetzt hab ich sie kaputt gemacht. Ausgerechnet diese Tasse, die sie so gern mochte. Ich wollte sie ausspülen, da bin ich ausgerutscht. Ich wollte sie nur ein bisschen kalt ausspülen und deine Kirschen da hinein tun. Aus dem Glas trinkt es sich so schlecht im Bett. Das weiß ich noch. Daraus trinkt es sich so schlecht im Bett. Der Kranke sah auf die Hand. Die Kirschen, flüsterte er, meine Kirschen?

Der Vater versuchte noch einmal, hochzukommen. Die bring ich dir gleich, sagte er. Gleich, Junge. Geh schnell zu Bett mit deinem Fieber. Ich bring sie dir gleich. Sie stehen noch vorm Fenster, damit sie schön kalt sind. Ich bring sie dir sofort.

Der Kranke schob sich an der Wand zurück zu seinem Bett. Als der Vater mit den Kirschen kam, hatte er den Kopf tief unter die Decke gesteckt.

1 **der Türdrücker:** die Türklinke

aus: Borchert, Wolfgang: Die traurigen Geranien und andere Geschichten aus dem Nachlaß. Hrsg. von Peter Rühmkorf. Reinbek bei Hamburg: Rowohlt 1962. S. 13 ff.

3 Untersuche den folgenden Schülertext.

a) Wie ist der Text strukturiert? Halte stichwortartig die Inhalte der einzelnen Abschnitte fest.

b) Bearbeite die folgenden Aufgaben und schreibe dein Ergebnis an den Rand.

- Kennzeichne, wo die Aspekte der Aufgabenstellung berücksichtigt werden, z. B. **1** a): Z. 1 – 3 …
- Überprüfe, ob die genannte Textart vorliegt und durch welche Merkmale sie belegt wurde.
- Wo hat der Schüler Aussagen mit Textbelegen gestützt? Unterstreiche diese Stellen.
- An welchen Stellen würdest du etwas ergänzen, wo etwas streichen?
- Ist der Text aus der Sicht des Vaters nachvollziehbar geschrieben? Passt er zum Inhalt der Erzählung?
- Schreibe dir die Ausdrücke und Wendungen, die du dir merken willst, heraus.

In der Kurzgeschichte „Die Kirschen" von Wolfgang Borchert aus dem Jahr 1962 wird beschrieben, wie ein Missverständnis zwischen einem fieberkranken Sohn und seinem gestürzten Vater dafür sorgt, dass sich der Sohn für seine Gedanken und sein Verhalten schämt.

Teilaufgabe 1a) – Titel, Autor, Thema, Textart

Nachdem ein fieberkranker Junge gehört hat, dass ein Glas zerbrochen ist, denkt er, sein Vater hätte die Kirschen darin gegessen, die eigentlich für ihn bestimmt waren. Er geht in das Zimmer, aus dem er die Geräusche gehört hat, und sieht seinen Vater auf dem Boden sitzen. Zunächst denkt er, dieser habe Kirschsaft auf seiner Hand. Obwohl der Vater gestürzt ist und offensichtlich Schmerzen verspürt, sorgt er sich um seinen Sohn und will ihn zurück ins Bett schicken, kann aber selbst nicht aufstehen. Der Junge denkt nur an seine Kirschen, nicht an die Folgen des Sturzes für den Vater. Dieser erklärt ihm, dass er sich an der Tasse geschnitten habe, als er die Kirschen umfüllen wollte. Außerdem macht er sich Sorgen darüber, was seine Frau sagen wird, wenn sie nach Hause kommt, da er bei dem Sturz ihre Lieblingstasse kaputt gemacht hat. Der Junge geht wieder zu Bett. Und als der Vater mit den Kirschen ins Zimmer kommt, hat er die Decke bis über den Kopf gezogen.

Zu Beginn der Erzählung, als der kranke Junge das Geräusch hört, denkt der Sohn sofort, dass der Vater die Kirschen isst (Z. 1–3), die für ihn bestimmt waren. Vermutlich hat seine Mutter („sie", Z. 4) diese extra für ihn kalt gestellt. Daher ist er furchtbar enttäuscht und geht nachsehen. Er fühlt sich bestätigt, denn er sieht seinen Vater auf dem Boden sitzen. Dieser hat eine ganz rote Hand. Also schlussfolgert er in seinem Fieberwahn (Z. 30–31), dass es Kirschsaft sein müsse (Z. 11–12). Das Missverständnis klärt sich auch nicht auf, denn der Vater erklärt die Situation nicht. Er denkt bei Erscheinen des Sohnes in der Tür (Z. 28–29) nur daran, dass sein kranker Sohn eigentlich ins Bett gehört (Z. 30–32), und schickt ihn in sein Zimmer. Der Junge aber starrt nur auf die Hand des Vaters (Z. 11–12, Z. 33–35) und denkt an die Kirschen. So entsteht ein zweites Missverständnis, denn der Vater glaubt, der Junge habe erkannt, dass es sich um Blut handelt. Also erklärt er, wie es zu der Verletzung gekommen ist (Z. 57–60, Z. 64–66). Als er seinen Sohn erneut zu Bett schickt (Z. 84–85), geht der in sein Zimmer und steckt den Kopf unter die Bettdecke.

Die Gedanken des Sohnes werden deutlich, da sie in der Ich-Form wiedergegeben werden (z. B. Z. 14–16). Durch das personale Erzählverhalten kann der Leser nachvollziehen, was der Sohn denkt: „Jetzt isst er die Kirschen auf, die für mich sind." (Z. 1–3). Dabei denkt er nur an seine eigene Situation – vermutlich aufgrund seines Fieberwahns: „Der Kranke hielt sich an der Tür. Die bewegte sich leise hin und her von seinem Schwanken." (Z. 53–55). Daher traut er seinem Vater zu, dass dieser ihn hintergeht und die Kirschen, die für ihn bestimmt sind, einfach heimlich aufisst („Dabei sollte ich sie essen.", Z. 14–15). Durch den parataktischen Satzbau, Wiederholungen (z. B. Z. 13–14) und die Verwendung von Anaphern (z. B. Z. 22–23) wird die Konzentration des Jungen auf die Kirschen betont. Aufgrund dieser Erwartungshaltung deutet er auch den roten Saft auf der Hand des Vaters falsch. Dadurch, dass durch die Erzählweise nicht die Gedanken des Vaters deutlich werden, wird die Situation erst am Ende durch die wörtliche Rede des Vaters aufgelöst (Z. 57 und Z. 64–65), denn es handelt sich nicht um Kirschsaft, sondern um Blut, da dieser sich geschnitten hat.

Als der Vater ihm die Kirschen bringt (Z. 90–91), hat der Sohn den Kopf in seinem Bett „(…) tief unter die Decke gesteckt" (Z. 92). Dafür gibt es zwei Erklärungen. Einerseits könnte es sein, dass der Sohn so enttäuscht vom Vater ist, dass er ihn nicht sehen will. Andererseits, und das scheint mir wahrscheinlicher, schämt sich der Sohn vermutlich, dass er seinem Vater zugetraut hat, dass dieser ihn hintergeht, obwohl er sich eigentlich rührend um ihn bemüht. Denn auch als der Vater im Nebenraum gestürzt ist (Z. 1) und der Junge kommt, um nachzusehen (Z. 28), denkt der Vater zuallererst nur daran, dass sein Sohn aufgrund der Krankheit ins Bett gehört (Z. 30–32). Außerdem wird durch die Redeanteile deutlich, dass er freundlich mit ihm spricht und ihn anlächelt (Z. 48), obwohl er „hilflos" (Z. 47) auf dem Boden sitzt, nicht aufstehen kann (Z. 47–52) und Schmerzen hat. Die Erklärung zeigt, dass er seinem Sohn nur Gutes tun wollte: „Aus dem Glas trinkt es sich so schlecht …" (Z. 76–77). Außerdem denkt er an seine Frau, deren Lieblingstasse er zerbrochen hat („Hoffentlich schimpft sie nicht.", Z. 68–69). Nur an sich denkt er nicht, da er helfen will. Da das Ende aber offen ist, muss der Leser für sich selber eine Erklärung finden.

Text aus der Sicht des Vaters:

Oh nein, jetzt ist mir auch noch das Glas mit den gekühlten Kirschen zerbrochen. Sie liegen nun auf dem Boden und meine Hand ist voller Kirschsaft. Jetzt ist auch noch der Junge aufgestanden, dabei hat er doch Fieber. Sicher habe ich ihn durch den Lärm aufgeschreckt. Er muss wieder ins Bett, er soll sich keine Sorgen um mich machen. Nein, aufstehen kann ich nicht, vielleicht habe ich mich verletzt, als ich hinfiel. Ach, es wird sicher gleich wieder gehen. Aber der Junge muss dringend ins Bett, er ist doch krank. Er soll sich keine Sorgen machen, denn ich habe mich nur ein bisschen an den Scherben geschnitten. Aber für ihn sieht es sicher aus wie Blut. Beim Hinfallen ist mir die Tasse von Mutter kaputtgegangen, ausgerechnet ihre Lieblingstasse. Das tut mir so leid. Dabei wollte ich die nur ausspülen, weil unser Kranker besser den Kirschsaft daraus hätte trinken können. Nun ist sie zerbrochen. Der Junge muss nun aber wirklich schnell wieder ins Bett. Geh, Junge, und mach dir keine Sorgen um mich! Ich bin nicht schlimm verletzt. Ich bringe dir die Tasse mit den Kirschen gleich ans Bett, sobald ich hier hochgekommen bin. Bei deiner Mutter werde ich mich später entschuldigen. Ich komme gleich …

Wonach richtet sich die Note der Schreibaufgabe (Aufgabentyp 4a)?

1 Beurteile den Schüleraufsatz anhand des Bewertungsbogens.

Inhaltliche Leistung

Aufgabe	Anforderung	erfüllt	nicht erfüllt
	Der Prüfling ...		
1 a)	schreibt eine Einleitung, in der er Titel, Autor, Textart sowie das Thema (*Missverständnis zwischen fieberkrankem Sohn und besorgtem Vater, das zur Scham des Sohnes führt*) benennt.		
1 b)	fasst den Text kurz zusammen (*fieberkranker Junge hört Geräusch zerbrechenden Glases; denkt, Vater würde die Kirschen essen, die für ihn bestimmt waren; sieht Vater am Boden liegen; meint, Blut sei Kirschsaft; Vater gibt erst spät eine Erklärung; Sohn geht in sein Zimmer und steckt den Kopf unter die Decke*).		
1 c)	stellt das Missverständnis zwischen Vater und Sohn dar, z. B.: • *Sohn: meint, Vater würde seine Kirschen essen; beurteilt Situation mit dieser Erwartungshaltung; denkt schlecht vom Vater ...,* • *Vater: glaubt, Sohn würde die Situation richtig erfassen, gibt daher erst später eine Erklärung ab; interpretiert die Blicke seines Sohnes nicht richtig, erfasst dessen Gedanken zunächst nicht ...*		
1 d)	untersucht, wie die Gedanken des Sohnes durch die formalen und sprachlichen Mittel deutlich gemacht werden, z. B.: • *Erzählverhalten: personal, Gedanken des Sohnes werden wiedergegeben, die des Vaters nicht, Leser kann Innensicht des Sohnes erfassen (Z. 1–7, Z. 13–27, ...),* • *Wiederholungen: betonen die Sichtweise des Sohnes/Gedanken des Sohnes, verdeutlichen dessen Erwartungshaltung und Interpretationsweise (Z. 13–14, Z. 7 und 15–16, ...),* • *Satzbau: parataktisch, Reduktion auf Wesentliches: Innensicht des Sohnes sowie sein Zustand (Fieberwahn) werden betont.*		
1 e)	erläutert, warum der Sohn am Ende „den Kopf tief unter die Decke“ (Z. 92) steckt, z. B. ... • *dem Sohn sind sein Auftreten und sein Verhalten dem sich sorgenden Vater gegenüber peinlich; er empfindet Scham.* • *er bereut Gedanken, da Vater sich nur um ihn kümmern wollte und nicht an seine eigene Verletzung nach dem Sturz denkt.*		
1 f)	verfasst einen kurzen Text aus der Sicht des Vaters, in dem er dessen Gedanken darstellt, als sein Sohn nach Zerbrechen des Glases in die Küche kommt; erläutert außerdem den Grund, warum der Sohn wieder ins Bett gehen soll, und gibt an, welche weiteren Sorgen er sich macht (Ich-Form).		

Darstellungsleistung

Aufgabe	Anforderung	erfüllt	nicht erfüllt
	Der Prüfling ...		
1	strukturiert seinen Text schlüssig und gedanklich klar.		
2	belegt seine Aussagen durch angemessenes/korrektes Zitieren.		
3	formuliert syntaktisch variabel (Satzbau).		
4	drückt sich präzise und differenziert aus.		
5	schreibt sprachlich richtig (Rechtschreibung, Zeichensetzung, Grammatik).		

B Arbeitstechniken

B 1 Im Wörterbuch nachschlagen

Das Wörterbuch ist für die Abschlussprüfung ein wichtiges Hilfsmittel:
- Du benötigst es zum Klären von unbekannten Wörtern.
- Du kannst nachschlagen, um die Rechtschreibung von Wörtern zu überprüfen. Das ist vor allem für die Überarbeitung eigener Texte wichtig.

1 Erkläre, welche Bedeutung die unterstrichenen Wörter im Textzusammenhang haben. Benutze dein Wörterbuch.

Millionen Menschen nutzen jede Gelegenheit, um zum Smartphone zu greifen. Nun zeigt eine Studie von Medienforschern, dass diese <u>exzessive</u> Nutzung große <u>Risiken</u> birgt. Besonders häufig chatten, posten und spielen die <u>Probanden</u> unter 25 Jahren. Die Angst, nicht alles von seinen Freunden mitzubekommen, führt zu <u>permanentem</u> Kommunikationsdruck und dazu, dass viele Menschen Hunderte Male am Tag auf ihr Mobiltelefon schauen oder selbst Kurznachrichten verbreiten.

exzessive Nutzung: ______________________

____

Risiken: ______________________

____

die **Probanden**: ______________________

____

permanentem Kommunikationsdruck: ______________________

____

TIPP

1. Bei Fremdwörtern gibt es oft mehrere Bedeutungen. Um die richtige Bedeutung herauszufinden, mache die **Ersatzprobe**: Setze jede angegebene Bedeutung im Text an die Stelle des Fremdwortes. Welche Bedeutung ist im Textzusammenhang sinnvoll? Prüfe und wähle aus.
2. Manche Wörter findet man nicht auf Anhieb im Wörterbuch, weil sie im Text in veränderter Form vorkommen. Gehe daher vor dem Nachschlagen so vor:
   - Bilde von gebeugten Verben die Grundform (den Infinitiv): *aß* → *essen*.
   - Bilde bei Nomen die Einzahl (Singular): *Kakteen* → *Kaktus*.
   - Schlage bei zusammengesetzten Wörtern erst unter dem ersten Wortteil nach. Wenn dort die Wortzusammensetzung nicht zu finden ist, musst du auch den zweiten Wortteil nachschlagen:
     - Reflexionsprozess:
       → *Reflexion* → *Prozess*.

2 In dem folgenden Text befinden sich sechs Rechtschreibfehler. Streiche falsch geschriebene Wörter durch und schreibe sie richtig auf.

Smartphones sind genial, weil ich damit mit meinen Freunden über Hausaufgaben und anstehende Klassenarbeiten diskutiren kann. Natürlich kommt an einem einziegen Tag eine riesige menge von Nachrichten zusammen, weil viele über flüssige und unwichtige Miteilungen geschrieben werden. Wenn ich mich durch mein Handy gestrest fühle, stelle ich einfach den Signalton aus.

TIPP

Alle wichtigen Rechtschreibregeln findest du auch noch einmal im Internet auf der Seite **www.finaleonline.de**.
Einfach „Hauptschulabschluss“ und dein Bundesland eingeben und dann das kostenlose „EXTRA-Training Rechtschreibung“ herunterladen.
Neben den Regeln findest du dort auch noch weitere Übungen mit Lösungen.

B 2 Texte erschließen und Inhalte zusammenfassen – literarische Texte

1 Um einen literarischen Text zu erschließen, gehst du am besten schrittweise vor. Ein Lesefächer kann dir dabei helfen. Kopiere diese Seite, um einen Lesefächer anzulegen. Gehe dann folgendermaßen vor:
- Schneide die einzelnen Streifen aus und lege die Papierstreifen in der Reihenfolge der Schritte übereinander (den ersten Schritt nach oben). Loche sie an einem Ende.
- Hefte die Streifen mit einer Klammer oder binde sie mit einem Band zusammen.

2 Bearbeite mithilfe des Lesefächers den Text *„Streuselschnecke"* auf Seite 18.

1. Schritt: Vermutungen äußern
Stelle Vermutungen zum Inhalt an:
- Lies die Überschrift des Textes. Worum geht es wohl in der Erzählung?
- Gibt es zu dem Text eine Abbildung? Was ist darauf zu sehen?

Vor dem Lesen

2. Schritt: Unbekannte Begriffe klären
- Markiere mit einer Wellenlinie Begriffe und Textstellen, die du nicht verstehst.
- Erschließe ihre Bedeutung aus dem Satzzusammenhang, dem dazugehörigen Text oder durch Nachschlagen im Wörterbuch (siehe B 1, S. 16). Notiere die Bedeutung am Rand.

Während des Lesens

3. Schritt: Schlüsselstellen markieren
- Markiere **Schlüsselstellen**. Das sind die Textstellen, die Anworten auf folgende Fragen geben: *Wo und wann spielt die Erzählung? Welche Personen handeln dort? Worum geht es?*
- Halte am Rand **weitere Beobachtungen** fest: *Wie wirkt der Text auf dich (lustig, ernst, spannend ...)? Wer erzählt die Geschichte (siehe Glossar „Merkmale erzählender Texte", S. 133)? Welche sprachlichen Mittel werden verwendet (siehe S. 135)? Welche Wirkung entsteht durch den Satzbau?*

Während des Lesens

4. Schritt: Wichtiges herausschreiben
- Bilde **Sinnabschnitte**. Das sind Absätze, die inhaltlich eng zusammengehören. Ein neuer Sinnabschnitt beginnt, wenn z. B. eine neue Person auftritt oder ein wichtiges Ereignis geschieht. Du kannst dich auch an den vorhandenen Absätzen orientieren.
- Formuliere zu jedem Sinnabschnitt eine **Überschrift** (ein Stichwort oder einen kurzen Satz).
- Notiere zu jeder Überschrift stichwortartig den **Inhalt des Sinnabschnittes**. Orientiere dich dabei daran, welche Schlüsselstellen du markiert hast.

Nach dem Lesen

5. Schritt: Inhalte zusammenfassen
- Bilde aus den Stichpunkten zum Inhalt vollständige Sätze und verknüpfe sie miteinander. So erhältst du eine kurze Inhaltszusammenfassung des Textes.
- Bestimme die Textart (Erzählung, Kurzgeschichte, Roman, Jugendbuchauszug, Gedicht ...; siehe Glossar, S. 136).

Nach dem Lesen

Streuselschnecke (2000) *Julia Franck*

14-Jährige erhält Anruf von einem Fremden, will sie kennenlernen, findet ihn sympathisch

Ort: Berlin

Ich-Form, personales Erzählverhalten

Der Anruf kam, als ich vierzehn war. Ich wohnte seit einem Jahr nicht mehr bei meiner Mutter und meinen Schwestern, sondern bei Freunden in Berlin. Eine fremde Stimme meldete sich, der Mann nannte seinen Namen, sagte mir, er lebe in Berlin, und fragte, ob ich ihn kennenlernen wolle. Ich zögerte, ich war mir nicht sicher. Zwar hatte ich schon viel über solche Treffen gehört und mir oft vorgestellt, wie so etwas wäre, aber als es so weit war, empfand ich eher Unbehagen. Wir verabredeten uns. Er trug Jeans, Jacke und Hose. Ich hatte mich geschminkt. Er führte mich ins Café Richter am Hindemithplatz und wir gingen ins Kino, ein Film von Rohmer[1]. Unsympathisch war er nicht, eher schüchtern. Er nahm mich mit ins Restaurant und stellte mich seinen Freunden vor. Ein feines, ironisches Lächeln zog er zwischen sich und die anderen Menschen. Ich ahnte, was das Lächeln verriet.

besucht Mann öfter, bekommt aber kein Geld; hat keine Ansprüche, kennt ihn kaum

Einige Male durfte ich ihn bei seiner Arbeit besuchen. Er schrieb Drehbücher und führte Regie bei Filmen. Ich fragte mich, ob er mir Geld geben würde, wenn wir uns treffen, aber er gab mir keins, und ich traute mich nicht, danach zu fragen. Schlimm war das nicht, schließlich kannte ich ihn kaum, was sollte ich da schon verlangen? Außerdem konnte ich für mich selbst sorgen, ich ging zur Schule und putzen und arbeitete als Kindermädchen. Bald würde ich alt genug sein, um als Kellnerin zu arbeiten, und vielleicht wurde ja auch noch eines Tages etwas Richtiges aus mir.

Mann wird krank, bitte sie um Morphium; Mäd chen kümm sich nicht weiter

Zwei Jahre später, der Mann und ich waren uns noch immer etwas fremd, sagte er mir, er sei krank. Er starb ein Jahr lang, ich besuchte ihn im Krankenhaus und fragte, was er sich wünsche. Er sagte mir, er habe Angst vor dem Tod und wolle es so schnell wie möglich hinter sich bringen. Er fragte mich, ob ich ihm Morphium[2] besorgen könne. Ich dachte nach, ich hatte einige Freunde, die Drogen nahmen, aber keinen, der sich mit Morphium auskannte. Auch war ich mir nicht sicher, ob die im Krankenhaus herausfinden wollten und würden, woher es kam. Ich vergaß seine Bitte.

Manchmal brachte ich ihm Blumen. Er fragte nach dem Morphium, und ich fragte ihn, ob er sich Kuchen wünsche, schließlich wusste ich, wie gerne er Torte aß. Er sagte, die einfachen Dinge seien ihm jetzt die liebsten – er wolle nur Streuselschnecken, nichts sonst. Ich ging nach Hause und buk[3] Streuselschnecken, zwei Bleche voll. Sie waren noch warm, als ich sie ins Krankenhaus brachte. Er sagte, er hätte gerne mit mir gelebt, es zumindest gern versucht, er habe immer gedacht, dafür sei noch Zeit, eines Tages – aber jetzt sei es zu spät.

Kurz nach meinem siebzehnten Geburtstag war er tot. Meine kleine Schwester kam nach Berlin, wir gingen gemeinsam zur Beerdigung. Meine Mutter kam nicht. Ich nehme an, sie war mit anderem beschäftigt, außerdem hatte sie meinen Vater zu wenig gekannt und nicht geliebt.

1 **Rohmer:** Spielfilme von Rohmer thematisieren Beziehungen von Erwachsenen. Sie sind ohne Aktion; es wird viel gesprochen und diskutiert.

2 **Morphium:** Droge; eines der stärksten Schmerzmittel

3 **buk:** Präteritum von backen

aus: Julia Franck: Bauchlandung. Geschichten zum Anfassen. München. Deutscher Taschenbuch Verlag, 2002. © 2000 DuMont Buchverlag, Köln.

B 3 Texte erschließen und Inhalte zusammenfassen – Sachtexte

1 Um einen Sachtext zu erschließen, gehst du am besten schrittweise vor. Ein Lesefächer kann dir dabei helfen. Kopiere diese Seite, um einen Lesefächer anzulegen. Gehe dann folgendermaßen vor:

- Schneide die einzelnen Streifen aus und lege die Papierstreifen in der Reihenfolge der Schritte übereinander (den ersten Schritt nach oben). Loche sie an einem Ende.
- Hefte die Streifen mit einer Klammer oder binde sie mit einem Band zusammen.

2 Bearbeite mithilfe des Lesefächers den Text *„Was ist ein Blog und was macht ein Blogger eigentlich genau?“* auf Seite 20.

○ **1. Schritt: Vermutungen äußern**
Stelle Vermutungen zum Inhalt an:
- „Überfliege“ den Text: Wovon könnte der Sachtext handeln?
- Lies die Überschrift, die Zwischenüberschriften und betrachte die Abbildungen:
  - Notiere am Rand, was du bereits über das Thema weißt.
  - telle W-Fragen an den Text: Was ...? Wer ...? Warum ...? Wo ...? Wann ...?

Vor dem Lesen

○ **2. Schritt: Unbekannte Begriffe klären**
- Markiere mit einer Wellenlinie Begriffe und Textstellen, die du nicht verstehst.
- Erschließe ihre Bedeutung aus dem Satzzusammenhang, dem dazugehörigen Text oder durch Nachschlagen im Wörterbuch (siehe B 1, S. 16). Notiere die Bedeutung am Rand.

Während des Lesens

○ **3. Schritt: Schlüsselstellen markieren**
- Markiere **Schlüsselstellen**:
  - Textstellen, die Antworten auf die W-Fragen geben
  - Informationen, die du interessant findest
  - Wenn du die Aufgaben zum Text bereits gelesen hast, unterstreiche die Textstellen, die du zu deren Bearbeitung nutzen kannst.

Während des Lesens

○ **4. Schritt: Informationen entnehmen**
- Bilde **Sinnabschnitte**. Das sind Absätze, die inhaltlich eng zusammengehören. Du kannst dich auch an den vorhandenen Absätzen orientieren.
- Formuliere zu jedem Sinnabschnitt eine **Überschrift** (ein Stichwort oder einen kurzen Satz).
- Notiere zu jeder Überschrift stichwortartig den **Inhalt des Sinnabschnittes**. Orientiere dich dabei daran, welche Schlüsselstellen du markiert hast.

Nach dem Lesen

○ **5. Schritt: Inhalte zusammenfassen**
- Bilde aus den Stichpunkten zum Inhalt vollständige Sätze und verknüpfe sie miteinander. So erhältst du eine kurze Inhaltszusammenfassung des Textes.
- Bestimme die Textart (Reportage, Bericht, Interview ...; siehe Glossar, S. 136).

Nach dem Lesen

Was ist ein Blog und was macht ein Blogger eigentlich genau? *Andreas Meyhöfer*

Was? Weblog/Blog = Online-Tagebuch

Weblog: Kurzform für World Wide Web & Logbuch

Wer? Web-Logger/ Blogger

[…] Das Weblog, das Blog oder mittlerweile laut Duden auch der Blog, ist aus dem Ursprung heraus nichts anderes als ein Online-Tagebuch. User[1], die das Internet früh für sich entdeckt hatten, stellten ihre Lebensereignisse online. Wofür einst das gute alte Tagebuch aus Papier herhalten durfte, wurde nun das World Wide Web als Medium genutzt. Das Kunstwort Weblog als Kurzform für World Wide Web & Logbuch entstand und die ersten Web-Logger, also Blogger, waren geboren.

Was? Unterschied Webseite/Blog

Mittlerweile ist das Medium Blog den Kinderschuhen entwachsen und schon lange kein reines Tagebuch mehr für persönliche Gedanken und Träume. Blogs entstehen aus den unterschiedlichsten Gründen, Zielsetzungen und mit den vielfältigsten Themen. Der Unterschied zwischen teilweise überladenen Webseiten und Blogs ist der einfache und schlichte Aufbau.

steuern

[…] Reine Blogs bieten dem Leser eine sauber strukturierte Informationsquelle ohne viel Drumherum. In der Regel sind Blogbeiträge absteigend nach Datum aufgelistet und geben dem Blogleser eine genaue Übersicht über die Aktualität eines Beitrags. Dank Kategorien und Schlagwörtern können Blogleser schnell und einfach durch den Blog navigieren. Die entsprechende interne Verlinkung und Auflistungen aller Artikel, die einer Kategorie oder einem Schlagwort zugeordnet sind, tragen erheblich zur Nutzerfreundlichkeit bei. […]

Die Faszination Blog hat weltweit mittlerweile viele Millionen Anhänger und täglich werden es mehr. Das Tolle an einem Blog ist, dass er dank der Kommentarfunktion ganz einfach zu einem regen Gedankenaustausch von Gleichgesinnten beitragen kann. […] Möchte man einen eigenen Blog erstellen, findet man im Netz kostenlose Blogging-Dienste und kann so ohne finanziellen Aufwand und mit wenigen Klicks sofort loslegen. Für eine einfache und schnelle Einrichtung ist in der Regel keine Registrierung vonnöten, es reicht, einen Nickname sowie eine Mailadresse anzugeben.

Egal, ob jemand aus Spaß an der Freude im Hobbybereich bloggt oder seinen Lebensunterhalt damit bestreiten möchte, inzwischen ist alles möglich. Dabei gibt es zahlreiche unterschiedliche Blogthemen wie Fashionblogs, Kunstblogs, Newsblogs, Mikroblogs (wie z. B. Twitter), Wissenschaftsblogs und viele mehr. Die Liste lässt sich endlos verlängern. […]

Vom Einzelkämpfer bis zu ganzen Gruppen gibt es Blogger, die einzelne Blogs oder gar Blognetzwerke betreiben. Der Blog ist global betrachtet weitaus mehr als nur ein Tagebuch oder eine Website, sondern ein Medium, das mitunter eine sehr große Meinungsmacht mit sich bringt. […] Von professionellen Journalisten werden Blogger oft fachlich nicht ernst genommen, sei es wegen der fehlenden journalistischen Ausbildung oder einfach, weil man die neue Konkurrenz fürchtet. Zudem sind Blogger oftmals schneller und damit aktueller in ihrer Berichterstattung.

1 **User:** jemand, der einen Computer benutzt

https://blogsheet.info/blog-blogger-genau-erklaert-18677, Zugriff: 23.10.2017 (verändert)

B 4 Schaubilder auswerten

Häufig findest du in Prüfungsaufgaben auch Schaubilder wie Diagramme und Tabellen. Diese enthalten Zusammenfassungen von Daten, die nach bestimmten Gesichtspunkten geordnet sind.
Folgende Aufgabenstellungen sind bei Schaubildern möglich:

- Du musst überprüfen, ob die vorgegebenen Aussagen zu einem Schaubild richtig sind oder nicht.
- Du musst feststellen, ob die Informationen eines Schaubildes die Aussagen eines Textes bestätigen, ergänzen oder widerlegen. Dazu musst du ein Schaubild richtig lesen und verstehen.

1 Werte Schaubild A (Seite 22) nach folgenden Schritten aus:

Erster Schritt: Sich orientieren

a) Worum geht es in dem Schaubild A? Notiere stichpunktartig.

Thema: Medienbeschäftigung in der Freizeit

Zahlenangaben: Prozent

hellgraue Balken: Täglich

dunkelgraue Balken: Mehr mals pro Woche

Vergleiche zwischen: Täglich mehrmals pro Woche

TIPP zum ersten Schritt

1. Lies die Überschriften und Erläuterungen genau. Um welches Thema geht es?
2. Welche Zahlenangaben werden gemacht? Werden sie in Prozent, Promille oder in absoluten Zahlen (z. B. in Tausend) angegeben?
3. Worauf beziehen sich diese Angaben?
4. Was wird miteinander verglichen?

Zweiter Schritt: Den Inhalt des Schaubildes erfassen und stichpunktartig aufschreiben

b) Schreibe die Informationen auf, die du dem Schaubild entnehmen kannst.

____

____

____

____

TIPP zum zweiten Schritt

1. Sieh dir das Schaubild genauer an. Worauf bezieht sich der höchste Wert?
2. Worauf bezieht sich der niedrigste Wert?
3. Gibt es weitere Auffälligkeiten?

Dritter Schritt: Aufgabenstellung beantworten und Ergebnisse aufschreiben

c) Beantworte die Aufgaben zu Schaubild A (Seite 22). Achte genau auf die Aufgabenstellung. Wenn du dir bei der Formulierung der Ergebnisse unsicher bist, findest du auf Seite 23 Formulierungshilfen.

____

____

____

____

TIPP zum dritten Schritt

1. Formuliere in ganzen Sätzen.
2. Verwende diese Formulierungen:
   es gibt weniger als ...
   mehr als bei ...
   genauso oft ...
   seltener ...
   auffällig ist, dass ...

2 Bearbeite in gleicher Weise die Schaubilder B und C.

Schaubild A: Balkendiagramm
Medienbeschäftigung in der Freizeit

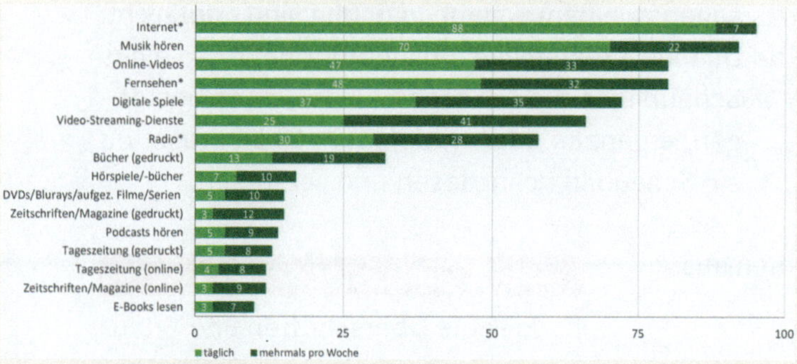

(Angaben in Prozent)
*egal über welchen Verbreitungsweg, **2020 nicht abgefragt
Basis: alle Befragten (Jugendliche im Alter von 12 bis 19 Jahren), n = 1200

JIM 2021, Medienpädagogischer Forschungsverbund Südwest

INFO

Balkendiagramme zeigen oft absolute Zahlen oder Prozentzahlen an. Die Länge des Balkens gibt die Anzahl an, die man meist auf der x-Achse ablesen kann. Neben der y-Achse wird angegeben, worauf sich die Balken beziehen.

AUFGABENSTELLUNG

1. Welches Medium wird von den Jugendlichen am häufigsten täglich genutzt?
2. Welche Medien sind bei der regelmäßigen Nutzung (mehrmals pro Woche) am beliebtesten?

Schaubild B: Kreisdiagramm
Familien, Paare ohne Kinder, Alleinstehende

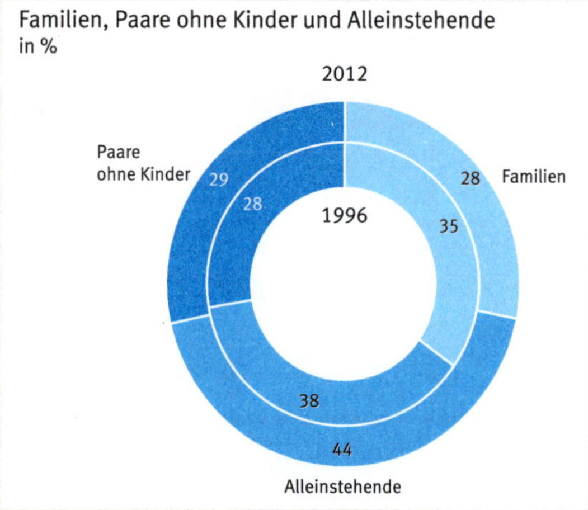

Statistisches Bundesamt, Wiesbaden 2013

INFO

Kreisdiagramme zeigen die prozentuale Zusammensetzung einer Gesamtmenge. Dabei ist der Kreis in mehrere Teile unterteilt, die jeweils den Anteil an der Gesamtmenge wiedergeben.

AUFGABENSTELLUNG

1. Welche Art zu leben hat von 1996 bis 2012 am meisten zugenommen?
2. Beschreibe die Entwicklung der verschiedenen Arten zu leben von 1996 bis 2012.

Schaubild C: Verlaufsdiagramm
Preisentwicklung Telekommunikation

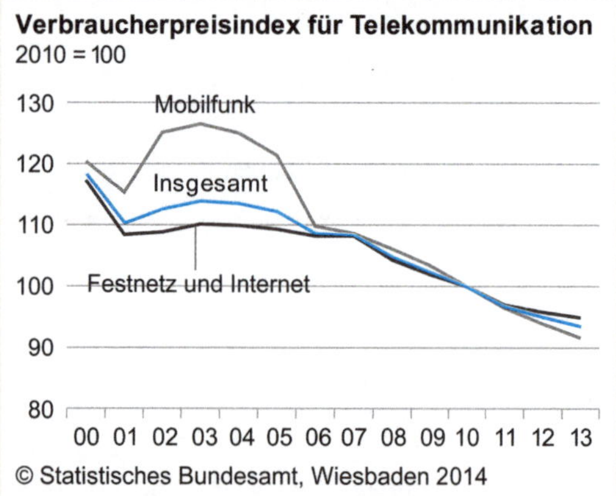

Statistisches Bundesamt, Wiesbaden 2013

INFO

Kurven- oder Liniendiagramme eignen sich dazu, Daten von verschiedenen Zeitpunkten grafisch vergleichend darzustellen.

AUFGABENSTELLUNG

1. Beschreibe die Entwicklung der Preise für Telekommunikation.
2. In welchem Zeitraum und in welchem Bereich stiegen die Preise für Telekommunikation am stärksten an?

Schaubilder auswerten: Formulierungshilfen

1 a) Nachdem du die Schaubilder ausgewertet hast, fasse die wesentlichen Inhalte zusammen und beantworte in deinem Text die auf Seite 22 gestellten Fragen. Ergänze dazu die Lückentexte unten.

b) Sammle in einer Liste Formulierungshilfen, die du zum Beschreiben von Schaubildern nutzen kannst.

Schaubild A: *Das vorliegende* Balkendiagramm *stellt die „Medienbeschäftigung von Jugendlichen in der Freizeit" dar. Es wurde durch den* Medienpädagogischer Forschungsverbund Südwest *im Jahre 2021 veröffentlicht. Dazu wurden* 1200 *Jugendliche befragt. Auf der x-Achse kann man die* ___ *zu den Nennungen ablesen. Dabei stellen die hellgrünen Balken die* Tägliche Nutzung *dar, während die dunkelgrünen Balken die* Wochentlich Nutzung *verdeutlichen. Das heißt, die Studie ermöglicht einen Vergleich zwischen täglicher und wöchentlicher Nutzung. Auf der y-Achse sind die* Medien *aufgelistet, die Jugendliche nutzen. Die Auflistung beginnt mit dem am häufigsten genannten Medium und endet mit dem am wenigsten genannten. Bezüglich der täglichen Mediennutzung werden* Medien *(94 Prozent), Musik hören (* 70% *) und* Fernsehen *(* 40% *) besonders häufig genannt. Beliebt sind außerdem* Online-Videos *(47 Prozent). Mindestens mehrmals pro Woche nutzen die Jugendlichen insbesondere* Video-Streaming-Dienste *(41 Prozent), gefolgt von digitalen Spielen (* ~~37~~ 35 % *) und* Online Viedeos *(* 33 % *). Zusammenfassend ist festzustellen, dass für viele Jugendliche das* Internet *im Alltag mittlerweile eine große Bedeutung hat.*

Schaubild B: Das Kreisdiagramm mit dem Titel „Familien, Paare ohne Kinder, Alleinstehende", veröffentlicht im Jahre 2018, befasst sich mit den unterschiedlichen Arten zu leben ___. Diese Aufschlüsselung wurde vom ~~Kreisen~~ Statisches Bundesamt in Wiesbaden veröffentlicht. Das Schaubild besteht aus zwei Kreisen, die durch die Anordnung einander gegenübergestellt werden können. Der äußere Kreis enthält Prozent-Angaben zum Jahr 2012, während der Innere Kreis Angaben zum Jahr 1996 darstellt. Durch den Vergleich beider Angaben lässt sich ermitteln, dass sich im angegebenen Zeitraum, also von 1996 bis 2012, die Anzahl der Familien um 7 % auf 28 % verringert hat. Demgegenüber hat der Anteil der Alleinstehenden um 6 % zugenommen, denn er ist von 38 % auf 44 % gestiegen. Nahezu gleich geblieben ist der Anteil der Pare ohne Kinder (1996: 28 %, 2012: 29 %). Insgesamt verdeutlicht das Kreisdiagramm die Tendenz, dass Menschen eher allein leben. Allerdings enthält das Schaubild keine Angaben über das Alter der Befragten.

Schaubild C: Das Kurven-diagramm, das den Titel Preisentwicklung-telkommunikation trägt, stellt die Preisentwicklung für Telekommunikation im Jahr 2013 dar. Diese wurde erhoben durch das Statistische Bundesamt in Wiesbaden. Auf der X-achse sind die Jahreszahlen ablesbar, während auf der Y-achse Angaben zum Verbraucherpreisindex gemacht werden. Ausgehend vom Verbraucherpreisindex (2010 = 100) sind die Preisentwicklung als Kurven für „Mobilfunk" (hellgraue Kurve), „Festnetz und Internet" (Schwarze Kurve) kombiniert und „insgesamt" (Blaue Kurve) über den Zeitraum von 2000 bis 2012 abzulesen. Dabei fällt auf, dass, nachdem die Preise bis 2001 für Mobilfunk, Festnetz und Internet Stark gefallen sind, die Kosten für den Mobilfunk zwischen 2001 und 2003 besonders stark anstiegen. Festnetz und Internet wurden nur etwas teurer. Bis 2006 glichen sich die Kosten in allen Bereich an und fallen seitdem jedes Jahr. Das heißt zusammenfassend betrachtet, Telekommunikation wird tendenziell günstiger.

C Strategien zur Bearbeitung von Schreibaufgaben

C 1 Aufgabentyp 2

C 1.1 Was bedeutet die Aufgabenstellung „Informiere ...“?

1 Die Aufgabenstellung stammt aus einer Prüfungsvorlage, in welcher ein informierenderText verfasst werden sollte. (ACHTUNG: Die zugehörigen Texte und Materialien findest du auf den Seiten 78 – 81.)

AUFGABENSTELLUNG Schreibaufgabe

An deiner Schule findet ein Projekttag zum Thema „Sprachenreichtum an unserer Schule“ statt. Zur Vorbereitung soll ein Ordner mit Informationen erstellt werden, der allen Schülerinnen und Schülern sowie Lehrkräften zur Verfügung steht. Du bist gebeten worden, für diesen Ordner einen informierenden Text zum Thema „Dialekte“ zu verfassen. Um deinen Text schreiben zu können, bekommst du eine Materialsammlung (M1 – M5).

Verfasse auf der Grundlage der Materialien M1 – M5 einen **informierenden Text** zum Thema „Dialekte“. Schreibe nicht einfach aus den Materialien ab, sondern achte auf eine eigenständige Darstellung in einem zusammenhängenden Text. Gehe dabei so vor:

a) Formuliere für den Text eine passende Überschrift.
b) Schreibe eine Einleitung, in der du kurz erklärst, was man unter einem Dialekt versteht.
c) Stelle dar, welche Vorteile es hat, wenn man einen Dialekt spricht.
d) Erläutere, welche unterschiedlichen Meinungen zum Thema „Dialekte“ geäußert werden.
e) Beurteile anhand der Materialien und eigener Überlegungen, warum es von Vorteil sein könnte, an Schulen eine Dialekt-AG einzurichten.

INFO zu 2

Um einen informierenden Text schreiben zu können, musst du dir Folgendes verdeutlichen:

- An welchen **Adressaten** richtest du dich?
- **Worüber** sollst du informieren (Situation/Thema)?
- Welches **Schreibziel** hast du?
- Welche **Informationen** aus dem vorgegebenen Material sind für deinen Text geeignet?

Orientiere dich sprachlich und inhaltlich an deinem Adressaten.

2 Die Aufgabenstellungen geben dir Hinweise zum Adressaten, der Situation bzw. dem Thema und dem Schreibziel. Markiere diese Stellen und notiere sie.

Adressat: ______________________

Situation/Thema: ______________________

Schreibziel: ______________________

3 In der Aufgabenstellung oben ist zum Teil schon unterstrichen worden, was von dir erwartet wird. Unterstreiche auch in den weiteren Aufgaben, was du tun sollst. Die Verben geben dir Hinweise.

INFO zu 3

verfassen/formulieren: einen Text schreiben
erklären: Textaussagen oder Sachverhalte auf der Basis von Kenntnissen und Einsichten darstellen
darstellen: Inhalte, Aussagen oder Zusammenhänge sachlich und strukturiert formulieren
erläutern: Sachverhalte oder Textaussagen veranschaulichen
beurteilen: auf der Grundlage gegebener Informationen zu eigenen Erkenntnissen gelangen

C 1.2 Einen informierenden Text verfassen – Fachwissen

Um einen **informierenden Text** schreiben zu können, musst du anhand der Aufgabenstellung zunächst ermitteln, wer dein(e) **Adressat(en)** ist/sind (Für wen schreibe ich?), in welcher **Situation** du schreibst (Was ist der Anlass?) und welches **Schreibziel** du verfolgst (Welche Funktion hat der Text?). Diese Informationen entnimmst du dem Vortext der Aufgabe. Sie geben dir Hinweise dazu, wie du formulieren musst:

Adressaten: *Schülerinnen und Schüler, Lehrerinnen und Lehrer, Eltern → höfliche und freundliche Ansprache*

Situation: *Schulfeier zur Namensgebung der Schule/Formulierung durch Mitglied der Schulzeitung → Personalpronomen (wir) und Possessivpronomen (unsere) verwenden, da Autor und Adressaten der Schulgemeinschaft angehören*

Schreibziel: *Informationen zur Namensgeberin Gudrun Pausewang → informativ, sachlich, anschaulich (vgl. Aufgabe* **1***, Kapitel C 1.5, S. 29)*

Die **Gliederung** deines Informationstextes wird dir durch die Teilaufgaben vorgegeben. Abschließend nimmst du zumeist selber zu einer Aussage bzw. einem im Text dargestellten Sachverhalt Stellung:

- **Formuliere … Überschrift** → Thema und Situation beachten
- **Schreibe eine Einleitung …**
- **Stelle dar, …** } → Schwerpunkte der Aufgaben beachten
- **Erläutere …** }
- **Schlussfolgere …** } → ziehe auch Schlussfolgerungen, die nicht im Text stehen

Beachte dabei:

✔ Wähle eine **Interesse weckende Überschrift**, die das Thema trifft.

✔ Formuliere **verständlich** (ggf. Fremdwörter erklären) und für die Adressaten angemessen.

✔ Schreibe nicht aus dem Text ab. **Zahlen**, **Daten**, **Namen** und **Fakten** solltest du aber **richtig übernehmen**.

✔ **Originaltöne** machen deinen Text anschaulich. Wenn du **wörtlich zitierst**, z. B. aus einem Interview, setze das Zitat in Anführungsstriche und gib Namen, Ort, Funktion und Erscheinungsjahr an. Auch beim **indirekten Zitieren** sind diese Angaben notwendig. Dann verwendest du den **Konjunktiv I**, um deutlich zu machen, dass du die Äußerungen einer anderen Person wiedergibst.

✔ Nenne im Text **keine Materialien**, denn deine Leser verfügen nicht darüber. Diese benennst du nur **kurz im letzten Satz**.

Ziele des Textes (= Funktion)

- Information
- Unterhaltung

Schreibstil und Art der Informationen

- informativ
- beschreibend
- sachlich
- interessant
- anschaulich
- unterhaltsam

TIPP

- Weise bereits beim Lesen der Schreibaufgabe den einzelnen Teilaufgaben unterschiedliche Farben zu.
- Beim Erschließen des Textes markierst du in diesen Farben die Informationen, die du für die Bearbeitung der jeweiligen Teilaufgabe verwenden willst.

C 1.3 Einen informierenden Text verfassen

Hier erhältst du eine Übersicht über die **Vorgehensweise zur Bearbeitung der Schreibaufgabe zum Aufgabentyp 2**. Die farbig markierten Wörter (Arbeitstechniken, Operatoren, Fachbegriffe) kannst du im Glossar (ab S. 131) oder den Kapiteln C 1.1 (S. 24) und C 1.5 (ab S. 28) nachschlagen. Bei der Bearbeitung der Aufgabenstellungen in den Kapiteln D 3 – D 5 kannst du dich an der Übersicht orientieren.

Sechs Schritte zur Bearbeitung der Aufgabenstellung

1. Schritt: Sich orientieren
- Aufgabenstellung und Teilaufgaben lesen
- Adressaten ermitteln
- Situation/Thema erfassen
- Teilaufgaben und **Operatoren** erfassen
- Schreibziel erkennen (→ **informieren**)

↓

2. Schritt: Materialien erschließen und Inhalte erfassen
- Texte, **Grafiken**, Tabellen lesen
- unbekannte Begriffe und Ausdrücke klären (Wörterbuch, Sinnzusammenhang)
- **Schlüsselstellen** markieren und bewerten (mit Symbolen, Pfeilen)
- Stichpunkte in der Randspalte notieren

↓

3. Schritt: Schreibplan anlegen
- Tabelle anlegen (nach Teilaufgaben und Materialien gliedern)
- ggf. Alternative zum Schreibplan anlegen: farbige Markierungen pro Teilaufgabe vornehmen

↓

4. Schritt: Materialien auswerten und Stichworte im Schreibplan festhalten
- Überschrift: Thema nennen, Interesse wecken
- Einleitung: ins Thema einführen, Vorgaben der Teilaufgaben 1 a) und 1 b) berücksichtigen
- Hauptteil: Teilaufgaben ab 1 c) berücksichtigen
- Schlussteil: Schlussfolgerungen zu den Aspekten der Teilaufgabe 1 e) ziehen
- Nummern der verwendeten Materialien im Schreibplan notieren

↓

5. Schritt: Informierenden Text schreiben

Inhalt:
- Überschrift formulieren
- zusammenhängenden Text verfassen
- schlüssige Reihenfolge beachten
- Adressaten berücksichtigen (sachlich, verständlich, anschaulich schreiben)
- inhaltliche Zusammenhänge richtig darstellen (Fakten, Zahlen, Fachbegriffe)

Darstellung:
- nach Teilaufgaben Absätze einfügen
- in eigenen Worten formulieren
- verwendete Materialien aufzählen

↓

6. Schritt: Text überarbeiten
- Interessante Überschrift?
- Alle Teilaufgaben berücksichtigt (→ **Operatoren**)?
- Informationen für die Adressaten nachvollziehbar und interessant formuliert?
- Informationen richtig dargestellt?
- Sinnvolle Gliederung des Textes?
- Vollständige Sätze?
- Im **Präsens** geschrieben?
- In eigenen Worten formuliert?
- **Rechtschreibung, Zeichensetzung, Grammatik** korrekt?

C 1.4 Schreibplan zu Aufgabentyp 2

Nutze diese Tabelle zur Planung deines informierenden Textes. Ergänze die Kategorien der Teilaufgaben und die Informationen aus den Materialien stichwortartig. Nutze für jedes Material eine Zeile. Überflüssige Zeilen bzw. Spalten streichst du.

Adressat: ____________________

Situation / Thema: ____________________

Schreibziel: ____________________

Aufgaben/ Material	1 a) Überschrift	1 b) Einleitung	1 c)	1 d)	1 e)	Daran muss ich denken:
M1						
M2						
M3						
M4						
M5						
M6						
M7						

C 1.5 Schreibaufgabe in sechs Schritten bearbeiten: Die Autorin Gudrun Pausewang

Auf den folgenden Seiten lernst du die wichtigsten Arbeitsschritte zur Erarbeitung eines informierenden Textes kennen. Auf den Seiten 29 – 32 findest du die Materialien, mit dener Hilfe du diese Schritte üben kannst. Auch in der angeleiteten Prüfungsaufgabe (Teil D) wird auf diese grundlegenden Seiten verwiesen.

Erster Schritt: Sich orientieren

TIPP zum ersten Schritt

Stürze dich nicht gleich in die Arbeit, sondern verschaffe dir einen ersten Überblick:

1. Mache dir klar, was die Aufgabe von dir verlangt: Lies dazu die einzelnen Teilaufgaben und unterstreiche alle wichtigen Hinweise auf das, was du tun sollst. Die Verben sind zur besseren Orientierung fett gedruckt. Eine Erklärung der Verben findest du im Teil C 1.1 (S. 24).
2. Die Informationen zum Adressaten und zur Situation findest du im Vortext über der Aufgabe.

1 Lies die Aufgabenstellung in der Prüfungsvorlage (S. 29) „mit dem Stift". Markiere die Verben und die Schlüsselwörter.

2 Mache dir klar, in welcher Situation und an wen du schreibst:

Adressat: ______________________________

Situation/Thema: ______________________________

Schreibziel: ______________________________

3 Notiere stichpunktartig, was dir zu dem Thema „Gudrun Pausewang" einfällt. Wer ist Gudrun Pausewang? Wovon könnten die Materialien handeln?

____

____

____

____

____

Zweiter Schritt: Materialien erschließen und Inhalte erfassen

4 a) Erschließe die Materialien (Texte, Bilder, Tabellen) wie im TIPP zum zweiten Schritt dargestellt. Setze dazu die Bearbeitung fort.

b) Kennzeichne die Informationen (Schlüsselstellen), die du zur Erarbeitung der Teilaufgaben benötigst, durch Unterstreichungen und Randbemerkungen (z. B. Lebensdaten Gudrun Pausewangs, Werke ...). Markiere auch Besonderheiten, die dir auffallen. Verwende dazu für jede Teilaufgabe eine eigene Farbe.

TIPP zum zweiten Schritt

1. Markiere alle Textstellen, die dir unklar sind. Kläre unbekannte Ausdrücke aus dem Sinnzusammenhang oder schlage im Wörterbuch nach. Beachte auch die Worterklärungen unter dem Text.
2. Unterstreiche Schlüsselstellen im Text. Das sind Antworten auf die W-Fragen und Textstellen, die du zur Bearbeitung der Teilaufgaben heranziehen willst.
3. Kennzeichne mit Markierungen und Symbolen (!?) Textstellen, die für das Verständnis der Materialien wichtig sind. Verweise kannst du mit Pfeilen (➡) verdeutlichen.
4. Notiere zu jedem Abschnitt Stichpunkte zum Inhalt in der Randspalte .

Teil II

Deine Schule soll nach der Autorin Gudrun Pausewang benannt werden. Zur Namensgebung wird es eine große Feier geben, an der alle Schülerinnen und Schüler, Lehrkräfte und Eltern teilnehmen sollen. Damit alle für diesen Termin gut vorbereitet sind, bist du als Mitglied der Schulzeitung gebeten worden, einen Informationstext über Gudrun Pausewang zu schreiben. Um diesen Informationstext schreiben zu können, bekommst du eine Materialsammlung (M1 – M6).

Lies zunächst die Aufgabenstellung und dann die Materialien aufmerksam durch, bevor du mit dem Schreiben beginnst.

AUFGABENSTELLUNG Schreibaufgabe

1 **Verfasse** auf Grundlage der Materialien M1 bis M6 einen **informierenden Text** über Gudrun Pausewang. Schreibe nicht einfach aus den Materialien ab, sondern achte auf eine eigenständige Darstellung in einem zusammenhängenden Text. Gehe dabei so vor:

a) **Formuliere** für den Text eine passende Überschrift.
b) **Schreibe** eine Einleitung, in der du die Autorin Gudrun Pausewang kurz vorstellst *(persönliche Daten, Berufe, Wohnorte, Werke, Auszeichnungen)*.
c) **Erkläre**, welche Themen Gudrun Pausewang in ihren Kinder- und Jugendbüchern verarbeitet.
d) **Erläutere**, wie Gudrun Pausewang ihre Themenwahl mit der eigenen Lebenserfahrung und mit geschichtlichen Ereignissen verknüpft.
e) **Schlussfolgere** anhand der Materialien und eigener Überlegungen, warum Gudrun Pausewangs Bücher gerne von Jugendlichen gelesen werden.
f) **Notiere** unterhalb des Textes die Nummern der von dir genutzten Materialien.

Lebensdaten von Gudrun Pausewang

Daten	03.03.1928 Wichstadtl (Böhmen, heute: Tschechien) – 23.01.2020 (nahe Bamberg)
Kindheit	– sehr naturverbunden: lebte auf einem Bauernhof, Anbau von Obst und Gemüse – älteste von fünf Geschwistern – mit 17 Jahren Flucht nach Westdeutschland (nach Kriegsende)
Ausbildung	– Abitur (1948), Lehramtsstudium, Grund- und Hauptschullehrerin in Wiesbaden (1951 – 1955), Studium der Germanistik in Mainz (1963) – 1998 Doktorexamen (Promotion): „Vergessene Jugendschriftsteller der Erich-Kästner[1]-Generation“
Berufstätigkeit	– ab 1956 Lehrerin an deutschen Schulen in Chile und Venezuela – 1963 Rückkehr nach Deutschland, Lehrerin in Mainz (Hessen) – ab 1968 Lehrerin an einer deutschen Schule in Kolumbien – 1972 Rückkehr nach Deutschland, Lehrerin in Schlitz (Hessen)
Werke	– Veröffentlichung von mehr als 90 Werken – seit Ende der 1950er-Jahre Schriftstellerin (Romane für Erwachsene, Kinder- und Jugendliteratur)
Auszeichnungen (Auszug)	– Buxtehuder Bulle für „Die Not der Familie Caldera“ (1977) – La vache qui lit für „Die letzten Kinder von Schewenborn“ (1983) – Deutscher Jugendliteraturpreis für „Die Wolke“ (1988) – Verleihung des Bundesverdienstkreuzes (1999) – Deutscher Jugendliteraturpreis für das Gesamtwerk (2017)

1 **Erich Kästner:** berühmter Schriftsteller (1899 – 1974)

M2 Auszug aus der Jurybegründung zum Deutschen Jugendliteraturpreis für das Gesamtwerk 2017

[…] In ihren Büchern setzt sie sich im Laufe der Jahrzehnte immer wieder von Neuem mit für sie wichtigen Themen auseinander: „Nie wieder Krieg. Nie wieder Diktatur. Elend in Südamerika. Schutz unserer Natur." – Mit diesen Worten fasst sie zusammen, was sie als Schriftstellerin bis heute antreibt: Verantwortung für Vergangenheit, Gegenwart und Zukunft.
Bekannt geworden ist Gudrun Pausewang vor allem durch ihre Texte, in denen sie sich gegen ökologische Bedrohungen einsetzt und vor den Gefahren der Kernenergie und den möglichen Folgen eines Nuklearkrieges warnt. Besonders hervorzuheben ist dabei ihr erfolgreichstes und wirkungsvollstes Buch Die Wolke (1987), übersetzt in 16 Sprachen und weltweit rezipiert[1]. Dieser Jugendroman wirkt literarisch auch deshalb so überzeugend, weil Gudrun Pausewang darin eine Blase der Zerstörung mit einer noch so gut wie unversehrten Umgebung konfrontiert und auf diese Weise verschiedene Erfahrungshorizonte und Lebenswelten aufeinanderprallen lässt. Eine solche Herangehensweise zeigt sich auch immer wieder in ihren Erzählungen mit lateinamerikanischen Schauplätzen, in denen sie auf soziale Ungerechtigkeiten und eingeschränkte Chancen von Kindern und Jugendlichen der Unterschicht hinweist, etwa in *Das Tor zum Garten der Zambranos* (1988). Positive Gegenentwürfe zu diesen kritisch-engagierten Texten gelingen ihr mit Erzählungen für jüngere Leser, die sich gegen soziale Vorurteile und gegen Rassismus wenden wie zuletzt *Der rote Wassermann* (2015). […]

1 rezipiert: den Inhalt übernehmen, hier: veröffentlicht

Arbeitskreis für Jugendliteratur e.V., München, 2017, https://www.jugendliteratur.org/person/gudrun-pausewang-597, Zugriff: 21.01.2021

M3 Meinung zum Buch „Die Wolke"

Spannende Pflichtlektüre für jeden Jugendlichen des 21. Jahrhunderts
Wie bereits viele RezensentInnen[1] vor mir kann ich bestätigen, dass die Thematik dieses Buches sehr erdrückend und furchtbar ist. Es handelt schließlich von unserer Realität, wir haben schließlich immer noch 6 laufende Kernkraftwerke …
Ich kann mich sehr gut daran erinnern, dass einige meiner Klassenkameraden dieses Buch schrecklich fanden, weil sie nicht mit dieser Thematik umgehen konnten. Doch genau das ist das, was bewirkt werden soll, wir als Leser müssen einer unglaublichen Gefahr ins Auge blicken, auch wenn es jetzt keinen Reaktorunfall, wie im Buch beschrieben in Deutschland gegeben hat, so ist doch die Gefahr trotzdem zum Greifen nahe.
Immer wieder stellte ich mir die Frage, wie hättest du gehandelt?
Das Buch hat sicher kein HappyEnd, aber das wird es ja auch in Realität nicht geben, sollte ein Reaktorunfall jemals stattfinden.

1 der Rezensent: jemand, der seine Meinung zu einem Buch äußert

hatschivy: https://www.lovelybooks.de/autor/Gudrun-Pausewang/Die-Wolke-144568800-w/ Zugriff: 21.01.2021

M4 Über Pausewangs Werke *Kirsti Kriegel*

Gudrun Pausewang gilt als eine der sozialkritischsten Autorinnen Deutschlands. Ihre Werke wurden über drei Millionen Mal verkauft, einige davon mehrfach ausgezeichnet und verfilmt.
In den ersten zehn Jahren als Schriftstellerin schrieb sie ausschließlich Bücher für Erwachsene. Sie handeln alle vom Leben in Südamerika, das die Autorin in vielen Jahren selbst kennengelernt hat.
In ihren Büchern für Kinder und Jugendliche schreibt sie sowohl über die Gegenwart als auch über Zeitgeschichte. Es geht darin häufig um verschiedene Probleme in Entwicklungs- und Schwellenländern, Nationalsozialismus, Rechtsradikalismus und Umweltzerstörung.
In Deutschland wurde Gudrun Pausewang durch die beiden Kinder- und Jugendbücher *Die Wolke* und *Die letzten Kinder von Schewenborn* sehr bekannt. Beide Bücher sind negative Utopien[1], die sich mit der atomaren Bedrohung auseinandersetzen.
In *Die Wolke* beschreibt Gudrun Pausewang die Erlebnisse eines Strahlenopfers nach dem atomaren Unfall in einem deutschen Kernkraftwerk. Den Hintergrund für diese Geschichte bildet der tatsächlich stattgefundene Reaktorunfall 1986 in Tschernobyl (Ukraine), an dessen Folgen viele Menschen starben oder sehr krank wurden. Auch die 14-jährige Janna-Berta verliert im Buch durch ein solches Unglück fast ihre ganze Familie. Sie muss nun mit vielen Problemen klarkommen und auch um das eigene Überleben kämpfen.
In *Die letzten Kinder von Schewenborn* denkt sich Pausewang ein ähnliches horrorhaftes Zukunftsszenario aus: Was wäre, wenn ein Atomkrieg ausbrechen würde? Pausewang beantwortet die Frage mit den Bildern von großer Zerstörung, vielen schwerkranken und dahinsiechenden Menschen. […]

1 **die Utopie:** eine Zukunftsfantasie

Rossipotti. Ein Literaturlexikon für Kinder. https://www.rossipotti.de/inhalt/literaturlexikon/autoren/pausewang_gudrun.html, Zugriff: 21.01.2021

M5 Nachruf zum Tod von Gudrun Pausewang

Gudrun Pausewang war nun so gar nicht der rechthaberische Typ. Im März 2011 aber, während der nuklearen Katastrophe im und beim japanischen Kernkraftwerk Fukushima Daiichi, kamen die Bilder, Szenarien und Ängste nicht nur vielen jüngeren Deutschen auch deshalb so entsetzlich bekannt vor, weil sie es in Pausewangs Roman „Die Wolke“ schon gelesen hatten. Sie selbst hatte Ende der achtziger Jahre, als sie ihr erfolgreichstes Buch schrieb – in viele Sprachen, auch ins Japanische übersetzt – natürlich Tschernobyl vor Augen gehabt. Und sagte 2011 der FR[1] im Interview: „Mir wäre es lieber gewesen, ich hätte mich geirrt. Aber wenn ich nicht sicher gewesen wäre, dass sich so eine Katastrophe früher oder später ereignen wird, hätte ich das Buch nicht geschrieben. Ich schreibe solche Bücher nicht mit dem Ziel, Angst und Schrecken zu verbreiten, was mir oft unterstellt wird.“
In der Tat. Dass Gudrun Pausewang – die übrigens immer klarstellte, dass zum Beispiel „Die Wolke“ kein Kinder-, sondern ein Jugendbuch sei – Teenagern schlimme und tragische Geschichten erzählte, spaltete die Erwachsenenwelt. Dabei ging es nicht nur um pädagogische Fragen, sondern auch darum, wie

M5

man selbst die Dinge wahrnahm, also etwa die Gefahren durch Atomkraft. So dass Pausewang, die Demonstrationen besuchte, aber kein offizielles Mitglied der Anti-Atomkraft-Bewegung war, ins ideologische Kreuzfeuer[2] geriet. Junge Leserinnen und Leser fühlten sich dagegen für voll genommen, einbezogen. Manchmal war es eine Überraschung, dass nicht alles gut ausging.

„In meiner Jugend", schrieb Pausewang in einem Gastbeitrag für den „Spiegel", „galt für Autoren von Kinderbüchern das ungeschriebene Gesetz: In Kinderbüchern muss die Welt ‚heil' sein. Die Guten mussten belohnt, die Bösen bestraft werden ..." Nun sei ihr selbst aber schon mit sieben oder acht Jahren klar gewesen, dass das nicht stimmte. „Und ich nahm mir vor: Sollte ich je Schriftstellerin werden, wollte ich meine Leser ernst nehmen, egal, ob sie 6, 16 oder 60 Jahre alt sind." Auch in Büchern, die eigentlich lustig oder wenigstens skurril[3] sind – „Neues vom Räuber Grapsch"! – machen Leute fatale Fehler. Und es wird wirklich gestorben. [...]

1 **FR:** die Zeitung Frankfurter Rundschau

2 **ideologisches Kreuzfeuer:** eine Weltanschauung, die zur Diskussion steht

3 **skurril:** merkwürdig

Gudrun Pausewang: Die Schriftstellerin einer unheilen Welt, Frankfurter Rundschau, 24.01.20
https://www.fr.de/kultur/theater/gudrun-pausewang-schriftstellerin-einer-unheilen-welt-13497875.html
Zugriff: 21.01.2021

M6 Die Autorin im Interview (2018) *Katrin Hörnlein*

DIE ZEIT: Frau Pausewang, glauben Sie, dass Bücher heute noch etwas verändern können?

Gudrun Pausewang: Ja! Und wie! Vorausgesetzt, dass es weiterhin Bücher gibt ...

ZEIT: Warum sollten Kinder lesen?

Pausewang: Um die Welt kennenzulernen. Mit all ihren Gefahren und Gegensätzen, aber auch mit ihrer heiteren Seite. Ich habe als Kind sehr abgeschieden gelebt, 1,5 Kilometer vom nächsten Dorf entfernt. Das meiste, was ich über die Welt wusste, wusste ich aus Büchern.

ZEIT: Es gibt derzeit viele Jugendromane zu aktuellen politischen Themen: Flucht, Rassismus, Klimawandel ...

Pausewang: Ich wünsche mir noch viel mehr Bücher über die Themen der Gegenwart. Sie müssen aber auch spannend sein und so geschrieben, dass sie von Kindern verstanden werden.

ZEIT: Sie selbst haben warnende Bücher verfasst: gegen den Krieg, für mehr Umweltschutz. Frustriert es Sie, dass diese Themen immer noch aktuell sind?

Pausewang: Der Mensch ist eben so. Er lernt zu langsam und ist unzuverlässig. Aber ich glaube, dass einige begriffen haben, dass wir uns ändern müssen, möglichst schnell.

ZEIT: Als Mädchen war Hitler für Sie eine Art Vorbild. Welche Verführungen sehen Sie für Kinder und Jugendliche heute?

Pausewang: Eine Bedrohung aus ungezügeltem Materialismus und Medienkonsum. Das betäubt uns, stumpft uns ab. [...]

„Der Mensch lernt zu langsam": Ein letztes Interview mit der Jugendbuchautorin Gudrun Pausewang, ZEIT online GmbH, 29.01.20, https://www.zeit.de/2020/06/gudrun-pausewang-jugendbuchautorin-buecher-kinder-lesen, Zugriff: 21.01.2021

Dritter Schritt: Schreibplan anlegen

INFO zum dritten Schritt

Ein **Schreibplan** hilft dir, alle Materialien nach den Vorgaben der Teilaufgaben übersichtlich zu bearbeiten:

1. Nutze die Aufgabenstellung und deren Unterpunkte für deine Gliederung.
2. Lege in einem Schreibplan (Tabelle) die Gliederung deines Textes nach den Teilaufgaben (oberste Zeile) fest. In den senkrechten Spalten trägst du dazu passende Informationen aus den Materialien M1–M6 ein. Wenn du schon oft mit einem Schreibplan gearbeitet hast und gut formulieren kannst, kannst du diesen Schritt auch überspringen. Weise den einzelnen Teilaufgaben stattdessen verschiedene Farben zu. Mit diesen Farben markierst du zugehörige Textstellen in den Materialien (siehe 2. Schritt, Aufgabe **4** b).
3. In die Spalte *„Daran muss ich denken"* trägst du ein, worauf du bei der anschließenden Verschriftlichung achten willst. Notiere hier auch, welche Materialien du verwendet hast (Aufgabe **1** f).

5 Übertrage den folgenden Schreibplan auf eine DIN-A4-Seite. Lasse in den einzelnen Zeilen ausreichend Platz. Du kannst auch den vorbereiteten Schreibplan von Seite 27 kopieren (C 1.4).

Schreibplan
Adressat: *deine Mitschülerinnen und Mitschüler, Lehrkräfte, Eltern*
Situation/Thema: *Namensgebung der Schule/Autorin Gudrun Pausewang*
Schreibziel: *informierender Text über Gudrun Pausewang*

Aufgaben / Material	**1** a) Überschrift	**1** b) Einleitung	**1** c) …	**1** d) …	**1** e) …	Daran muss ich denken:
M1		*– geb. 1928 (Wichstadtl) / gest. 2020 – Bauernhof – 4 Geschwister …*		*– hat in Südamerika gelebt*		*– Material sichten – wichtige Informationen zu den Teilaufgaben markieren – Randbemerkungen – Stichworte aus den Materialien in Schreibplan übertragen – …*
M2			*– Krieg, Diktatur, Elend in Südamerika, Naturschutz, Gefahr der Kernenergie, Folgen Nuklearkrieg*			
M3			*– …*			
M4						
M5						
M6						

Vierter Schritt: Materialien auswerten und Stichworte im Schreibplan festhalten

INFO zum vierten Schritt

Deine Schreibaufgabe besteht darin, in einem informierenden Text alle Teilaufgaben zusammenhängend zu bearbeiten:

a) Finde eine passende **Überschrift** (Teilaufgabe **1** a), die zum Lesen anregt (Adressatenbezug). Orientiere dich dabei an der Vorgabe des Themas.
b) In der **Einleitung** führst du in das Thema ein und machst kurz Angaben zu dem, was die Teilaufgabe fordert (Teilaufgabe **1** b).
c) Im **Hauptteil** erarbeitest du die Teilaufgaben **1** c) – d). Das sind Aufgaben zu inhaltlichen Aspekten (z. B. *Lebenserfahrungen*). Beachte dazu genau die Verben (z. B. *erklären, erläutern* ...) und die Schlüsselwörter in den Teilaufgaben (z. B. verarbeitete Themen ...).
d) Im **Schlussteil** ziehst du Schlüsse zu den genannten Aspekten der Teilaufgabe (Teilaufgabe **1** e), z. B. *Warum werden die Bücher von Jugendlichen gerne gelesen?*).
e) Abschließend nennst du in einem Satz noch die **Materialien**, die du verwendet hast (Aufgabe **1** f). Orientiere dich dazu an deiner Tabelle bzw. deinem Schreibplan oder an den von dir genutzten farbigen Markierungen.

6 Ergänze nun den Schreibplan stichwortartig. Beginne mit der ersten Spalte zur Überschrift (**1** a).

7 Notiere in der zweiten Spalte Stichworte zur Einleitung (Teilaufgabe **1** b). Gehe dazu auf die vorgegebenen Aspekte in der Teilaufgabe (*persönliche Daten, Berufe, Wohnorte, Werke, Auszeichnungen*) ein.

8 Markiere in den Materialien, welche Themen Pausewang in ihren Büchern verarbeitet. Übertrage diese in Spalte 3 des Schreibplans.

9 Sammle Hinweise darauf, wie die Autorin ihre Lebenserfahrung und geschichtliche Ereignisse mit den Themen ihrer Bücher verknüpft. Notiere sie in Spalte 4.

10 Ziehe Schlüsse aus den Informationen, die du über die Autorin gesammelt hast. Notiere, warum ihre Bücher deiner Meinung nach gerne von Jugendlichen gelesen werden (**1** e). Ergänze die Ergebnisse in Spalte 5 des Schreibplans.

TIPP zum vierten Schritt

Hast du dich dazu entschieden, anstatt mit einem Schreibplan mit farbigen Markierungen zu den Teilaufgaben in den Materialien zu arbeiten? Dann überprüfe noch einmal, ob du zu allen Teilaufgaben ausreichende Informationen markiert hast.

TIPP zu **8** / **9** / **10**

Orientiere dich beim Festhalten der Notizen an den Verben (erkläre, ...) und am Wortlaut (Schlüsselwörter) der Teilaufgaben. So kannst du beim Ausformulieren der Ergebnisse Wiederholungen vermeiden. Achte darauf, dass du in mehreren Materialien Informationen zu einer Teilaufgabe finden kannst.

Fünfter Schritt: Einen informierenden Text schreiben

TIPP zum fünften Schritt

1. Schreibe deinen Text. Lasse einen **breiten Rand** an der Seite und unten, damit du Platz für die Überarbeitung und Ergänzungen hast.
2. Formuliere eine passende Überschrift (z.B. *Wissenswertes über Gudrun Pausewang*).
3. Bringe die Ergebnisse aus deinem **Schreibplan** bzw. **deine farbigen Markierungen als Alternative zum Schreibplan** in eine **schlüssige und zusammenhängende Reihenfolge**. Achte darauf, dass du die Stichpunkte/Informationen aus den verschiedenen Materialien miteinander verknüpfst. Orientiere dich an den Teilaufgaben. Setze nach jeder Teilaufgabe einen **Absatz**.

4. Berücksichtige beim Ausformulieren deines informierenden Textes den **Adressaten** (*deine Mitschülerinnen und Mitschüler, Lehrerinnen und Lehrer, Eltern*). Schreibe **sachlich**, **verständlich** und **anschaulich**: *Gudrun Pausewang wählte in ihren Büchern Themen, die für uns alle auch aktuell noch eine Bedeutung haben*.
5. Halte dich an die dargestellten Fakten und Zahlen. Verwende Fachbegriffe, erkläre aber auch Begriffe und Namen, die in der Alltagssprache nicht häufig vorkommen.
6. Formuliere **in eigenen Worten** und im **Präsens**.

11 Verfasse deinen informierenden Text auf einem Extrablatt. Orientiere dich am TIPP und nutze die Ergebnisse deiner Vorarbeit.

Teilaufgabe 1 a): Gudrun Pausewang - Eine verdiente Namensgeberin …

Teilaufgabe 1 b): Unsere Schule soll nun nach der Autorin Gudrun Pausewang benannt werden. Deshalb sollen alle Beteiligten genau wissen, wer Gudrun Pausewang eigentlich war. Die Autorin wurde 1928 in … geboren und …

Teilaufgabe 1 c): Pausewangs Bücher sind sicher deshalb so beliebt, weil sie darin Themen aufgreift, die für uns alle eine große Bedeutung haben und mit denen sich viele identifizieren können, z. B. …

Teilaufgabe 1 d): Wenn man die Themen von Gudrun Pausewangs Büchern genauer betrachtet, kann man feststellen, dass sie ihre eigenen Lebenserfahrungen sowie reale geschichtliche Ereignisse darin verknüpft, denn …

Teilaufgabe 1 e): Für Gudrun Pausewang sind wir Jugendlichen und Kinder eine wichtige Lesergruppe, …

Teilaufgabe 1 f): Ich habe für meinen Text Informationen aus den Materialien … genutzt.

Sechster Schritt: Text überarbeiten

12 Überarbeite deinen informierenden Text. Verwende dazu die CHECKLISTE.

CHECKLISTE zur Überarbeitung von Texten (Aufgabentyp 2)

1. Den Text inhaltlich überprüfen (Inhaltsleistung)
- ✓ Hast du eine interessante Überschrift gewählt?
- ✓ Hast du in deinem Text alle Ergebnisse aus deiner Vorarbeit berücksichtigt und dich an den Teilaufgaben orientiert?
- ✓ Sind deine Informationen für den Leser nachvollziehbar und interessant formuliert?
- ✓ Wurden die Informationen (Aussagen, Fakten, Zahlen) richtig aus den Materialien übernommen?
- ✓ Wurden nachvollziehbare Schlussfolgerungen gezogen, die sich sinnvoll aus den Materialien ergeben?
- ✓ Hast du die Nummern der von dir genutzten Materialien notiert?

2. Den Text sprachlich überprüfen (Darstellungsleistung)
- ✓ Hast du den Text sinnvoll gegliedert? Ist er durch Absätze überschaubar gestaltet?
- ✓ Hast du unnötige Wiederholungen und unklare Formulierungen vermieden?
- ✓ Sind deine Sätze vollständig?
- ✓ Kannst du komplizierte Sätze vereinfachen?
- ✓ Hast du Zusammenhänge durch sinnvolle Satzverknüpfungen verdeutlicht?
- ✓ Hast du im Präsens geschrieben?
- ✓ Überprüfe auch Rechtschreibung, Zeichensetzung und Grammatik, denn sie fließen in die Bewertung ein und können den Lesefluss beeinträchtigen. Kontrolliere deinen Text mehrfach und berücksichtige deine persönlichen Fehlerschwerpunkte.

C 2 Aufgabentyp 4a

C 2.1 Was wird bei der Aufgabenstellung „Analysiere …“ erwartet?

1 Die Aufgabenstellung unten stammt aus einer Prüfungsvorlage, in welcher ein analysierender Text verfasst werden sollte. Lies die Aufgaben. (ACHTUNG: Den zugehörigen Text findest du auf den Seiten 101 bis 103.)

AUFGABENSTELLUNG Schreibaufgabe

Analysiere den Textauszug aus dem Roman „Am Ende des Alphabets“ von Fleur Beale. Gehe dabei so vor:

- Schreibe eine Einleitung, in der du Textsorte, Titel, Autorin und Erscheinungsjahr benennst sowie das Thema formulierst.
- Fasse den Text kurz zusammen.
- Stelle dar, wie sich Mr Vine gegenüber Ruby und den Kunden verhält.
- Untersuche, welche Empfindungen Ruby während des Konflikts durchlebt.
- Erläutere, wie durch sprachliche und formale Mittel deutlich wird, dass Ruby sich über Mr Vine ärgert (mögliche Aspekte: Wortwahl, Sprachbilder, Erzählperspektive).
- Setze dich im Schlussteil mit der folgenden Aussage eines Schülers kritisch auseinander: *„So wie Ruby sollte man am ersten Tag beim neuen Job nicht auftreten.“*
  - Nimm Stellung zu der Aussage.
  - Begründe deine Meinung.
  - Belege deine Ausführungen am Text.

2 In der Aufgabenstellung oben ist zum Teil schon unterstrichen worden, was von dir erwartet wird. Unterstreiche auch in den weiteren Aufgaben, was du tun sollst. Die Operatoren geben dir Hinweise. Lies dazu die Info rechts. Sie erklärt, was unter den Arbeitsanweisungen genau zu verstehen ist.

3 a) Lies die Aufgabenstellungen oben noch einmal gründlich.
b) Woran erkennst du an der Aufgabenstellung e), dass du dich auf den Text beziehen musst?
c) Woran erkennst du, dass du in der Aufgabenstellung f) auch bewerten musst?

INFO zu 2

benennen: Informationen zusammentragen
zusammenfassen: Inhalte/Textaussagen in eigenen Worten wiedergeben
darstellen: Inhalte, Aussagen oder Zusammenhänge sachlich und strukturiert formulieren
untersuchen: an Texten, Textaussagen, Problemstellungen, Sachverhalten kriterienorientiert bzw. fragengeleitet arbeiten
erläutern: Textaussagen, Sachverhalte auf der Basis von Kenntnissen und Einsichten darstellen und durch Informationen und Beispiele veranschaulichen
Stellung nehmen: eine Problemstellung bzw. einen Sachverhalt auf der Grundlage von Kenntnissen, Einsichten und Erfahrungen kritisch prüfen und die Einschätzung sorgfältig abwägend formulieren
begründen: eigene Aussagen erklären, z. B. durch Konjunktionen einleiten
belegen: Aussagen anhand von Beispielen aus dem Text verdeutlichen

INFO zu 3

Um einen erzählenden Text zu verstehen, musst du ihn ***analysieren***:
- Wo und wann spielt die Handlung?
- Welche Personen sind wichtig?
- In welchem Verhältnis stehen die Personen zueinander?
- Wie ist die Handlung aufgebaut?
- Wie wird erzählt (Erzählverhalten)?
- Welche sprachlichen Besonderheiten fallen auf? welche Funktion haben sie?
- Um welche Textsorte handelt es sich?

Zur Analyse gehört auch die ***Deutung***.
Dazu beantwortest du folgende Fragen:
- Welche Wirkung hat der Text auf die Leser?
- Mit welcher Absicht wurde er geschrieben?
- Welches Problem macht der Text deutlich?

C 2.2 Einen epischen Text analysieren – Fachwissen

Bei der Analyse eines epischen (= erzählenden) Textes (z. B. Romanauszug, Erzählung, Satire …) musst du nach der Vorstellung (TATTE-Satz) und der Zusammenfassung des Inhalts auch Aufgaben zu Inhalt und **Erzählweise** bearbeiten. Dadurch ermittelst du die Wirkung des Textes auf den Leser sowie die Textaussage (= Funktion). Anschließend nimmst du zu einer Aussage bzw. einem Zitat Stellung oder schreibst aus der Perspektive einer Figur.

Zur Analyse der **Erzählweise** werden dir in der Aufgabe Schwerpunkte (= mögliche Aspekte) vorgegeben. Diese solltest du auf jeden Fall untersuchen, du kannst aber auch auf weitere formale Merkmale eingehen: *Erläutere, warum diese Freundschaft Therese schließlich in einen inneren Konflikt stürzt (Z. 84 – 94). Untersuche dazu, wie die Autorin diesen Konflikt durch die* ***formale und sprachliche Gestaltung*** *verdeutlicht (mögliche Aspekte:* ***Erzählform, Erzählverhalten, Satzbau****).* (vgl. dazu Teilaufgabe **1** e), S. 42)

Erzählweise (Form/Sprache)

- sprachliche Gestaltung
  - Wortwahl
    - **Wortarten:**
      - Adjektive
      - Nomen
      - Pronomen
      - Verben
      - …
    - **Stil:**
      - einfache Sprache
      - gehobene Sprache
      - Verbalstil
      - Nominalstil
      - …
  - Satzbau
    - Ellipse
    - Parataxe
    - Hypotaxe
  - sprachliche Mittel
    - Alliteration
    - Anapher
    - Euphemismus
    - Hyperbel
    - Ironie
    - Klimax
    - Metapher
    - Neologismus
    - Oxymoron
    - Paradoxon
    - Parallelismus
    - Personifikation
    - rhetorische Frage
    - Vergleich
    - Wiederholung
    - …
- Erzählform
  - Ich-Erzähler
  - Er-Form/Sie-Form
- Erzählverhalten
  - neutral
  - personal
  - auktorial
- Redeformen
  - direkte Rede
  - indirekte Rede
  - erlebte Rede
  - innerer Monolog
  - …
- Zeitverhältnisse
  - Zeitdehnung
  - Zeitraffung
  - Zeitdeckung
  - Zeitsprung
- Handlungsstruktur
  - einlinig/chronologisch
  - Rückblick
  - Vorausdeutung

TIPP

- Schreibe dir bereits beim ersten Lesen des Textes Beobachtungen an den Textrand. Notiere auch, wie die Form des Textes auf den Leser wirkt.
- Markiere Zitate, die du als Textbelege in deiner Analyse verwenden willst.

Die Definition einzelner Begriffe kannst du im Glossar (S. 131 – 136) nachschlagen.

C 2.3 Einen lyrischen Text analysieren – Fachwissen

Bei der Analyse eines lyrischen Textes (z. B. Gedicht, Lied ...) musst du nach der Vorstellung (TATTE-Satz) und der Zusammenfassung des Inhalts auch Aufgaben zu Inhalt und **Form** bearbeiten. Dadurch ermittelst du die Wirkung des Textes auf den Leser sowie die Textaussage (= Funktion). Anschließend nimmst du zu einer Aussage bzw. einem Zitat Stellung oder schreibst aus der Perspektive einer Figur.

Zur Analyse der **Form** werden dir in der Aufgabe Schwerpunkte (= mögliche Aspekte) vorgegeben. Diese solltest du auf jeden Fall untersuchen, du kannst aber auch auf weitere formale Merkmale eingehen: *Erläutere, wie die Einstellung des lyrischen Ich durch **sprachliche Mittel (mögliche Aspekte: Wortwahl, sprachliche Bilder)** deutlich gemacht wird.*

(vgl. dazu Teilaufgabe **1** d), S. 51)

Form/Sprache

- **sprachliche Gestaltung**
  - Wortwahl
    - Wortarten:
      - Adjektive
      - Nomen
      - Pronomen
      - Verben
      - ...
    - Stil:
      - einfache Sprache
      - gehobene Sprache
      - emotional
      - aufzählend
      - ...
  - Satzbau
    - Ellipse
    - Parataxe
    - Hypotaxe
    - Ausruf
    - Fragesatz
    - wörtliche Rede
    - ...
  - sprachliche Mittel
    - Akkumulation
    - Alliteration
    - Anapher
    - Antithese
    - Euphemismus
    - Farbsymbolik
    - Hyperbel
    - Ironie
    - Klimax
    - Lautmalerei
    - Metapher
    - Neologismus
    - Oxymoron
    - Paradoxon
    - Parallelismus
    - Personifikation
    - rhetorische Frage
    - Vergleich
    - Wiederholung
    - ...
- **lyrischer Sprecher**
  - lyrisches Ich
  - gestaltlos
  - Rollenfigur
- **Aufbau**
  - Strophe
    - Vers
      - Enjambement
  - Reimschema
    - dreifache Reimreihe (abcabc)
    - Haufenreim (aaabbb)
    - Kehrreim (ähnl. Refrain)
    - Kreuzreim (abab)
    - Paarreim (aabb)
    - Schweifreim (aabccb)
    - umarmender Reim (abba)
    - unreiner Reim
- **Metrum**
  - Jambus (xx́)
  - Trochäus (x́x)
  - Anapäst (xxx́)
  - Daktylus (x́xx)

TIPP

- Schreibe dir bereits beim ersten Lesen des Textes Beobachtungen an den Textrand. Notiere auch, wie die Form des Textes auf den Leser wirkt.
- Markiere Zitate, die du als Textbelege in deiner Analyse verwenden willst.

Die Definition einzelner Begriffe kannst du im Glossar (S. 131–136) nachschlagen.

C 2.4 Einen Text analysieren und interpretieren

Hier erhältst du eine Übersicht zur **Vorgehensweise bei der Bearbeitung der Schreibaufgabe zum Aufgabentyp 4a**. Die blau markierten Wörter (Arbeitstechniken, Operatoren, Fachbegriffe) kannst du im Glossar (ab S. 131) oder in den Kapiteln C 2.1 (S. 36) und C 2.6 bzw. C 2.7 (ab S. 41 bzw. S. 50) nachschlagen. Bei der Bearbeitung der Aufgabenstellungen in den Kapiteln E 3 – E 5 kannst du dich an dieser Übersicht orientieren.

Sechs Schritte zur Bearbeitung der Aufgabenstellung

1. Schritt: Sich orientieren
- Aufgabenstellung und Teilaufgaben lesen
- Teilaufgaben und **Operatoren** erfassen
- Schreibziel erkennen (→ **analysieren**)

↓

2. Schritt: Text erschließen und Inhalt erfassen
- Text lesen, unbekannte Begriffe und Ausdrücke klären (Wörterbuch, Sinnzusammenhang)
- **Schlüsselwörter** und **-stellen** markieren
- Sinnabschnitte bilden und Zwischenüberschriften formulieren
- Stichworte zum Inhalt machen
- Beobachtungen zu den formalen und sprachlichen Merkmalen der Textart (**episch, lyrisch, dramatisch** oder **Sachtext**) notieren und deren Wirkungsweise festhalten

↓

3. Schritt: Schreibplan anlegen
- Tabelle anlegen (nach Teilaufgaben gliedern)

↓

4. Schritt: Text untersuchen und Sichworte im Schreibplan festhalten
- Informationen für Einleitung notieren: **TATTE**-Satz (**T**itel, **A**utor, **T**extart, **E**rscheinungsjahr und **T**hema)
- Inhalt **zusammenfassen**: Handlung stichpunktartig notieren
- **Aufgaben zu Inhalt und Form** stichpunktartig **bearbeiten** und passende Textbelege notieren
- zu einer Aussage/einem Zitat **Stellung nehmen** oder einen **Text aus Sicht einer Figur verfassen**

↓

5. Schritt: Text schreiben/Analyse verfassen

Inhalt:
- zusammenhängenden Text verfassen
- Einleitung formulieren
- Inhalt mit eigenen Worten zusammenfassen
- Zusammenhang zwischen Inhalt und Form aufgabengeleitet darstellen, Fazit ziehen
- zu einer Aussage/einem Zitat Stellung nehmen oder einen Text aus Sicht einer Figur verfassen

Darstellung:
- **Präsens** verwenden (bei Vorzeitigkeit: **Perfekt**)
- Beobachtungen belegen, **Zitiertechniken** beachten
- nach Teilaufgaben Absätze einfügen
- Überleitungen formulieren
- in eigenen Worten formulieren

↓

6. Schritt: Text überarbeiten
- Einleitung vollständig?
- Inhalt richtig und mit eigenen Worten zusammengefasst?
- Alle Teilaufgaben berücksichtigt (→ **Operatoren**)?
- Stellungnahme auf das Zitat/die Aussage abgestimmt oder Text aus Sicht einer Figur verfasst?
- Im **Präsens** geschrieben?
- **Rechtschreibung, Zeichensetzung, Grammatik** korrekt?

C 2.5 Schreibplan zu Aufgabentyp 4a

Nutze diesen Schreibplan zur Planung deines analysierenden Textes. Ergänze in der linken Spalte die Operatoren und Schlüsselwörter aus den Teilaufgaben und notiere in der rechten Spalte stichwortartig deine Ergebnisse mit passenden Textbelegen. Überflüssige Zeilen streichst du.

Teilaufgabe zu 1	**Stichworte zur Bearbeitung**
a) Einleitung: TATTE-Satz	*Titel:* *Autor:* *Textart:* *Erscheinungsjahr:* *Thema:*
b) Inhalt zusammenfassen	
c) Aufgabe zu Form und/oder Inhalt	
d) Aufgabe zu Form und/oder Inhalt	
e) Aufgabe zu Form und/oder Inhalt	
f) Stellungnahme <u>oder</u> Text aus Sicht einer Figur	

C 2.6 Schreibaufgabe (erzählender Text) in sechs Schritten bearbeiten: Der Freund

Auf den folgenden Seiten werden die wichtigsten Arbeitsschritte für das Lesen und Erschließen eines erzählenden Textes und die Schritte für die Bearbeitung der Prüfungsaufgaben dargestellt. Auf den Seiten 42–44 findest du den erzählenden Text, mit dem du diese Schritte üben kannst. Auch in der angeleiteten Prüfungsaufgabe zum Thema „Eine Frage der Beziehung" (Teil E) wird auf diese grundlegenden Seiten verwiesen.

Erster Schritt: Sich orientieren

TIPP zum ersten Schritt

Stürze dich nicht gleich in die Arbeit, sondern verschaffe dir eine erste Orientierung:

1. Mache dir klar, was die Aufgabe von dir verlangt. Lies dazu die einzelnen Teilaufgaben und unterstreiche alle wichtigen Hinweise auf das, was du tun sollst. So erhältst du oft schon Anhaltspunkte, worauf du beim Lesen und Erschließen des Textes achten musst.
2. Worum geht es in dem Text? Was verrät dir die Überschrift?

1 Lies die Aufgabenstellung in der Prüfungsvorlage (S. 42) „mit dem Stift".
Markiere die Verben und die Schlüsselwörter.

2 Gib mit eigenen Worten wieder, was du tun sollst. Beachte die Reihenfolge der einzelnen Schritte.

____

____

3 Notiere stichpunktartig, was dir zu dem Titel „Der Freund" einfällt. Um welches Thema könnte es gehen? Wovon könnte der Text handeln?

____

____

____

Zweiter Schritt: Text erschließen und Inhalt erfassen

4 a) Erschließe den Text wie im TIPP zum zweiten Schritt dargestellt. Setze dazu die Bearbeitung fort.
b) Kennzeichne durch Unterstreichungen und Randbemerkungen Besonderheiten, die dir auffallen (z. B. zu Satzbau, sprachlichen Gestaltungsmitteln, Erzählform und -verhalten).

5 Worum geht es im Text? Formuliere Stichworte zum Thema.

– Beziehung zwischen zwei Jugendlichen mit
unterschiedlichen Wertvorstellungen und …

____

____

TIPP zum zweiten Schritt

1. Markiere alle Textstellen, die dir unklar sind. Kläre unbekannte Ausdrücke aus dem Sinnzusammenhang oder mithilfe des Wörterbuchs. Beachte auch die Worterklärungen unter dem Text.
2. Unterstreiche Schlüsselstellen im Text. Das sind Antworten auf die W-Fragen und Textstellen, die du zur Bearbeitung der Teilaufgaben heranziehen willst.
3. Bilde Sinnabschnitte und notiere dazu jeweils eine Überschrift.
4. Notiere zu jedem Abschnitt Stichpunkte zum Inhalt.
5. Bestimme die Textart.

Teil II

AUFGABENSTELLUNG Schreibaufgabe

1 **Analysiere** den Text „Der Freund“ von Gina Ruck-Pauquèt. Gehe dabei so vor:

a) **Schreibe** eine Einleitung, in der du Titel und Autor **benennst** und das Thema **formulierst**.

b) **Fasse** den Text **zusammen**.

c) **Stelle dar**, was das Besondere an der Beziehung zwischen Therese und Bull ist.

d) **Erkläre**, warum Therese zu Hause nichts von Bull erzählt.

e) **Erläutere**, warum diese Freundschaft Therese schließlich in einen inneren Konflikt stürzt (Z. 84 – 94). **Untersuche** dazu, wie die Autorin diesen Konflikt durch die formale und sprachliche Gestaltung verdeutlicht *(mögliche Aspekte: Erzählform, Erzählverhalten, Satzbau)*.

f) **Verfasse** einen kurzen Text aus der Sicht von Therese.
- Warum findet Therese Bull zunächst interessant?
- Wie reagiert sie auf seine Lügen?
- Warum ist sie während des Besuches bei ihrer Lehrerin traurig?

Schreibe in der Ich-Form und berücksichtige die Informationen, die die Erzählung gibt.

Der Freund (1987) *Gina Ruck-Pauquèt*

Bull und Therese sind befreundet, obwohl sie unterschiedlich sind

Er war älter als sie. Aber das machte Therese nichts aus. „Das Kind ist weit über sein Alter hinaus“, pflegte ihre Mutter zu sagen. Vielleicht war das der Grund dafür, dass Therese keine Freundin in ihrer Klasse hatte. Bull war mindestens vierzehn. Er ging nicht mehr in die Schule. Möglicherweise ging er auch darum nicht, weil er einfach keine Lust hatte. Bull war das zuzutrauen! „Warum heißt du Bull? Warum hat deine Mutter dich Bull genannt?“ Bull hatte gelacht. „Den Namen habe ich mir selbst gegeben.“ „Und wie heißt du echt?“ „Rumpelstilzchen“, hatte Bull gesagt. Normalerweise hätte ja Therese einen Jungen wie Bull überhaupt nicht kennen gelernt. In ihrer Gegend waren die Jungen anders. Entweder sie gingen in die Schule oder sie arbeiteten irgendetwas. Bull machte nichts. Jedenfalls nichts von dem, was man meinen sollte. Nichts von all den vielen Dingen, die Erwachsene für vernünftig halten.

Therese bringt ihrem Vater gern Essen in die Gärtnerei; Vater ist nicht gesprächig

Als Therese Bull zum ersten Mal sah, lag er im Gras. Sie hatte ihrem Vater das Essen in die Gärtnerei gebracht. Die Gärtnerei war am Stadtrand. Therese fuhr mit dem Fahrrad hin. Sie machte das gern. […] Therese hockte sich zu ihrem Vater ins Treibhaus und sah zu, wie er aß und dabei auf einem Zettel die Preise ausrechnete. Viel sprachen sie nie miteinander. Höchstens, dass der Vater fragte, ob in der Schule alles gut gegangen war. „Ja“, sagte Therese dann. Sie wartete, bis er alles aufgegessen hatte, packte den Teller und das Besteck in Zeitungspapier und stopfte alles in die Strohtasche. „Tschüs!“, sagte sie. Aber manchmal hörte der Vater das schon nicht mehr.

An dem Tag, als Therese Bull traf, drangen zuerst die Fetzen einer Melodie zu ihr hin. Dann sah sie ihn draußen vor der Gärtnerei, wo das Gras ausgebleicht und hoch stand, weil es nie jemand mähte. Er lag auf dem Rücken, die Hände unter dem Kopf, und schaute sie an. „Na?“, sagte Bull. „Hast du Mundharmonika gespielt?“, fragte Therese. Er zog das Instrument aus der Hosentasche und spielte noch einmal. „Willst du?“, fragte er dann und hielt es ihr hin. „Das kann ich nicht“, sagte Therese. „Probier's.“ Therese schüttelte den Kopf. Bull stand auf. Er war lang und dünn und hatte breite Schultern. „Wohnst du hier irgendwo?", fragte Therese. Er zeigte hinter sich. Da waren die Häuser, die sie Silos nannten. „Wohnmaschinen", hatte die Mutter gesagt. „Die sind nicht mal alt. Aber das Gesindel[1], das da lebt, lässt alles verkommen[2]." [...]

Von da an trafen sie sich fast jeden Tag. Sie saßen da, aßen Sonnenblumenkerne und wetteten, wer die Schalen am weitesten spucken konnte. Bull spielte Mundharmonika oder er ahmte Tiere nach. Sprang herum wie ein Affe, hüpfte wie ein Känguru und machte den Stier mit gesenkten Hörnern. Therese hatte nie so gelacht. „Woher hast du die Sonnenblumenkerne?", fragte sie einmal. Da guckte er bloß und drückte ein Auge zu. Therese versuchte, nicht daran zu denken, dass sie aus der Gärtnerei stammen mussten. Vielleicht war es ja auch nicht wahr. Ein andermal fragte sie, was er denn werden wolle. Bull machte einen Handstand. „Wieso?", meinte er. „Naja, du brauchst doch einen Beruf." „Ich werd Seifenblasenfabrikant", sagte Bull. Am nächsten Tag brachte Therese Seifenblasen mit. Sie hatten so viel Spaß, dass sie fast vergessen hätte, nach Hause zu fahren. Mit Bull war alles anders, leichter, fröhlicher. Ganz einfach war alles mit Bull.

Daheim hatte Therese nichts von ihm erzählt. Die hätten das doch nicht verstanden.

Als Therese ihn eines Tages von ihrem Fensterplatz im Klassenzimmer auf dem Schulhof sah, erschrak sie. Er schien da nicht hinzupassen. Sie erinnerte sich, ihm gesagt zu haben, in welche Schule sie ging. Aber was wollte er hier? Wollte er sie abholen? Am Schluss der Stunde war er nicht mehr da. „Mein Wollschal ist weg!", sagte da Brigitte. „Der hat hier im Flur gehangen. Bei den anderen Sachen. Mein gelber Wollschal. Den hat einer geklaut!" [...]

Zum ersten Mal war sie schon vor Bull bei der Gärtnerei. „Hallo", sagte er. „Ich hab Brombeeren." „Das war gemein von dir!", Therese musste es gleich aussprechen. „Du hast den Wollschal weggenommen. Bei uns in der Schule!" Sie sah ihn an und hoffte, es möge sich herausstellen, dass er unschuldig war. Aber Bull grinste bloß. Und die Art, wie er grinste, sprach für sich. „Gib ihn zurück", sagte Therese. „Bitte, gib ihn mir. Ich häng ihn hin, dann ist er einfach wieder da." „Du bist ja verrückt", sagte Bull. „Ich klaue doch nicht!"

Therese brachte ihrem Vater das Essen. Und wenn sie wirklich Unrecht hatte? Und wenn er es nicht gewesen war? Lieber Gott, dachte Therese, mach, dass er es nicht gewesen ist. [...]

Er ist mein Freund, dachte Therese, als sie am Abend nicht einschlafen konnte. Er wird es nicht wieder tun. Sie wollte, dass alles so wurde, wie es gewesen war. Bull war wie immer, am nächsten Tag und am übernächsten. Aber Therese musste sich anstrengen, um fröhlich zu wirken.

Es wurde jetzt Winter. In einer der Nächte waren die Dahlien erfroren. „Hast du nichts Wärmeres anzuziehen?", fragte Therese. „Werd mir schon was besorgen", sagte Bull. „Bull!" Therese packte ihn am Arm. „Bleib ein anständiger Mensch" – Bull grinste – „willst du doch sagen, oder!" Therese ließ ihn stehen. Sprang aufs Fahrrad und fuhr weg.

Am nächsten Tag fehlte der Janker[3]. Jochens dicker, grauer Janker, der im Flur der Schule an einem Haken gehangen hatte. Die aufgeregten Kinder und Lehrer summten um Therese herum wie ein Bienenschwarm. Nein, dachte sie immer wieder. Nein! „Ist dir nicht gut?", fragte jemand. Therese gab keine Antwort. „Soll ich dich heimbringen?" Therese schüttelte den Kopf.

Dann war sie daheim, und etwas später saß sie auf dem Fahrrad und fuhr zur Gärtnerei. Bull war nicht da. Erst als sie wieder herauskam, sah sie ihn. Der Janker stand ihm gut. „Gib her!", sagte Therese. „Gib die Jacke her!" „Bei dir piept's wohl!" Bull sprang einen Schritt zurück. „Du hast sie gestohlen", sagte Therese. „Was geht es dich an?", sagte Bull. „Gib sie her, oder ich sag, dass du es warst." „Das machst du nie!" Bull lachte. „Ich zähle bis drei", sagte Therese. Dann fuhr sie, und während des ganzen Weges dachte sie sich Entschuldigungen für Bull aus. Dass er arm war. Dass seine Mutter sich nicht um ihn kümmerte. Dass er keinen Vater hatte. Und dass er aus dem Silo kam. Aber dazwischen schossen immer wieder die anderen Gedanken. Dass er es trotzdem nicht durfte. Weil kein Mensch das Recht hat, einem anderen etwas wegzunehmen.

Als Therese in die Straße einbog, in der die Lehrerin wohnte, war sie ganz ruhig. Sie klingelte und wartete, bis aufgemacht wurde. „Therese?" Die Lehrerin wunderte sich. „Ich weiß, wer die Sachen genommen hat", sagte Therese. Und sie dachte, dass sie es schnell hinter sich bringen wollte. Noch bevor sie anfangen würde zu weinen.

1 **das Gesindel:** *früher:* Dienstboten; *heute:* Bezeichnung für Menschen, denen sich andere moralisch überlegen fühlen, weil sie z. B. nicht arbeiten oder stehlen

2 **verkommen lassen:** sich nicht kümmern

3 **der Janker:** Trachtenjacke

aus: Westhoff, Hannelore (Hrsg.): Die schönsten Freundschaftsgeschichten. Ravensburg: Otto Maier 1987, S. 61 ff.

Dritter Schritt: Schreibplan anlegen

INFO zum dritten Schritt

1. Deine Schreibaufgabe besteht darin, in einem zusammenhängenden Text alle Teilaufgaben zu bearbeiten. Nutze die Aufgabenstellung und deren Unterpunkte für deine Gliederung.
2. Lege in einem Schreibplan (Tabelle) die Gliederung deines Textes (linke Spalte) fest:
   a) In der **Einleitung** stellst du den Text vor, machst Angaben zu Titel, Autor, Textart, Erscheinungsjahr und Thema (Aufgabe **1** a). Du formulierst den sogenannten TATTE-Satz.
   b) Im **Hauptteil** wendest du dich den Aufgaben **1** b) – e) zu. Das sind Aufgaben zu inhaltlichen und formalen Aspekten (z. B. *Textart, Form, Sprache, Erzählweise). Beachte genau die Verben (z. B. darstellen, beschreiben, erklären …*) und die Schlüsselwörter in den Teilaufgaben (z. B. *Darstellung der Beziehung; Gründe, warum Therese zu Hause nichts von ihrem neuen Freund erzählt …*). Ergänze Zitate und Belege. Sie unterstützen deine Aussagen.
   c) Zum **Schluss** verfasst du einen Text aus der Sicht von Therese. Achte dabei genau auf die Fragen, auf die du eingehen sollst (Teilaufgabe **1** f) und verwende die Ich-Form.

6 a) Übertrage den folgenden Schreibplan auf eine DIN-A4-Seite. Lasse in den einzelnen Zeilen ausreichend Platz. Du kannst auch den vorbereiteten Schreibplan von Seite 40 kopieren (C 2.5).
b) Vervollständige stichwortartig die linke Spalte. Orientiere dich an der Aufgabe von Seite 42 (Verben und Schlüsselwörter). So behältst du die Aufgaben im Blick und vermeidest Wiederholungen.

Teilaufgaben	Stichworte zur Bearbeitung
1 *a) Einleitung: TATTE-Satz*	*– Titel: Der Freund – Autorin: …* *– Textart: kurze Erzählung (epischer Text)* *– Erscheinungsjahr: … – Thema: …*
1 *b) Inhalt zusammenfassen*	*– Therese und Bull sind befreundet, obwohl sie unterschiedlich sind: Therese kommt aus behüteten Verhältnissen, während Bull gar nicht mehr die Schule besucht …* *– …*
1 *c) Darstellung der Art der Beziehung zwischen Therese und Bull*	*– im ersten Absatz wird erzählt, dass Therese keine Freunde hat (Z. 3); auch zu ihrem Vater scheint sie kein inniges Verhältnis zu haben (Z. 17, Z. 21), obwohl …; Bull genießt das Leben (Z. 13); er ist unkompliziert …* *– …*
1 *d) Erklärung dazu, warum Therese zu Hause nichts von Bull erzählt*	*– Thereses Mutter bezeichnet die Häuser am Stadtrand als „Silos" (Z. 31); sie meint, dass in den „Wohnmaschinen" (Z. 31) nur „Gesindel" (Z. 32) leben würde; somit …* *– …*
1 *e) …*	…
1 *f) …*	…

Vierter Schritt: Text untersuchen und Stichworte im Schreibplan festhalten

INFO zum vierten Schritt

Ein erzählender Text stellt häufig ein bestimmtes zwischenmenschliches oder gesellschaftliches Problem (Konflikt) dar. In der Analyse sollst du diese Textaussage herausarbeiten:

1. Zuerst musst du den **Text vorstellen** und den **Inhalt zusammenfassen**.
2. Danach bearbeitest du konkrete Aufgaben zum Inhalt und zur Form/Sprache des Textes:
   a) Lies dazu noch einmal die **Teilaufgaben** ganz genau und untersuche den Text beim zweiten Lesen **aufgabenbezogen**, d. h. du konzentrierst dich auf die Schwerpunkte der Aufgaben, z. B. *das Besondere der Beziehung darstellen* (Teilaufgabe **1** c), und suchst nach Textstellen, die zur Bearbeitung dieser Aufgabe hilfreich sind.
   b) Mit Blick auf **Inhalt**, **Form** und **Sprache** musst du auf Folgendes achten:
      - **Inhalt:** Überschrift, Thema, Atmosphäre, Handlung, Personen und ihre Beziehungen, Gefühle, Gedanken und Konflikte.
      - **Form und Sprache:** Textart, Wortwahl (Schlüsselwörter), Satzbau, sprachliche Gestaltungsmittel (Metapher, Wiederholung, Vergleich …, vgl. dazu Seite 135 im Glossar), Erzählform, Erzählverhalten.

   Du ermittelst diese Gestaltungsmerkmale, um die **Wirkung** und **Deutung** des Textes zu erklären. Manchmal musst du auch die **Entstehungszeit** bedenken, denn diese Informationen können für das Verständnis ebenfalls von Bedeutung sein.

TIPP zu 7

Formulieren einer Einleitung:

1. Stelle die Erzählung vor: Autor, Titel, Erscheinungsjahr. Du kannst auch die Quelle angeben. Sie steht zumeist unter dem Text.
2. Ermittle die Textart. Handelt es sich bei dem erzählenden Text um einen Auszug aus einem Roman, eine Kurzgeschichte, eine Parabel, eine Fabel, ...? Die Merkmale dieser Textarten kannst du im Glossar ab Seite 131 nachlesen.
3. Formuliere das Thema des Textes in wenigen Sätzen. Achte darauf, dass deine Formulierung sich auf den gesamten Text bezieht, z. B. *Die Autorin thematisiert eine Freundschaft zwischen zwei sehr unterschiedlichen Jugendlichen, die aufgrund verschiedener Lebensweisen und Wertvorstellungen für das Mädchen in einem inneren Konflikt endet.*

7 Ergänze nun deinen Schreibplan stichwortartig. Beginne mit der ersten Zeile zur Einleitung (Teilaufgabe **1** a) und orientiere dich am TIPP oben.

a) Notiere Titel, Autor, Erscheinungsjahr und Textart.
b) Formuliere das Thema.

8 Notiere in der zweiten Zeile Stichworte zur Zusammenfassung des Inhalts (Teilaufgabe **1** b).

- Nutze dazu deine Stichpunkte aus der Texterschließung (Aufgabe **4**, S. 41).
- Notiere die Stichworte zu den Sinnabschnitten im Präsens im Schreibplan. Für die Vorzeitigkeit benutzt du das Perfekt. Orientiere dich an den im Text unterstrichenen Schlüsselwörtern. Beginne so:

1. Sinnabschnitt: (Z. 1–12)
– *Therese und Bull sind befreundet, obwohl sie sehr unterschiedlich sind. Therese kommt aus behüteten Verhältnissen, während Bull mit seinen 14 Jahren noch nicht einmal mehr die Schule besucht und auch nicht das tut, was Erwachsene von ihm erwarten würden …*

TIPP zu 9

1. Orientiere dich beim Festhalten der Notizen an den Verben (*stelle … dar, erkläre*) und am Wortlaut (Schlüsselwörter) der Teilaufgabe. So kannst du beim Ausformulieren der Ergebnisse Wiederholungen vermeiden.
2. Wenn du die Teilaufgaben zu Inhalt, Form und Sprache bearbeitest, ergänze im Schreibplan Textbelege, die du beim Ausformulieren heranziehen willst. So ersparst du dir das Suchen im Text.

9 a) Markiere im Text, warum und wie sich Therese und Bull kennen lernen und wie sie ihre Zeit miteinander verbringen. Notiere deine Ergebnisse in der dritten Zeile deines Schreibplans (Teilaufgabe **1** c). Ergänze passende Textstellen als Belege.
b) Ziehe daraus Schlussfolgerungen, was diese Zeit für Therese so besonders macht (Teilaufgabe **1** c). Mache dies durch einen Folgepfeil deutlich.

– *im ersten Absatz wird erzählt, dass Therese keine Freunde hat (Z. 3); auch zu ihrem Vater scheint sie kein inniges Verhältnis zu haben (Z. 17, Z. 21), obwohl sie ihm oft das Essen bringt (Z. 13/14); dabei lernt sie Bull kennen, der einfach im Gras herumliegt (Z. 13) …*
→ die Beziehung ist für Therese besonders, weil Bull einfach in den Tag hineinlebt; seine Lebensweise unterscheidet sich sehr von der Thereses (Z. 3–5, Z. 11/12) …

TIPP zu 10

1. In der Teilaufgabe **1** d) zeigst du, ob du die Aussageabsicht des erzählenden Textes richtig verstanden hast, denn auch der Konflikt am Ende ergibt sich aus den unterschiedlichen Lebensweisen und Wertvorstellungen von Therese und Bull.
2. Betrachte die Beziehung der beiden auf den gesamten Text bezogen und achte auf die Einstellung von Thereses Eltern zum Leben. Wenn du beide Lebensweisen vergleichst, kannst du ermitteln, warum Therese nichts von der Freundschaft erzählt. Bedenke auch, was Therese selbst an Bulls Charakter nicht gefällt.

10 Erkläre, warum Therese zu Hause nichts von Bull erzählt. Markiere Textstellen, die deutlich machen, was die Eltern über Bull denken könnten. Sammle dazu Stichwörter in der vierten Zeile der Tabelle (Teilaufgabe **1** d).

– *Thereses Mutter bezeichnet die Häuser am Stadtrand als „Silos" (Z. 31); sie meint, dass in den „Wohnmaschinen" (Z. 31) nur „Gesindel" (Z. 32) leben würde; somit wertet sie gleichzeitig Bull als Person ab, denn der ist in dieser Siedlung zu Hause …*
– *Therese weiß auch, dass die Eltern die Lebensweise Bulls nicht gutheißen würden, denn sie selber …*

TIPP zu 11

Achte bei der Untersuchung der Form und Sprache auf folgende Merkmale: Erzählform, Erzählverhalten, Satzbau und weitere sprachliche Gestaltungsmittel. Auf diese wird häufig bereits in der Aufgabenstellung hingewiesen. Notiere in deinem Schreibplan dazu auch immer die Wirkung dieser Merkmale.

11 Ergänze in Zeile fünf der Tabelle, wie durch Form und Sprache deutlich wird, dass die Freundschaft Therese schließlich in einen inneren Konflikt stürzt (Teilaufgabe **1** e).

– *Bull kann nicht damit aufhören, zu stehlen: er besorgt sich die Dinge, die er im Leben braucht, einfach ohne zu fragen und ohne dafür Geld zu bezahlen; er bestiehlt Thereses Vater und ihre Klassenkameraden (Z. 38: Sonnenblumenkerne, Z. 51/52: gelber Wollschal …), das ärgert Theresa maßlos und sie wünscht sich zu Beginn noch, dass sie Unrecht mit ihren Vermutungen hat …*
– *sie erkennt, dass Bull unehrlich ist und stiehlt, während sie selber offen und ehrlich ist; daher spricht sie den Diebstahl des gelben Wollschals in der Schule in seiner Gegenwart an (Z. 55/56), doch Bull grinst nur und sagt gar nichts dazu (Z. 58); daraus zieht sie ihre Schlussfolgerungen; sie verurteilt sein Handeln: „Das war gemein von dir!" (Z. 55) …*
– *beim dritten Diebstahl wird Therese richtig wütend (Z. 80–84), denn …; Bull macht sich sogar über sie lustig („Das machst du nie!" Bull lachte.", Z. 83) …*
– *der Text ist in der Er-/Sie-Erzählform mit personalem Erzählverhalten verfasst; das erkennt man daran, dass …*
- *dass Therese die Entscheidung, Bulls Diebstähle bei ihrer Lehrerin zu melden, nicht leicht fällt, wird durch eben dieses personale Erzählverhalten deutlich …*
– *ihr innerer Konflikt wird außerdem durch eine Art Aufzählung von Ellipsen deutlich (Z. 85/86); dies zeigt ihren inneren Zwiespalt, ob sie …*
– …

TIPP zu **12**

1. Wenn du als letzte Aufgabe einen Text aus der Sicht einer der Figuren schreiben sollst, achte darauf, dass du dich in die Figur hineinfühlst.
2. Schreibe in der Ich-Form und orientiere dich an den Erzählschritten des Textes sowie an den Gedanken und Gefühlen, die im Text deutlich werden. Du kannst auch Gefühle und Gedanken ergänzen, die nicht im Text genannt werden. Sie sollten aber zum Text passen.
3. Zur Gliederung deines Textes nutze die Fragen aus der Aufgabenstellung und beantworte sie nacheinander.
4. Gestalte deine Schreibweise so, dass sie zu der Figur passt (z. B. Therese: gut erzogenes Mädchen, dem Ehrlichkeit wichtig ist).

12 a) Lies noch einmal die Teilaufgabe **1** f). Mache dir klar, aus wessen Sicht du schreiben sollst:

Ich soll einen Text aus der Sicht von Therese, der Hauptperson aus der kurzen Erzählung „Der Freund" von Gina Ruck-Pauquét verfassen.

b) Notiere im Schreibplan stichwortartig, auf welche Inhalte du in dem inneren Monolog eingehen sollst.

1. erläutern, warum Therese (=ich) Bull zunächst interessant findet
2. …
3. …

c) Beantworte die Fragen (Aufgabe **1** f) stichwortartig aus der Sicht von Therese, d. h. du schreibst in der Ich-Form und berücksichtigst die Informationen, die der Textauszug gibt. Denke auch daran, ihre Gedanken und Gefühle darzustellen.

– Bull ist und lebt so ganz anders als ich; er geht nicht mehr in die Schule und macht nur das, worauf er Lust hat; er interessiert sich für mich und ich kann mit ihm lachen und Blödsinn machen; ich verbringe gerne Zeit mit ihm, denn mit ihm ist alles anders, leichter und fröhlicher …
– der erste Verdacht, dass Bull stiehlt, kam mir, als ich ihn in der Schule gesehen hatte; danach fehlte ein Wollschal; nachdem ich ihn zur Rede gestellt hatte, grinste er nur – und ich wusste, dass er mich anlog, als er sagte, er würde nicht stehlen
– …

Fünfter Schritt: Text schreiben

TIPP zum fünften Schritt

1. Formuliere deinen Text. Lasse einen **breiten Rand** an der Seite und unten, damit du Platz für die Überarbeitung und Ergänzungen hast.
2. Schreibe im **Präsens**. Um die Vorzeitigkeit auszudrücken, nutzt du das **Perfekt**.
3. Bringe die Ergebnisse aus deinem **Schreibplan** in einen **schlüssigen und zusammenhängenden Gedankengang**. Dazu fasst du **ähnliche Beobachtungen** zusammen und beschreibst ihre **Wirkung**, damit dein Leser versteht, warum der Autor bestimmte inhaltliche, sprachliche und formale Merkmale ausgewählt hat. Achte darauf, dass du **Wiederholungen vermeidest**.
4. Verwende **Zitate** – wie in den Teilaufgaben gefordert –, wenn du etwas Typisches oder Bemerkenswertes herausstellen willst oder **um eigene Aussagen zu belegen**. Kennzeichne Zitate durch Anführungszeichen und Zeilenangaben in Klammern: *„Die hätten das doch nicht verstanden." (Z. 46/47).*

5. Verwende die richtigen **Fachbegriffe**, denn mit ihnen kannst du präzise formulieren. Zumeist erhältst du Hinweise dazu schon in der Aufgabenstellung.
6. Damit dein Text zusammenhängend wirkt, verwende passende Satzverknüpfungswörter.
7. Setze nach jeder Teilaufgabe einen Absatz.

13 Fasse deine Analyseergebnisse in einem geschlossenen Text auf einem Extrablatt zusammen. Orientiere dich am TIPP und nutze deine Vorarbeit aus dem Schreibplan.

In der kurzen Erzählung „Der Freund" von Gina Ruck-Pauquét, die diese im Jahre 1987 verfasst hat, geht es um die Beziehung zwischen zwei Jugendlichen mit …
Therese und Bull sind befreundet, obwohl sie sehr unterschiedlich sind …

Fünfter Schritt: Text überarbeiten

14 Überarbeite deinen Text. Verwende dazu die CHECKLISTE.

CHECKLISTE zur Überarbeitung von Texten (Aufgabentyp 4a)

1. Den Text inhaltlich überprüfen (Inhaltsleistung)

- ☑ Hast du in deinem Text alle Unterpunkte der Schreibaufgabe und die Ergebnisse aus deinem Schreibplan berücksichtigt?
- ☑ Sind deine Ergebnisse für den Leser nachvollziehbar formuliert, d. h. hast du erklärt, wie du etwas verstanden hast, und dieses durch Textbelege veranschaulicht?
- ☑ Wird klar, welche Bedeutung Form und Sprache des Textes für die Absicht haben?
- ☑ Hast du deine Ergebnisse miteinander verknüpft und Zusammenhänge hergestellt?
- ☑ Hast du in der Stellungnahme deine Position durch Begründungen sowie durch Zitate/Belege untermauert <u>oder</u> ist der Text aus Sicht einer Figur verfasst (Ich-Form) und passt zu den Informationen aus dem Text?

2. Den Text sprachlich überprüfen (Darstellungsleistung)

- ☑ Hast du den Text sinnvoll gegliedert? Ist er durch Absätze überschaubar gestaltet?
- ☑ Hast du unnötige Wiederholungen und unklare Formulierungen vermieden?
- ☑ Sind deine Sätze vollständig?
- ☑ Kannst du komplizierte Sätze vereinfachen?
- ☑ Hast du Zusammenhänge durch sinnvolle Satzverknüpfungen verdeutlicht?
- ☑ Überprüfe auch Rechtschreibung, Zeichensetzung und Grammatik, denn sie fließen in die Bewertung ein und können den Lesefluss beeinträchtigen.

➡ Kontrolliere deinen Text mehrfach und berücksichtige deine persönlichen Fehlerschwerpunkte.

C 2.7 Schreibaufgabe (lyrischer Text) in sechs Schritten bearbeiten: Wolke 4

Auf den folgenden Seiten werden die wichtigsten Arbeitsschritte für das Lesen und Erschließen eines lyrischen Textes und die Schritte für die Bearbeitung der Aufgaben dargestellt. Auf der Seite 51 findest du den Liedtext, mit dem du diese Schritte üben kannst. Auch in der angeleiteten Prüfungsaufgabe zum Thema „Eine Frage der Beziehung" (Teil E) wird auf diese grundlegenden Seiten verwiesen.

Erster Schritt: Sich orientieren

TIPP zum ersten Schritt

Stürze dich nicht gleich in die Arbeit, sondern verschaffe dir einen ersten Überblick:

1. Mache dir klar, was die Aufgabe von dir verlangt. Lies dazu die einzelnen Teilaufgaben und unterstreiche alle wichtigen Hinweise auf das, was du tun sollst. So erhältst du oft schon Anhaltspunkte, worauf du beim Lesen und Erschließen des lyrischen Textes achten musst.
2. Worum geht es? Was verrät dir die Überschrift?

1 Lies die Aufgabenstellung in der Prüfungsvorlage (S. 51) „mit dem Stift".
Markiere die Verben und die Schlüsselwörter.

2 Gib mit eigenen Worten wieder, was du tun sollst. Beachte die Reihenfolge der einzelnen Schritte.

____

____

3 Notiere stichpunktartig, was dir zu dem Titel „Wolke 4" einfällt. Um welches Thema könnte es gehen? Wovon könnte der Liedtext handeln?

____

____

Zweiter Schritt: Text lesen und Inhalt erfassen

4 a) Erschließe den Liedtext wie im TIPP zum zweiten Schritt dargestellt. Setze dazu die Bearbeitung fort.
b) Kennzeichne Besonderheiten, die dir auffallen (z. B. zu Strophen- und Versanzahl, Reimschema, sprachlichen Gestaltungsmitteln), durch Unterstreichungen und Randbemerkungen.

5 Worum geht es im Liedtext? Formuliere Stichworte zum Thema.

– Beziehung zwischen zwei Partnern

– Vergleich von „Wolke 4" und „Wolke 7"…

– …

TIPP zum zweiten Schritt

1. Markiere alle Textstellen, die dir unklar sind. Kläre diese Ausdrücke aus dem Sinnzusammenhang oder schlage sie im Wörterbuch nach. Beachte auch die Worterklärungen unter dem Text.
2. Unterstreiche Schlüsselstellen. Das sind Textstellen, die für das Verständnis wichtig sind.
3. Formuliere eine Überschrift und Stichworte zu den einzelnen Strophen; das sind oftmals Sinnabschnitte. Notiere auch Hinweise zur Atmosphäre und Stimmung.
4. Da auch die formale und sprachliche Gestaltung für das Verständnis wichtig sind, mache dir Notizen zu Strophen- und Versanzahl, Reimschema, sprachlichen Gestaltungsmitteln etc. (vgl. Glossar: Stichwort Lyrik, S. 132).

Teil II

Lies bitte zunächst den Text, bevor du dich der Bearbeitung der Aufgaben zuwendest.
Schreibe einen zusammenhängenden Text.

AUFGABENSTELLUNG Schreibaufgabe

1 **Analysiere** den Liedtext „Wolke 4“ von Philipp Dittberner und Marv. Gehe dabei so vor:

a) **Schreibe** eine Einleitung, in der du Titel, Autor, Textart und Thema **benennst**.

b) **Fasse** den Inhalt des Liedtextes in eigenen Worten **zusammen**.

c) **Stelle** die im Liedtext dargestellte Einstellung des lyrischen Ich zu seiner Beziehung **dar**. **Erläutere** dazu den Unterschied zwischen der „Wolke 4“ und der „Wolke 7“.

d) **Erläutere**, wie die Einstellung des lyrischen Ich durch sprachliche Mittel *(mögliche Aspekte: Wortwahl, sprachliche Bilder)* deutlich gemacht wird.

e) Eine Schülerin sagt über den Liedtext: *„Meiner Meinung nach liebt das lyrische Ich seine Freundin bzw. seinen Freund nicht richtig. Es sollte sich trennen.“*
Nimm Stellung zu dieser Aussage und überlege, ob du dieser Aussage zustimmen kannst. **Begründe** deine Meinung und **beziehe dich** dabei auf den Text.

Wolke 4 (2015) *Philipp Dittberner*

Lass uns die Wolke vier bitte nie mehr verlassen
Weil wir auf Wolke sieben viel zu viel verpassen
Ich war da schon ein Mal, bin zu tief gefallen
Lieber Wolke vier mit Dir als unten wieder ganz allein

Imperativ: Lyrisches Ich fordert auf („höflich“), begründet Bitte, nennt Beispiel/belegt seine Bitte

Ziemlich gut, wie wir das so gemeistert haben
Wie wir die großen Tage unter kleinen Dingen begraben
Der Moment der die Wirklichkeit maskiert
Es tut nur gut zu wissen, dass das wirklich funktioniert

Beurteilung der Situation

Personifikation: maskieren = verdrängen?

Lass uns die Wolke vier bitte nie mehr verlassen
Weil wir auf Wolke sieben viel zu viel verpassen
Ich war da schon ein Mal, bin zu tief gefallen
Lieber Wolke vier mit Dir, als unten wieder ganz allein

Redensart („auf Wolke 7 schweben“): sehr glücklich/verliebt/in Hochstimmung

Hab nicht gesehen, was da vielleicht noch kommt
Was am Ende dann mein Leben und mein kleines Herz zerbombt
Denn der Moment ist das, was es dann zeigt, dass die Tage ziemlich dunkel sind
Doch Dein Lächeln bleibt. Doch Dein Lächeln bleibt …

Lass uns die Wolke vier bitte nie mehr verlassen
Weil wir auf Wolke sieben, viel zu viel verpassen
Ich war da schon ein Mal, bin zu tief gefallen

Lieber Wolke vier mit Dir als unten wieder ganz allein
Lieber Wolke vier mit Dir als unten wieder ganz allein
Lieber Wolke vier mit Dir als unten wieder ganz allein

Text: Dittberner, Philipp

Dritter Schritt: Schreibplan anlegen

INFO zum dritten Schritt

1. Deine Schreibaufgabe besteht darin, in einem zusammenhängenden Text alle Teilaufgaben zu bearbeiten. Nutze die Aufgabenstellung und deren Unterpunkte für deine Gliederung.
2. Lege in einem Schreibplan (Tabelle) die Gliederung deines Textes (linke Spalte) fest:
   a) In der **Einleitung** stellst du den Text vor, machst Angaben zu Titel, Autor, Textart und Thema (Teilaufgabe **1** a). Du formulierst den sogenannten TATTE-Satz.
   b) Im **Hauptteil** wendest du dich den Aufgaben **1** b)–d) zu. Das sind Aufgaben zu inhaltlichen und formalen Aspekten (z. B. *Art der Beziehung, Form, Sprache*). Beachte dazu genau die Verben (z. B. *darstellen, erläutern* ...) und die Schlüsselwörter in den Teilaufgaben (z. B. *dargestellte Einstellung* ...). Belege unterstützen deine Aussagen. Daher solltest du sie bereits in deinem Schreibplan notieren.
   c) Deinen Text rundest du am **Schluss** mit einer Stellungnahme ab (Teilaufgabe **1** e).

6 a) Übertrage den folgenden Schreibplan auf eine DIN-A4-Seite. Lasse in den einzelnen Zeilen ausreichend Platz. Du kannst auch den vorbereiteten Schreibplan von Seite 40 kopieren (C 2.5).
b) Vervollständige stichwortartig die linke Spalte. Orientiere dich an der Aufgabe von Seite 51 (Verben und Schlüsselwörter). So behältst du die Aufgaben im Blick und vermeidest Wiederholungen.

Teilaufgaben	**Stichworte zur Bearbeitung**
1 *a) Einleitung: TATTE-Satz*	*– Titel: Wolke 4 – Autor: ...* *– Textart: Liedtext (lyrischer Text)* *– Erscheinungsjahr: ... – Thema: ...*
1 *b) Inhalt zusammenfassen*	*– das lyrische Ich schildert, wie es seine jetzige Beziehung einschätzt, ...* *– ...*
1 *c) Einstellung zur Beziehung darstellen/Unterschied „Wolke 4/Wolke 7" erläutern*	*– lyrisches Ich vergleicht Beziehung mit Stufe „Wolke 4" (V. 1)* *– erklärt den Unterschied zur Stufe „Wolke 7" (man fällt nicht so tief (V. 3), „Wolke 7" = frühere Beziehung ...* *– ...*
1 *d) Einstellung mithilfe von sprachlichen Mitteln erklären*	*– lyrisches Ich hat schlechte Erfahrungen auf Wolke 7 gemacht (V. 3), ihm reicht „Wolke 4" (V. 1) = höflicher Imperativ: bittet darum, bleiben zu können* *– Vergleich: gibt sich mit weniger zufrieden (V. 4: „Lieber ... als ...)* *– Vorstellungskraft wird aktiviert durch Redensart „auf Wolke 7 schweben"* *– ...*
1 *e) ...*	...

Vierter Schritt: Text untersuchen und Stichworte im Schreibplan festhalten

INFO zum vierten Schritt

Ein Gedicht bzw. ein Liedtext stellt häufig ein zwischenmenschliches oder gesellschaftliches Problem (Konflikt) sowie Emotionen oder Stimmungen dar. In der Analyse sollst du diese Textaussage herausarbeiten:

1. Zuerst musst du das **Gedicht/den Liedtext vorstellen** und den **Inhalt zusammenfassen**. Dazu kannst du zumeist strophenweise vorgehen.
2. Danach bearbeitest du konkrete **Aufgaben zum Inhalt** und **zur Form/Sprache** des Textes:
   a) Lies dazu noch einmal die **Teilaufgaben** ganz genau und untersuche das Gedicht beim zweiten Lesen **aufgabenbezogen**, d. h. du konzentrierst dich auf die Schwerpunkte, die in den Aufgaben verlangt werden, z. B. *die dargestellte Beziehung* (Aufgabe **1** c), und suchst nach Versen, die zur Bearbeitung dieser Aufgabe hilfreich sind.
   b) Mit Blick auf **Inhalt**, **Form** und **Sprache** musst du auf Folgendes achten:
      - **Inhalt:** Überschrift, Thema/Motive, Atmosphäre/Stimmung, Handlung, Personen und ihre Beziehungen, Gefühle, Gedanken und Konflikte.
      - **Form und Sprache:** Gedichtform, Strophen- und Versaufbau und -anzahl, Reimschema, Wortwahl (Schlüsselwörter), Interpunktion, Satzbau, sprachliche Gestaltungsmittel (Metapher, Personifikation, Wiederholung, Vergleich ...). Wenn dir Fachbegriffe unklar sind, schlage im Glossar unter dem Stichwort *Lyrik* nach (S. 132). Auch die Rechtschreibung kann für die Interpretation wichtig sein.

   Du ermittelst diese Gestaltungsmerkmale, um die **Wirkung** und **Deutung** des Textes zu erklären.

7 Ergänze deinen Schreibplan stichwortartig. Beginne mit der ersten Zeile zur Einleitung (Aufgabe **1** a). Orientiere dich am TIPP.

a) Notiere Titel, Autor, Erscheinungsjahr und Textart.
b) Formuliere das Thema.

TIPP zu **7**

Formulieren einer Einleitung:

1. Stelle das Gedicht vor: Autor, Titel, Erscheinungsjahr.
2. Ermittle die Textart genauer, wenn möglich: Handelt es sich um einen Liedtext, eine Ballade, ...? Die Merkmale dieser Textarten kannst du im Glossar ab Seite 131 nachlesen.
3. Formuliere das Thema des Gedichts in wenigen Sätzen. Achte darauf, dass deine Formulierung sich auf den gesamten Text bezieht, z. B. *In dem Liedtext wird die derzeitige Situation einer Beziehung aus der Sicht des lyrischen Ich dargestellt.*

8 Notiere in der zweiten Zeile des Schreibplans Stichworte zur Inhaltszusammenfassung (Teilaufgabe **1** b):

- Nutze deine Stichpunkte aus der Texterschließung (Aufgabe 4, S. 50).
- Notiere die Stichworte zu den Strophen im Präsens in deinem Schreibplan. Für die Vorzeitigkeit verwendest du das Perfekt. Orientiere dich an den unterstrichenen Schlüsselwörtern. Beginne so:

1. Strophe: (Z. 1–4)

– Das lyrische Ich bittet darum, die derzeitige Stufe der Beziehung (Wolke 4) beizubehalten. Es ist bereits einmal auf einer höheren Beziehungsstufe (Wolke 7) gewesen. Dort hat es schlechte Erfahrungen gemacht. Es ist jedoch lieber auf der Stufe der Wolke 4 als ohne Partnerin bzw. Partner. …

9 a) Mache dir Notizen zur Stimmung des lyrischen Ich und markiere passende Textstellen. Ziehe Schlussfolgerungen über die dargestellte Beziehung und notiere diese in der dritten Zeile deines Schreibplans (Teilaufgabe **1** c). Ergänze passende Textstellen als Belege.

- *lyrisches Ich hat schlechte Erfahrungen in früherer Beziehung gemacht (V. 3)*
- *es war „unten" (V. 4): verletzt, am Boden zerstört*
- *ist zufrieden mit der derzeitigen Situation (V. 5)*
- *macht sich etwas vor, verdrängt die Wirklichkeit (V. 7) …*

b) Finde heraus, worin sich die Beziehungsstufen „Wolke 4" und „Wolke 7" unterscheiden" (V. 2). Sammle deine Stichwörter ebenfalls in der dritten Zeile der Tabelle.

10 a) Markiere Textstellen, die die Einstellung des lyrischen Ich besonders sachlich erscheinen lassen (Teilaufgabe **1** d).

b) Ermittle, welche formalen und sprachlichen Gestaltungsmittel diesen Eindruck zudem verstärken (Teilaufgabe **1** d).

- *Vergleich (V. 4): lieber nur Stufe 4 als ohne Partnerin / Partner*
- *verdrängt die Wirklichkeit (V. 7/8): sachliche Beschreibung des Zustandes (Wortwahl: gut zu wissen, es funktioniert)*
- *…*

11 a) Lies die Aufgabe **1** e). Mache dir klar, wozu du Stellung nehmen sollst. Erläutere die Aussage im Schreibplan kurz in eigenen Worten.

Eine Schülerin sagt über den Liedtext, sie finde, dass sich das lyrische Ich trennen sollte, weil es …

b) Welchen Standpunkt vertrittst du?

c) Sammle in Stichworten Gedanken dazu und notiere sie in deinem Schreibplan. Schreibe auch die Textstellen auf, die du als Belege in deiner Stellungnahme berücksichtigen willst.

TIPP zu 9

1. Orientiere dich beim Festhalten der Notizen an den Verben (*stelle … dar, erläutere*) und am Wortlaut (*Schlüsselwörter*) der Teilaufgabe. So kannst du beim Ausformulieren der Ergebnisse Wiederholungen vermeiden.
2. Wenn du die Teilaufgaben zu Inhalt, Form und Sprache bearbeitest, ergänze im Schreibplan Textbelege, die du beim Ausformulieren heranziehen willst. So ersparst du dir das Suchen im Text. Beim Belegen gibst du Verse an: z. B. *V. 3.*
3. Formuliere deine Stichwörter in eigenen Worten.

TIPP zu 10

Achte bei der Untersuchung der Form und Sprache auf folgende Merkmale: Strophen, Reimschema, Wortwahl, sprachliche Gestaltungsmittel. Auf diese wird häufig bereits in der Aufgabenstellung hingewiesen. Du kannst zusätzlich aber auch weitere Auffälligkeiten einbeziehen, z. B. Verse, Satzbau, etc. Manchmal weist eine Unregelmäßigkeit beim Strophenaufbau oder bei der Versanzahl auch auf inhaltlich Wichtiges hin. Notiere in deinem Schreibplan dazu auch immer die Wirkung dieser Merkmale.

TIPP zu 11

1. Wenn du eine Stellungnahme schreiben sollst, wird von dir erwartet, dass du dich mit einer Aussage bzw. mit einem Zitat aus dem Text befasst. Dazu gehört es, diese/dieses direkt oder indirekt wiederzugeben, und zu erklären, was damit gemeint ist.
2. Stelle deinen Standpunkt eindeutig dar. Du kannst zustimmen, ablehnen oder auch einen Kompromiss finden. Wichtig ist, dass du die Gründe abwägst und am Ende ein zusammenfassendes Fazit ziehst.
3. Begründe deine Position nachvollziehbar und stichhaltig. Beziehe dich dabei auf den Text und führe auch Zitate an, die deine Meinung anschaulich belegen.

westermann

FiNALE Prüfungstraining

Nordrhein-Westfalen

Hauptschulabschluss 2023

Deutsch

Lösungen

Andrea Heinrichs
Martina Wolff

Lösungsheft zu 978-3-7426-2300-3

Bei allen Lösungen zu Original-Prüfungsaufgaben, die in diesem Lösungsheft zu finden sind, handelt es sich um nicht amtliche Lösungen.

A 1 Vorgaben für die Prüfung

Seite 5

1 30 Minuten: Leseverstehen
10 Minuten: Auswahl der Schreibaufgabe
95 Minuten: Bearbeitung der Schreibaufgabe
10 Minuten (Bonuszeit): wird einem der beiden Prüfungsteile zugerechnet oder auf Wunsch auf aufgeteilt

A 2.1 Das Leseverstehen: ein Beispiel

Seite 7/8

1 – **5** Die Aufgaben wurden richtig gelöst.

Seite 8

6 Hier ist sich der Schüler/die Schülerin unsicher. Im Text werden die beiden verschiedenen Arten des Lesens, die in der Wissenschaft unterschieden werden, genannt: das zeitaufwendige tiefe Lesen, bei dem sich der Leser ohne Störung in eine andere Welt begeben will, und das informierende Lesen, bei dem es vor allem darum geht, möglichst schnell und genau viele Informationen aufzunehmen und zu verarbeiten. Somit ist die angekreuzte Lösung richtig.

Seite 9

7 – **8** Die Aufgaben wurden richtig gelöst.

9 Die Menschen haben *„Freude am Lesen von Gedrucktem"*, weil:
- viele Menschen dem digitalen Lesen immer noch misstrauen, da sie es für flüchtig halten.
- weil sie glauben, dass man etwas nur behalten kann, wenn man es auf Papier gedruckt gelesen hat.
- sie beim Lesen kein technisches Gerät in der Hand halten wollen, sondern ein Buch aus Papier.
- man bei gedruckten Büchern die Seiten umblättern und das Papier fühlen kann.
- man das gedruckte Buch ins Regal stellen kann.

Einer dieser Gründe muss als wichtigster genannt und begründet werden. Beispiel: Wenn ich ein Buch zum Genuss lese, möchte ich das Papier fühlen, die Seiten umblättern und auch mal zurückschlagen können, ohne im E-Reader auf Knöpfe drücken zu müssen. Dies ist mein wichtigster Grund für ein gedrucktes Buch.

Seite 10

10 Die Antwort ist korrekt.

11 Die Antwort ist korrekt.

12 Die Antwort der Schülerin ist korrekt.

A 2.2 Die Schreibaufgabe: ein Beispiel (Aufgabentyp 4a)

Seite 12

3 a) Gliederung und Unterthemen der Schreibaufgabe:

- <u>Einleitung (Z. 1 – 3)</u>:
  Benennung von Titel, Autor, Textart (Kurzgeschichte), Thema, Erscheinungsjahr

- <u>Hauptteil (Z. 4 – 54)</u>:
  Z. 4 – 14: inhaltliche Zusammenfassung der Erzählung
  Z. 15 – 27: Darstellung dazu, welches Missverständnis zwischen Vater und Sohn besteht
  Z. 28 – 40: Darstellung der Gedanken des Sohnes durch formale und sprachliche Gestaltungsmittel (Erzählverhalten, Wiederholungen, Satzbau)
  Z. 41 – 54: Erläuterung, warum der Sohn letztlich den Kopf tief unter die Bettdecke steckt

- <u>Schluss (Z. 55 – 69)</u>:
  Text aus Sicht des Vaters

b) Untersuchung des Schülertextes:
- Aspekte der Aufgabenstellung:
  - Aufgabe **1** a): Z. 1 – 3
  - Aufgabe **1** b): Z. 4 – 14
  - Aufgabe **1** c): Z. 15 – 27
  - Aufgabe **1** d): Z. 28 – 40
  - Aufgabe **1** e): Z. 41 – 54
  - Aufgabe **1** f): Z. 55 – 69

- Überprüfung, ob Absätze sinnvoll gesetzt sind:
  Der Schüler hat durchgängig passende Absätze gesetzt. Sie erleichtern den Lesefluss und die Bewertung, da er nach Beendigung eines jeden Aufgabenaspektes mit einem neuen Absatz beginnt.

- Genannte Textart und ihre Merkmale:
  Der Schüler hat die Textart „Kurzgeschichte" richtig zugeordnet und in seiner Einleitung benannt. Da die Aufgaben dies nicht erfordern, muss er in seiner Aufgabe nicht weiter darauf eingehen. Er hätte ebenso schreiben können, dass es sich bei dem Text um eine kurze Erzählung, also einen epischen Text, handelt.

- Beispiele für Aussagen mit Textbelegen:
  Z. 16: Textbeleg zum Inhalt
  Z. 17: wörtliches Zitat zur Erläuterung der Bedeutung der Personalpronomen
  Z. 19 – 27: Textbelege zur Erläuterung des Inhalts von ausgewählten Textstellen
  Z. 28 – 30: Textbeleg und wörtliches Zitat als Beispiele zur Erzählform
  Z. 31 – 32: wörtliches Zitat zur Veranschaulichung der Krankheit des Sohnes

Z. 34: wörtliches Zitat zu den Gedanken über den Vater
Z. 34 – 36: Belege für sprachliche Gestaltungsmittel
Z. 37 – 39: Beleg für die eigene Beobachtung
Z. 41 – 42: Textbeleg und wörtliches Zitat als konkrete Bezüge zum Aufgabenaspekt
Z. 46 – 47: Textbelege zur Erläuterung des Inhalts von Textstellen
Z. 48 – 50: Textbelege für eigene Beobachtungen
Z. 50 – 54: wörtliche Zitate zur Veranschaulichung des Verhaltens und der Gedanken des Vaters

Textbelege und wörtliche Zitate belegen und veranschaulichen die eigenen Beobachtungen und Ergebnisse aus der Analyse. Es sollte darauf geachtet werden, dass nicht durchgängig gleiche Textstellen angeführt werden. Zudem ist es in der eigenen Analyse möglich, die Anzahl zu reduzieren. Es sollte aber immer belegt und zitiert werden, wenn dies in der Aufgabenstellung gefordert wird.

- Mögliche Ergänzungen oder Streichungen:
  - Der Schüler hat die Absätze bereits sinnvoll gesetzt, um die Erarbeitungen zu den einzelnen Aufgabenaspekten voneinander abzugrenzen.
  - In der Einleitung wird zwar das Thema der Kurzgeschichte dargestellt, doch die Absicht des Verfassers könnte als Vermutung ebenfalls einbezogen werden, um das erste Verständnis des Textes zu verdeutlichen, z. B.: *Der Autor Wolfgang Borchert möchte ein kommunikatives Missverständnis darstellen, das entstehen kann, wenn die Aufmerksamkeit zweier Personen auf andere Dinge gerichtet ist. Oder: Borchert möchte verdeutlichen, dass auch kleinere Dinge in Notzeiten zu Missverständnissen führen können.*
  - Die Anzahl der Textbelege und wörtlichen Zitate könnte bei Zeitmangel gekürzt werden, z. B. zu den Teilaufgaben **1** c) und **1** e), da in diesen Aufgaben Textbelege nicht explizit erforderlich sind. Auch könnte der Text aus Sicht des Vaters (Teilaufgabe **1** f) gekürzt werden.
- Text aus der Sicht des Vaters nachvollziehbar: Wichtig ist, dass der Text in der Ich-Form verfasst ist, die Fragen aus der Aufgabenstellung entsprechend beantwortet werden und der Text zum Inhalt der Erzählung passt.
- Ausdrücke und Wendungen, die ich mir merken sollte:
  In der Kurzgeschichte ... von ... aus dem Jahr ... wird beschrieben, wie ... / Zunächst ... / Außerdem ... / Zu Beginn der Erzählung ... / Vermutlich ... / Daher ... / Also ... / Die Gedanken werden deutlich, da ... / Dabei ... / Durch den parataktischen Satzbau ... wird betont, denn ... / Dadurch ... / Dafür gibt es zwei mögliche Erklärungen: ... / Einerseits ... / Andererseits ... / Außerdem wird durch die Redeanteile deutlich, dass ... / Durch die Erklärung zeigt sich, dass ... / Hinzu kommt, dass ... / Da das Ende offen ist, ... / Ein Mitschüler meint, ... / Ich teile die Meinung (nicht/zum Teil), weil ... / Und so ... / Daher stimme ich dem Mitschüler (nur zum Teil) zu, denn ...

Seite 15

1. Bewertung:
   Die Lösung zur Analyse scheint insgesamt sinnvoll hergeleitet und verständlich. Sie enthält Erarbeitungen zu allen Aufgabenaspekten, ist sachlich richtig und zum Teil sehr genau und ausführlich. Ebenso werden im gesamten Text Textbelege oder wörtliche Zitate zur Veranschaulichung herangezogen. Stellenweise ließe sich der Text etwas straffen.
   Man kann erkennen, dass der Schüler sich sehr genau mit der Kurzgeschichte und den Teilaufgaben dazu beschäftigt hat. Diese Art der Darstellung entspricht in allen Teilen dem Bewertungsraster und ist daher sehr gut gelungen.

B 1 Im Wörterbuch nachschlagen

Seite 16

1
- exzessive Nutzung: übertrieben, übermäßig, maßlos
- Risiken (Mehrzahl von Risiko): Gefahren, Gefährdung
- die Probanden (Mehrzahl von Proband): Testpersonen oder Versuchspersonen
- permanentem Kommunikationsdruck: ununterbrochen, dauernd, ständig

2 diskutieren, einzigen, Menge, überflüssige (ein Wort), Mitteilungen, gestresst

B 2 Texte erschließen und Inhalte zusammenfassen – literarische Texte

Seite 17

1 / **2** individuelle Lösung

B 3 Texte erschließen und Inhalte zusammenfassen – Sachtexte

Seite 19

1 / **2** individuelle Lösung

B 4 Schaubilder auswerten

Seite 21/22
Schaubild A:

a) Thema: Medienbeschäftigung von Jugendlichen in der Freizeit (2021); Zahlenangaben: in Prozent; hellgrüne Balken: tägliche Nutzung; dunkelgrüne Balken: wöchentliche Nutzung; Vergleich zwischen täglicher und wöchentlicher Nutzung verschiedener Medien

b) Bei der täglichen Mediennutzung der Zwölf- bis 19-Jährigen sind Internetnutzung (88 Prozent), Musik hören (70 Prozent) und Fernsehen (48 Prozent) an erster Stelle zu finden. Beliebt sind außerdem Online-Videos. Fast die Hälfte der der Jugendlichen (47 Prozent) sehen täglich Online-Videos. Immerhin noch gut ein Drittel hört täglich Radio (30 Prozent). Der Verbreitungsweg spielt dabei keine Rolle.

c) Bei der regelmäßigen Mediennutzung (also mehrmals pro Woche) sind Video-Streaming-Dienste, digitale Spiele und Online-Videos an erster Stelle zu finden. Das Fernsehen wird von etwa einem Drittel der befragten Jugendlichen mehrmals pro Woche genutzt, ebenso das Radio.

Schaubild B:

a) Unterschiedliche Lebensweisen (Familie, Paare ohne Kinder, Alleinstehend); Zahlenangaben: in Prozent; Kreisausschnitte: unterschiedliche Farben zur Kennzeichnung der verschiedenen Lebensweisen; Vergleiche zwischen 1996 und 2012

b) In je einem Kreisdiagramm für das Jahr 1996 und 2012 wird der Anteil von Familien, Paaren ohne Kinder und Alleinstehenden an Gesamtbevölkerung wiedergegeben. Auffällig ist, dass sich die Anzahl der Paare ohne Kinder so gut wie gar nicht verändert hat. Die Anzahl der Familien hingegen hat um sieben Prozent abgenommen, während die Anzahl der Alleinstehenden um sechs Prozent zugenommen hat.

c) Am meisten zugenommen hat die Lebensweise der Alleinstehenden. Die Anzahl der Paare ohne Kinder hat sich nicht wesentlich verändert. Auffällig ist, dass die Anzahl der Familien um sieben Prozent abgenommen hat, während die Anzahl der Alleinstehenden um sechs Prozent zugenommen hat.

Schaubild C:

a) Thema: Preisentwicklung für Telekommunikation, Zahlenangaben: ausgehend vom Verbraucherpreisindex für 2010 = 100; dunkelgraue Kurve: Festnetz und Internet, hellgraue Kurve: Mobilfunk, blaue Kurve: Gesamt; Vergleiche zwischen: Festnetz und Internet, Mobilfunk sowie Telekommunikation insgesamt im Zeitraum von 2000 bis 2013

b) Die Preise für Telekommunikation stiegen zwischen 2001 und 2003 besonders stark für den Mobilfunk an.
Nachdem die Preise bis 2001 für Mobilfunk, Festnetz und Internet gefallen sind, stiegen die Kosten für Mobilfunk bis 2003 stark an, während Festnetz und Internet nur etwas teurer wurden. Bis 2006 glichen sich die Kosten in allen Bereichen an und fallen seitdem jedes Jahr. Telekommunikation wird immer günstiger.

c) In einem Kurvendiagramm wird die Preisentwicklung für Telekommunikation im Zeitraum von 2000 bis 2013 dargestellt. Verglichen wird dabei die Preisentwicklung für Mobilfunk mit der für Festnetz und Internet. Außerdem wird die Preisentwicklung für den gesamten Bereich dargestellt. Nachdem die Preise bis 2001 für Mobilfunk, Festnetz und Internet gefallen sind, stiegen die Kosten für Mobilfunk bis 2003 stark an, während Festnetz und Internet nur etwas teurer wurden. Bis 2006 glichen sich die Kosten in allen Bereichen an und fallen seitdem jedes Jahr. Telekommunikation wird immer günstiger.

Seite 23
Schaubild A:
Das vorliegende **Balkendiagramm** stellt die „Medienbeschäftigung von Jugendlichen in der Freizeit" dar. Es wurde durch den **Medienpädagogischen Forschungsverbund** im Jahre 2021 veröffentlicht. Dazu wurden **1200** Jugendliche befragt. Auf der x-Achse kann man die **Prozentangaben** zu den Nennungen ablesen. Dabei stellen die hellgrünen Balken die **tägliche Nutzung** dar, während die dunkelgrünen Balken die **wöchentliche Nutzung** verdeutlichen. Das heißt, die Studie ermöglicht einen Vergleich zwischen täglicher und wöchentlicher Nutzung. Auf der y-Achse sind die **Medien** aufgelistet, die Jugendliche nutzen. Die Auflistung beginnt mit dem am häufigsten genannten Medium und endet mit dem am

wenigsten genannten. Bezüglich der täglichen Mediennutzung werden **Internet** (88 Prozent), Musik hören (**70 Prozent**) und Fernsehen (48 Prozent) besonders häufig genannt. Beliebt sind außerdem **Online-Videos** (47 Prozent). Mindestens mehrmals pro Woche nutzen die Jugendlichen insbesondere **Video-Streaming-Dienste** (41 Prozent), gefolgt von **digitalen Spielen** (**35 Prozent**) und **Online-Videos** (33 Prozent). Zusammenfassend ist festzustellen, dass für viele Jugendliche das **Internet** im Alltag mittlerweile eine große Bedeutung hat.

Schaubild B:
Das **Kreisdiagramm** mit dem Titel „Familien, Paare ohne Kinder, Alleinstehende", veröffentlicht im Jahre **2012**, befasst sich mit den unterschiedlichen **Arten zu leben**. Diese Aufschlüsselung wurde vom **Statistischen Bundesamt** in Wiesbaden veröffentlicht. Das Schaubild besteht aus zwei Kreisen, die durch die Anordnung einander gegenübergestellt werden können. Der äußere Kreis enthält **Prozent**-Angaben zum Jahr **2012**, während der **innere Kreis** Angaben zum Jahr **1996** darstellt. Durch den Vergleich beider Angaben lässt sich ermitteln, dass sich im angegebenen Zeitraum, also von **1996** bis **2012**, die Anzahl der Familien um 7 % auf **28 %** verringert hat. Demgegenüber hat der Anteil der Alleinstehenden um **6 %** zugenommen, denn er ist von 38 % auf 44 % gestiegen. Nahezu gleich geblieben ist der Anteil der **Paare ohne Kinder** (1996: 28 %, 2012: **29 %**). Insgesamt verdeutlicht das Kreisdiagramm die Tendenz, dass Menschen eher allein leben. Allerdings enthält das Schaubild keine Angaben über das Alter der Befragten.

Schaubild C:
Das **Verlaufsdiagramm**, das den Titel Preisentwicklung **Telekommunikation** trägt, stellt die Preisentwicklung für Telekommunikation im Jahr **2010** dar. Diese wurde erhoben durch das Statistische Bundesamt in **Wiesbaden**. Auf der **x-Achse** sind die Jahreszahlen ablesbar, während auf der **y-Achse** Angaben zum Verbraucherpreisindex gemacht werden. Ausgehend vom Verbraucherpreisindex (2010 = 100) sind die **Entwicklungen** als Kurven für „Mobilfunk" (hellgraue Kurve), „Festnetz und Internet" (**schwarze Kurve**) kombiniert und „insgesamt" (**blaue Kurve**) über den Zeitraum von **2000** bis **2013** abzulesen. Dabei fällt auf, dass, nachdem die Preise bis **2001** für Mobilfunk, Festnetz und Internet **stark gefallen sind**, die Kosten für den **Mobilfunk** zwischen 2001 und **2003** besonders stark anstiegen. Festnetz und **Internet** wurden nur etwas teurer. Bis **2006** glichen sich die Kosten in allen Bereichen an und **fallen** seitdem jedes Jahr. Das heißt zusammenfassend betrachtet, Telekommunikation wird tendenziell **günstiger**.

C 1.1 Was bedeutet die Aufgabenstellung „Informiere ...“?

Seite 24

2 Situation/Thema: Info-Text zum Thema „Dialekte“ für Vorbereitungsordner zum Projekttag „Sprachenreichtum an unserer Schule“
Schreibziel: Adressaten zur Vorbereitung des Projekttages über das Thema „Dialekte“ informieren

3 b) Erläutere, welche unterschiedlichen Meinungen zum Thema „Dialekte“ geäußert werden.
c) Beurteile anhand der Materialien und eigener Überlegungen, warum es von Vorteil sein könnte, an Schulen eine Dialekt-AG einzurichten.

C 1.5 Schreibaufgabe in sechs Schritten bearbeiten: Die Autorin Gudrun Pausewang

Seite 28

2 Adressat: Schülerinnen/Schüler, Lehrkräfte, Eltern
Situation/Thema: Namensgebung; Schule soll nach der Autorin Gudrun Pausewang benannt werden
Schreibziel: Adressaten gut über die Autorin Gudrun Pausewang zu informieren

3/**4** individuelle Lösung

Seite 33/34

5–**10** siehe Lösungsheft, Seite 23

Seite 35

11 *Mögliche Lösung:*

Gudrun Pausewang – Eine verdiente Namensgeberin unserer Schule

Unsere Schule soll nach der Autorin Gudrun Pausewang benannt werden. Deshalb sollen alle Beteiligten erfahren, wer Gudrun Pausewang eigentlich war.
Die zukünftige Namensgeberin unserer Schule wurde 1928 in Wichstadtl, im heutigen Tschechien geboren. Mit 91 Jahren starb sie 2020 in der Nähe von Bamberg. Neben ihrer schriftstellerischen Tätigkeit war sie Lehrerin. Sie unterrichtete nicht nur in Deutschland, sondern auch in verschiedenen südamerikanischen Ländern, denn sie lebte in Chile, Venezuela und Kolumbien. In Deutschland lebte sie überwiegend in Hessen. Für zahlreiche ihrer mehr als 90 Bücher und ihr sozialkritisches Engagement erhielt sie viele bedeutende Auszeichnungen, unter anderem den Deutschen Jugendliteraturpreis für ihr Buch „Die Wolke“ sowie 1999 das Bundesverdienstkreuz.
Wer bereits Bücher von Gudrun Pausewang gelesen hat, wird bestätigen können, dass sie darin Themen aufgreift, die für uns alle eine große Bedeutung haben und mit denen sich viele Leser und Leserinnen identifizieren können. Sie thematisiert den Umweltschutz, schreibt über atomare Bedrohung, Diktatur und Krieg, Nationalsozialismus und Rechtsradikalismus und spricht soziale Ungleichheit, wie das Elend in Südamerika, an. Sie greift damit Themen auf, die nicht die „heile“ Welt schildern. Dies liegt daran, dass Gudrun Pausewang ihre eigene Lebenserfahrung sowie reale geschichtliche Ereignisse nicht außen vorlässt, sondern diese anschaulich mit den Themen und Figuren ihrer Bücher verknüpft. Beispielsweise schildert die Autorin anhand der Figur „Janna-Berta“ aus dem Buch „Die Wolke“ das Schicksal von Menschen, die einen Reaktorunfall erleben. Mit dieser Geschichte greift sie den Reaktorunfall in Tschernobyl im Jahr 1986 auf. Außerdem hat Gudrun Pausewang durch ihre langjährigen Aufenthalte in Südamerika und ihre Lehrerinnentätigkeit dort hautnah die sozialen Ungerechtigkeiten kennengelernt, die sie ebenfalls in einigen ihrer Bücher, zum Beispiel in „Das Tor zum Garten der Zambranos“, thematisiert. Pausewangs Engagement für den Umweltschutz und dessen Thematisierung in ihren Büchern lässt sich auch mit ihrer eigenen Kindheit verbinden: Sicher hat das Aufwachsen auf einem Bauernhof mit dem Anbau von eigenem Obst und Gemüse bei ihr dazu beigetragen, sich für den Klimaschutz einzusetzen. Hier finden sich also einige Parallelen zwischen ihrem eigenen Lebensweg, geschichtlichen Ereignissen und ihren Buchinhalten.
Für Gudrun Pausewang sind wir Jugendlichen und Kinder eine wichtige Lesergruppe. Sie nimmt uns ernst, indem sie uns keine heile Welt vorgaukelt. Daher wirken ihre Bücher auch so authentisch. Das ist auch der Grund, warum Jugendliche ihre Bücher gerne lesen. Sie regt durch die auch heute noch aktuellen Themen zum Nachdenken an. Wir als jugendliche Leser und Leserinnen müssen uns zwangsläufig fragen, wie wir anstelle der Figuren gehandelt hätten. Zur Beliebtheit ihrer Bücher trägt sicher ebenfalls dazu bei, dass Pausewang bewusst verständlich und spannend schreibt. So zieht sie ihre Leser gezielt in den Bann. Durch ihren unermüdlichen literarischen Einsatz und die damit verbundene Mahnung, sich für Umweltschutz, soziale Gerechtigkeit sowie Frieden und Toleranz einzusetzen, ist Gudrun Pausewang sicher eine würdige Namensgeberin für unsere Schule.
Ich habe für meinen Text Informationen aus den Materialien 1, 2, 3, 4, 5 und 6 genutzt.

C 2.1 Was wird bei der Aufgabenstellung „Analysiere ...“ erwartet?

Seite 36

2
- Fasse den Text kurz zusammen.
- Stelle dar, wie sich Mr Vine gegenüber Ruby und den Kunden verhält.
- Untersuche, welche Empfindungen Ruby während des Konflikts durchlebt.
- Erläutere, wie durch sprachliche und formale Mittel deutlich wird, dass Ruby sich über Mr Vine ärgert ...
- Setze dich im Schlussteil mit der folgenden Aussage eines Schülers kritisch auseinander ...
  - Nimm Stellung zu der Aussage.
  - Begründe deine Meinung.
  - Belege deine Ausführungen am Text.

3 b) Es wird nach konkreten sprachlichen Besonderheiten gefragt.
c) Die Bewertung ergibt sich durch die Aufgabe, Stellung zur Aussage nehmen zu müssen.

C 2.6 Schreibaufgabe (erzählender Text) in sechs Schritten bearbeiten: Der Freund

Seite 41

2
- eine Einleitung schreiben (hier: Titel, Autorin, Thema)
- den Inhalt zusammenfassen
- das Besondere an der Beziehung darstellen
- erklären, warum Therese zu Hause nichts von Bull erzählt
- Gründe für den inneren Konflikt Thereses erläutern und sprachliche und formale Mittel herausarbeiten, die den Konflikt verdeutlichen (Erzählform und -verhalten, Satzbau)
- Text aus der Sicht von Therese in der Ich-Form verfassen

3 / **4** individuelle Lösung

5 Beziehung von zwei Jugendlichen mit unterschiedlichen Wertvorstellungen und Lebensweisen; unterschiedliche Definitionen von Freundschaft; Freundschaft nicht um jeden Preis; Veränderung einer Beziehung von Zuneigung zu Abneigung; Thereses Enttäuschung; Ehrlichkeit siegt etc.

Seite 44 – 48

6 – **12** siehe Lösungsheft, Seite 24/25

Seite 49

13 *Mögliche Lösung:*

In der kurzen Erzählung „Der Freund“ von Gina Ruck-Pauquèt, die diese im Jahr 1987 verfasst hat, geht es um die freundschaftliche Beziehung zwischen zwei Jugendlichen. Diese sind sehr unterschiedlich, denn sie haben unterschiedliche Wertvorstellungen und Lebensweisen. Die Freundschaft endet aufgrund der Enttäuschung des Mädchens durch den Jungen.

Therese und Bull sind befreundet, obwohl sie sehr verschieden sind. Therese kommt aus behüteten Verhältnissen, während Bull mit seinen 14 Jahren nicht einmal die Schule besucht und auch nicht das tut, was Erwachsene von ihm erwarten würden. Ebenso arbeitet er nicht. Therese bringt ihrem Vater, der nicht besonders gesprächig ist, häufiger Essen in die Gärtnerei. Zumeist kümmert er sich nicht weiter um sie, weil er viel arbeitet. In der Gärtnerei trifft sie Bull zum ersten Mal. Er liegt im Gras und spielt Mundharmonika. Bull erzählt, dass er aus einer schlechten Gegend kommt. Sie treffen sich fortan jeden Tag und vertreiben sich die Zeit mit Spielereien. Therese genießt diese lustige Zeit mit Bull, obwohl sie vermutet, dass er stiehlt. Dann wird in der Schule ein gelber Wollschal gestohlen. Therese stellt Bull deswegen zur Rede, weil sie vermutet, dass er ihn genommen hat, doch er leugnet die Tat und lacht sie aus. Sie zweifelt daraufhin an der Freundschaft und muss sich anstrengen, lustig zu sein. Tage später fehlt in der Schule eine dicke Winterjacke. Therese ahnt, wer sie gestohlen hat. Als sie zur Gärtnerei kommt, sieht sie Bull in der Jacke und fordert ihn auf, diese herauszugeben. Er reagiert schroff und belustigt und glaubt nicht, dass sie ihn verrät. Therese verfällt in einen inneren Konflikt und überlegt sich in Gedanken Entschuldigungen für Bulls Tat. Schließlich fasst sie aber einen Entschluss. Sie fährt zur Lehrerin, um ihr die Wahrheit zu sagen.

Im ersten Absatz wird erzählt, dass Therese keine Schulfreunde hat (Z. 3). Auch zu ihrem Vater scheint sie kein inniges Verhältnis zu haben (Z. 17, Z. 21), obwohl sie ihm oft das Essen in die Gärtnerei bringt (Z. 13/14). Dabei lernt sie Bull kennen, der dort einfach im Gras herumliegt (Z. 13). Bull genießt das Leben und ist unkompliziert (Z. 22 – 25), was Therese zunächst fasziniert. Die Beziehung ist für Therese besonders, weil Bull einfach in den Tag hineinlebt. Seine Lebensweise unterscheidet sich sehr von der ihren (Z. 3 – 5, Z. 11/12), denn sie lebt mit ihren Eltern eher konservativ und traditionell, während Bull das tut, was ihm Spaß macht. Er kennt allerdings auch keine Regeln, was sie später stört. Das Besondere an der Beziehung ist, dass sie sich gut verstehen und miteinander Spaß haben können, z. B. Mundharmonika spielen, Sonnenblumenkerne weitspucken oder Seifenblasen pusten (Z. 33 – 37, Z. 42 – 45). Im Text steht, dass Therese denkt: „Mit Bull war alles anders, leichter, fröhlicher.“ (Z. 44).

Thereses Mutter bezeichnet die Häuser am Stadtrand als „Silos“ (Z. 31). Sie meint, dass in den „Wohnmaschinen“ (Z. 31) nur „Gesindel“ (Z. 32) leben würde. Durch diese Bezeichnung wertet sie Bull als Person ab, denn der ist in dieser Siedlung zu Hause. Therese weiß auch, dass ihre Eltern die Lebensweise Bulls nicht gutheißen würden („Seifenblasenfabrikant“, Z. 42), denn sie selber arbeiten den ganzen Tag (Z. 15 – 17) und erziehen Therese nach den gängigen Werten und Normen der Gesellschaft. Ihnen ist Ehrlichkeit wichtig, und das merkt man später an Thereses Handeln (Z. 92 – 94). Therese glaubt, dass die Eltern nicht verstehen würden, warum sie sich so gut mit Bull versteht (Z. 46/47). Deshalb erzählt sie zu Hause nichts von ihm, denn sie würden den Umgang mit ihm vermutlich nicht gutheißen, ihn vielleicht sogar verbieten. Zudem vermutet Therese, dass Bull die Sonnenblumenkerne aus der Gärtnerei ihres Vaters gestohlen hat (Z. 38). Bull kann nicht damit aufhören, zu stehlen. Er besorgt sich die Dinge, die er im Leben braucht, einfach ohne zu fragen und ohne dafür Geld zu bezahlen. Er bestiehlt Thereses Vater und ihre Klassenkameraden (Z. 38: Sonnenblumenkerne, Z. 51/52: gelber Wollschal, Z. 73/74: dicker, grauer Janker). Das ärgert Therese maßlos und sie wünscht sich zu Beginn noch, dass sie Unrecht mit ihren Vermutungen hat. Im weiteren Verlauf der Erzählung erfährt sie aber, dass Bull unehrlich ist und stiehlt, während sie selber eher offen und ehrlich ist. Daher spricht sie den Diebstahl des gelben Wollschals in der Schule in seiner Gegenwart an (Z. 55/56), doch Bull grinst nur und sagt gar nichts dazu (Z. 58). Daraus zieht sie ihre Schlussfolgerungen und verurteilt sein Handeln: „Das war gemein von dir!“ (Z. 55). Nach dem dritten Diebstahl wird Therese richtig wütend (Z. 80 – 84), denn Bull meint, das gehe sie nichts an (Z. 82). Nach ihrer Drohung, etwas zu sagen, macht er sich sogar über sie lustig („Das machst du nie!“ Bull lachte.“, Z. 80 – 83. Sie zählt bis drei (Z. 83) und da sie ein konsequenter Mensch ist, fährt sie weg. Genau diese Konsequenz stürzt sie in einen inneren Konflikt, denn sie mag Bull eigentlich, doch durch die Er-/Sie-Erzählform mit personalem Erzählverhalten werden auch die Gedanken Thereses deutlich, und zwar als Aufzählung von Nebensätzen (Z. 85/86). Sie sucht zunächst nach Entschuldigungen für Bulls schlechtes Verhalten. Dann reagiert sie vernünftig, denn ihr ist klar, dass Bulls Verhalten nicht zu tolerieren ist (Z. 87 – 89): „Dass er es trotzdem nicht durfte. Weil kein Mensch das Recht hat, einem anderen etwas wegzunehmen." Die gewählte Erzählform und das Erzählverhalten sorgen dafür, dass der Leser Thereses inneren Zwiespalt und ihren Entschluss, der Lehrerin am Ende die Wahrheit zu sagen (Z. 90 – 94), nachvollziehen kann. Gleichermaßen lassen die kurzen Dialoge mit Bull Rückschlüsse auf dessen Charakter zu, denn er reagiert ihr gegenüber gar nicht beschämt oder einsichtig. Dass ihr die Entscheidung nicht leicht fällt, wird ebenfalls durch das personale Erzählverhalten deutlich: „Noch bevor sie anfangen würde zu weinen." (Z. 93/94).

Text aus der Sicht von Therese:

Bull ist so ganz anders als ich, deswegen fand ich ihn gleich interessant. Er geht nicht mehr in die Schule und macht nur das, worauf er Lust hat. Außerdem interessiert er sich für mich, ich kann mit ihm lachen und Blödsinn machen. Ich verbringe gerne Zeit mit Bull, denn mit ihm ist alles leichter und fröhlicher. Und seit ich Bull kenne, bin ich endlich nicht mehr so allein.

Der erste Verdacht, dass Bull stiehlt, kam mir, als ich ihn in der Schule gesehen hatte; danach fehlte ein Schal. Nachdem ich ihn zur Rede gestellt hatte, grinste er nur – und ich wusste, dass er mich anlog, als er sagte, er würde nicht stehlen. Ich war verzweifelt, schließlich ist Bull mein Freund. Trotzdem hat er nicht das Recht andere Menschen zu bestehlen. Am nächsten Tag fehlte dann auch Jochens Wolljanker. Und nachmittags hatte Bull genau diesen den Janker an. Nachdem ich ihm auf den Kopf zugesagt habe, dass er den Janker gestohlen hat und Bull wieder abweisend reagierte, wurde es mir zu viel und ich habe beschlossen, Bull meiner Lehrerin zu melden. Das hat mich sehr traurig gemacht, weil ich wusste, dass er das Gefühl haben würde, dass ich ihn verraten habe. Mir war klar, dass unsere Freundschaft vorbei ist und ich wieder allein sein würde. Außerdem hat es mich sehr bedrückt, dass Bull nicht ehrlich zu mir war, eben weil ich dachte wir seien Freunde. Er hätte mir doch sagen können, dass er Hilfe braucht, dann hätte ich ihm auf ehrliche Weise Winterkleidung besorgt.

C 2.7 Schreibaufgabe (lyrischer Text) in sechs Schritten bearbeiten: Wolke 4

Seite 50

1 schreibe, benennst, fasse zusammen (Inhalt), stelle dar (Einstellung zur Beziehung), erläutere (Unterschied Wolke 4/7), erläutere (sprachliche Mittel), nimm Stellung, begründe (Stellungnahme)

2 – **4** individuelle Lösung

5 Beziehung zwischen zwei Partnern/aus der Sicht von lyrischem Ich/Beschreibung u. Unterschied von Wolke 4 und Wolke 7/Einschätzung der Beziehung durch das lyrische Ich

Seite 52 – 54

6 – **11** siehe Lösungsheft, Seite 26

Seite 55

12 *Mögliche Lösung:*

Im Liedtext „Wolke 4" von Philipp Dittberner und Marv aus dem Jahr 2015 beschreibt das lyrische Ich aus seiner Sicht die Situation seiner jetzigen Beziehung.

Das lyrische Ich bittet seine Partnerin bzw. seinen Partner darum, auf der jetzigen Beziehungsstufe, die es als „Wolke 4" bezeichnet, zu bleiben, da es bereits einmal in einer anderen Beziehung auf der „Wolke 7" gewesen ist und dort schlechte Erfahrungen gemacht hat. Das lyrische Ich setzt den derzeitigen Beziehungszustand mit der Wolke 4 gleich und vergleicht ihn mit dem Beziehungszustand der Wolke 7. Dazu nennt es Beispiele aus dem jetzigen Beziehungsalltag.

Die Beziehung des lyrischen Ich wird von ihm gleichgesetzt mit „Wolke 4" (V. 1). Das heißt, es teilt seine Beziehungen in Stufen ein. In einer früheren Beziehung war es bereits auf Wolke 7, aber es wurde enttäuscht (V. 3). Im Liedtext werden die Wolke 4 und die Wolke 7 miteinander verglichen, das heißt im Vergleich, auf Wolke 4 kann das lyrische Ich nicht so sehr verletzt oder enttäuscht werden wie auf Wolke 7 („bin zu tief gefallen" (V. 3). Das heißt aber auch, dass man auf der Stufe der Wolke 4 nicht so glücklich sein kann wie auf Wolke 7. Ganz ohne Partner oder Partnerin möchte das lyrische Ich jedoch auch nicht sein (V. 4). In Strophe 2 schildert es seinen gegenwärtigen Alltag. Es passiert nichts Großartiges, nur Kleinigkeiten (V. 5/6). Das heißt, es gibt derzeit keine Höhen und Tiefen in seinem Alltag. Diese Wahrheit will es jedoch nicht wahrhaben. Es verdrängt die Wirklichkeit („maskiert", V. 7) und fühlt sich gut damit (V. 8). In Strophe 4 geht das lyrische Ich noch einmal auf seine frühere Beziehung auf Wolke 7 ein. Es hat nicht in die Zukunft geblickt (V. 13) und so nicht geahnt, was ihn erwartet. Offensichtlich ist das Ende der Beziehung sehr plötzlich gekommen und es ist dann sehr verletzt worden (V. 14). Das lyrische Ich scheint immer noch großen Liebeskummer zu haben. Seine Tage sind für ihn dunkel (V. 15) und auch das Lächeln der neuen Partnerin bzw. des neuen Partners tröstet es nicht (V. 16). Es ist aber beständig. So muss es sich wohl keine Gedanken machen, dass es erneut verlassen wird.

Die Einstellung des lyrischen Ich zu seiner derzeitigen Beziehung wird besonders durch die Wortwahl deutlich. Es ist derzeit nur auf „Wolke 4", während die Redewendung „Wolke 7" soviel heißt, wie „auf Wolken schweben", also sehr glücklich zu sein. Diese Redewendung aktiviert beim Leser sofort eine genaue Vorstellungskraft, sodass die Beziehung gut eingeschätzt werden kann. Ihm reicht jedoch offensichtlich „Wolke 4" (V. 1), da er mit einem höflichen Imperativ seine neue Partnerin bzw. Partner darum bittet, auf dieser Stufe bleiben zu können. Durch die Personifikation, dass die Wirklichkeit eine Maske trägt (V. 7) wird deutlich, dass das lyrische Ich die Wahrheit nicht sehen will und sie verdrängt.

Dass es sich derzeit wohl nicht um die große Liebe handelt, kann man daran erkennen, dass die Sprache sehr sachlich und wenig romantisch gewählt wird („gut zu wissen", „funktioniert"). Das lyrische Ich hat wohl großen Liebeskummer. Sein Herz wurde „zerbombt" (V. 14), also völlig zerstört und nicht nur verletzt. Auch das „Lächeln" seiner neuen Partnerin bzw. seines Partners kann man nur als „kleine" Freude bezeichnen. Auch da ist es nur auf

der Stufe der Wolke 4. Auf Wolke 7 würde sicherlich eher laut gelacht werden und nicht nur gelächelt.
Eine Schülerin sagt über den Liedtext, sie finde, das lyrische Ich würde seine Freundin bzw. seinen Freund nicht richtig lieben und schlägt vor, es sollte die Beziehung beenden. Damit meint sie, dass die Beziehung der beiden keinen Sinn mehr hat, weil das lyrische Ich den Freund bzw. die Freundin nicht aufrichtig liebt.
Ich bin der Meinung, dass die Schülerin mit ihrer Aussage recht hat. Es ist nicht die große Liebe, denn das lyrische Ich gibt sich mit weniger zufrieden. Es scheint, als möchte es einfach nur versorgt sein, denn die Wolke 4 ist für ihn besser als gar keine Beziehung. Das finde ich der neuen Freundin bzw. dem Freund gegenüber sehr unfair, denn diese oder dieser wird es sicher mehr lieben und hat es nicht verdient, nur als zweite Wahl bereitzustehen.

C 3.1 Was bedeutet die Aufgabenstellung „Untersuche und vergleiche …"?

Seite 57

2 a) Stelle die Materialien kurz vor und benenne das gemeinsame Thema von M1, M2 und M3.
b) Fasse die Informationen aus M1 zusammen.
c) Stelle die wesentlichen Aussagen aus M2 dar und erläutere sie.
d) Gib die Informationen aus M3 wieder. Vergleiche die Aussagen von M2 und M3 im Hinblick auf die Frage, welche Möglichkeiten es gibt, der „Zoom-Fatigue" entgegenzuwirken. Belege deine Ausführungen am Text.
e) Setze dich kritisch mit der folgenden Aussage einer Mitschülerin auseinander: *„Videochats sind ausschließlich für die Freizeit gut. In der Schule oder bei der Arbeit machen sie nur krank".*
- Nimm Stellung zu der Aussage.
- Begründe deine Meinung.
- Beziehe dich dabei auch auf die Materialien M1 bis M3.

3
- Informationen aus M3 wiedergeben
- Die Materialien im Hinblick darauf vergleichen, welche Möglichkeiten es gibt, der Zoom-Fatigue entgegenzuwirken
- Textbelege bringen

C 3.5 Schreibaufgabe in sechs Schritten bearbeiten (AT 4b): Fitnesstracker und ihre Nutzung

Seite 61

2 Ich soll die Materialien M1, M2 und M3 in einem zusammenhängenden Text untersuchen und miteinander vergleichen. Dazu bearbeite ich verschiedene Teilaufgaben. Ich soll außerdem Stellung zu einer Aussage nehmen.

3/**4** individuelle Lösung

Seite 61 – 66

5–**15** siehe Lösungsheft, Seite 27/28

Seite 67

15 *Mögliche Lösung:*
Es liegen drei Materialien vor. Bei M1 handelt es sich um einen Sachtext aus der gesund&vital Redaktion mit dem Titel „Fitnesstracker und ihre Nutzung" (2021). M 2 bildet die Ergebnisse einer Forsa-Umfrage im Auftrag der Kaufmännischen Krankenkasse zur Frage „Was haben Sie aufgrund von gesammelten Gesundheitsdaten an Ihrem Verhalten geändert?" aus dem Jahr 2019 ab. In M3, einem Sachtext vom Mitteldeutschen Rundfunk aus dem Jahr 2019, wird erklärt, warum viele Sportler nach einiger Zeit wieder auf ihre Fitnesstracker verzichten.
Alle Materialien beschäftigen sich also mit dem Thema „Nutzung von Fitnesstrackern".
M1 beschreibt, inwieweit die Nutzung eines Fitnesstracker die körperliche Gesundheit fördert. Dabei geht das Material zunächst auf die unterschiedlichen Funktionsmöglichkeiten von Fitnesstrackern ein, die in der Regel einfach wie eine Armbanduhr am Handgelenk getragen werden. Durch die Aufzeichnung von Gesundheits- und Fitnessdaten (zurückgelegte Schrittzahl und Distanz, Schlafenszeiten, Kalorienverbrauch oder Herzfrequenz) erhalten die Nutzerinnen und Nutzer einen Überblick über ihr Bewegungsverhalten, welcher Rückschlüsse auf ihre Lebensweise zulässt. Dazu werden die Daten an eine passende App übermittelt, wo sie angesehen, verglichen und kontrolliert werden können. Auch kann man dort persönliche Ziele festlegen (z. B. eine bestimmte Anzahl an Schritten pro Tag) und Informationen zu Geschlecht, Größe und Körpergewicht hinterlegen. Die Verwendung eines Fitnesstrackers kann also Erkenntnisse über das eigene Bewegungsverhalten liefern, zur Schaffung eines besseren Körperbewusstseins oder zu einer positiven Veränderung des Essverhaltens führen. Zudem stellen die Geräte eine Motivationshilfe dar, denn die Apps der meisten Fitnesstracker sind direkt mit den verschiedenen sozialen Netzwerken verbunden, sodass sportliche Erfolge sofort geteilt werden können.
M2 stellt die Ergebnisse einer Umfrage der Kaufmännischen Krankenkasse zur Verhaltensänderung aufgrund von gesammelten Gesundheitsdaten dar. Dafür wurden jeweils Männer und Frauen dazu befragt, ob und wie sich das Sammeln von Gesundheitsdaten auf die Bereiche Bewegung, gesunde/ausgewogene Ernährung, Schlaf sowie das persönliche Essverhalten ausgewirkt hat. Die Ergebnisse der Umfrage zeigen, dass das das Erfassen von Gesundheitsdaten mithilfe eines Fitnesstrackers bei über 80 Prozent der Befragten zu einer deutlichen Bewegungssteigerung geführt hat. Mehr als ein Drittel der Befragten achtet stärker auf gesunde Ernährung, seitdem es Gesundheitsdaten sammelt. Und gut ein Drittel legt seitdem häufiger Ruhepausen ein. Insgesamt gibt es bei der Befragung keine nennenswerten Unterschiede zwischen Frauen und Männern. Eine Ausnahme stellen allerdings die Bereiche gesunde/ausgewogene Ernährung sowie das Essverhalten (Menge) dar. Hier führt das Sammeln von Gesundheitsdaten insbesondere bei Männern zu einer positiven Verhaltensänderung. Generell führt es aber bei den meisten Befragten nicht dazu, dass sie weniger essen. Dies ist nur bei 26 Prozent der Männer und 13 Prozent der Frauen der Fall.
M3 befasst sich mit den Gründen, warum viele Sportler nach einiger Zeit wieder auf den Fitnesstracker verzich-

ten. Hierzu werden Forschungsergebnisse angeführt, die belegen, dass die Nutzerinnen und Nutzer von Fitnesstrackern insgesamt mehr Sport treiben, wenn der Tracker am Körper getragen wird. Dennoch verzichten viele Sportlerinnen und Sporter nach einiger Zeit wieder auf das Gerät. Dafür gibt es unterschiedliche Gründe. Zum einen wird bemängelt, dass dem persönlichen Empfinden nach nur noch die Ergebnisse auf dem Tracker wichtig waren und nicht das eigentliche Körpergefühl. Andererseits wird die Kontrolle der persönlichen Daten als Einschränkung empfunden. Bei vielen Menschen führt auch eine Veränderung der Lebensumstände (z. B. durch Urlaub, Krankheit, Jobwechsel oder Schwangerschaft) dazu, dass das Tracken plötzlich als unwichtig oder unmöglich empfunden wird. Weitere Gründe, die dazu führen, dass der Tracker nicht mehr getragen wird, sind Messungenauigkeiten sowie der geringe Tragekomfort oder auch ein unattraktives Design. Und für die diejenigen, für die Sport und Bewegung zum Alltag gehören, wird der Tracker als Motivationshilfe irgendwann ganz einfach unnötig. Wissenschaftler gehen aber davon aus, dass das Tragen eines Trackers dauerhaft attraktiv werden kann, wenn er nicht nur Daten und Zahlen sammelt, sondern den Nutzerinnen und Nutzern ganz individuell und vor allem konkret rückmeldet, welche positiven Auswirkungen die Bewegung auf ihr Wohlbefinden hat.
In allen drei Materialien kommt man zu der Erkenntnis, dass das Tragen eines Fitnesstrackers und damit verbunden das Sammeln von Gesundheitsdaten das Bewegungsverhalten der Nutzerinnen und Nutzer positiv beeinflussen kann. M1 erläutert die positiven Aspekte, die das Tragen eines Fitnesstrackers als Motivationshilfe für mehr Sport und Bewegung mit sich bringen kann. Dabei geht das Material vor allem auf die Nutzungsmöglichkeiten der Geräte ein. Es werden allerdings keine überprüfbaren Aussagen dazu gemacht, wie sich das Tragen eines Trackers tatsächlich auf das Bewegungsverhalten der Nutzerinnen und Nutzer auswirkt.
Die Ergebnisse der Umfrage aus M2 jedoch belegen die Aussagen, die in M1 getroffen werden und unterstreichen den positiven Einfluss von Fitnesstrackern auf das Bewegungsverhalten und des Körperbewusstsein der Trägerinnen und Träger. Die Ergebnisse zeigen deutlich, dass eine Bewegungssteigerung stattfindet hat, wenn Gesundheitsdaten mithilfe eines Trackers gesammelt wurden. Auch werden mehr Ruhepausen eingelegt.
Auch in M3 wird angeführt, dass Forschungsergebnisse belegen, dass das Tragen eines Fitnesstrackers zu mehr Bewegung führt. Somit werden die Aussagen aus M1 und M2 bestätigt. Im Vergleich zu M1 und M2 beschäftigt sich M3 aber noch differenzierter mit dem Thema, denn dort wird auch erläutert, dass der Tracker sich nur dann positiv auf das Bewegungsverhalten auswirkt, wenn er auch getragen wird. Die meisten Menschen legen ihn aber nach anfänglicher Begeisterung irgendwann wieder zur Seite.
Im Gegensatz zu M1 und M2 beschäftigt sich M3 in diesem Zusammenhang auch noch mit der weiterführenden Frage, welche Informationen ein Fitnesstracker liefern muss, um dauerhaft interessant zu sein bzw. dauerhaft getragen zu werden.
Die Aussage der Schülerin, die sagt, dass das Tragen eines Fitnesstrackers zu mehr Gesundheitsbewusstsein und einer positiven Veränderung des Bewegungsverhaltens führen kann, stimme ich zu. In M1 werden viele Beispiele genannt, die diese Aussage bestätigen. So wird dort beispielsweise erklärt, dass Fitnesstracker eine Motivationshilfe sein können, wenn es um Sport und Bewegung geht, weil sie deutlich machen, wie weit man schon gejoggt ist oder wie viel Energie man dabei schon verbraucht hat.
Ich persönlich glaube, dass die Menschen insbesondere durch das Zählen ihrer Schritte mithilfe des Fitnesstrackers dazu motiviert werden, sich mehr zu bewegen. Oftmals hat man ja gar kein Gefühl dafür, wie viel man pro Tag überhaupt so läuft und ist dann überrascht, wenn es gar nicht so viel ist. Wer sich dann mithilfe des Trackers noch ein Schrittziel setzt, z. B. von 10.000 Schritten am Tag, wird bemüht sein, dieses auch zu erreichen. Somit wird auch mancher oder manche mal die Treppe statt des Fahrstuhls nehmen oder statt aufs Autos zurückzugreifen, einen Weg zu Fuß oder per Rad machen. Auch die Möglichkeit, den täglichen Kalorienverbrauch über den Fitnesstracker anzeigen zu lassen, kann dazu führen, bewusst darüber nachzudenken, ob ein Nachschlag beim Mittagessen wirklich nötig ist. Die in M2 erhobenen Daten untermauern diese These, denn die Mehrheit der Befragten hat angegeben, dass sich durch das Sammeln der Gesundheitsdaten eine positive Verhaltensänderung eingestellt hat, vor allem in Bezug auf die Bereiche Bewegung und Essverhalten. Auch die Tatsache, dass die Tracker die aktuelle Herzfrequenz anzeigen, trägt für mich mehr zu mehr Gesundheitsbewusstsein bei. So erkennt man nämlich sofort, ob man sich beim Training oder auch im Alltag zu viel zumutet und kann bewusst Pausen einlegen, um gegenzusteuern.

D 1 Leseverstehen: Wenn Hunde Kindern die Angst vor dem Vorlesen nehmen (angeleitetes Üben)

Seite 70

1 b) trifft zu.

2 a) trifft zu.

3 d) trifft zu.

4 Bei den Lesehunden handelt es sich um ein Projekt der Johanniter. Dabei kommen ausgebildete Hundeführer mit Hunden in Grundschulklassen und die Schüler lesen den Hunden vor.

Seite 71

5 d) trifft zu.

6 a: Schäferhund, b: Schüler, c: Labrador, d: Hundeführerin, e: Pädagogin

7 b) trifft zu.

8 Durch den Einsatz der Hunde im Unterricht gibt es die Möglichkeit, die Lesekompetenz der Schüler zu verbessern. Die Kinder, die den Hunden vorlesen, erzielen in der Regel größere Lesefortschritte, die auch dauerhafter sind. Dies liegt daran, dass die Anwesenheit der Hunde die Kinder entspannt und motiviert. Sie haben langfristig gesehen mehr Spaß am Lesen.

Seite 72

9 c) trifft zu.

10 a) trifft zu.

11 b) trifft zu.

12 Ich stimme der Aussage des Schülers, der sagt, dass das Projekt Lesehunde an allen Schulen eingeführt werden sollte, nicht zu. Sicherlich motivieren die Hunde manche Schüler, wenn es um das Thema „Lesen“ geht. Was ist aber mit den Schülern, die allergisch auf Hunde reagieren oder gar Angst vor Hunden haben? Diese Schüler werden durch den Einsatz der Hunde im Unterricht sicher kein positives Verhältnis zum Thema Lesen entwickeln. Im schlimmsten Fall werden sie aufgrund der Hunde noch zu Lesemuffeln!

D 2 Leseverstehen: Guck mal, eine Ba-na-ne! (selbstständiges Üben)

Seite 74

1 c) trifft zu.

Seite 75

2 d) trifft zu.

3 b) trifft zu.

4 a) trifft zu.

5 c) trifft zu.

6 c) trifft zu.

Seite 76

7 Kinder, die in einem Alter von einem Jahr viel Babysprache gehört hatten, verfügten später über einen größeren Wortschatz als Gleichaltrige, mit denen in normaler Tonlage und Betonung gesprochen wurde.

8 b) trifft zu.

9 b) trifft zu.

10 a) trifft zu.

Seite 77

11 b) trifft zu.

11 Ich stimme der Aussage der Schülerin zu, die sagt, dass es keine Rolle spielen würde, wie man mit einem Baby spricht, solange man überhaupt mit ihm spricht. Schließlich haben Untersuchungen ergeben, dass Eltern ihre Sprache nicht anpassen müssen, damit ihr Baby sprechen lernt. Wichtiger sei es, dass das Baby durch wechselnde erwachsene Gesprächspartner unterschiedliche sprachliche Einflüsse haben würde.

D 3 Aufgabentyp 2: Dialekte (angeleitetes Üben)

Seite 81/82

1 individuelle Lösung

2 – **7** Lösungshilfen zu den Aufgaben befinden sich direkt im Arbeitsheft sowie in der nachfolgenden-Musterlösung zur Schreibaufgabe

Seite 82

8 *Mögliche Lösung:*

Dialekte – Bildungsbarriere oder Intelligenzförderer?

„Moin“, „Guet gaon“, „Schön, dat de do bess!“ – Diese Begrüßungen aus verschiedenen Dialekten haben die meisten von uns doch schon mal gehört. Doch was versteht man eigentlich unter dem Begriff „Dialekt“? Und sind Dialekte noch zeitgemäß?

Der Begriff „Dialekt“ stammt aus dem Griechischen und bedeutet so viel wie „Redeweise“. Häufig wird auch der Begriff „Mundart“ verwendet. Je nach Region werden unterschiedliche Dialekte gesprochen, wie z. B. Bayerisch, Plattdeutsch, Ruhrdeutsch oder Kölsch. Somit bezieht sich die dialektische Redeweise der Menschen auf das Gebiet, in dem sie leben.

Für die Kinder und Jugendlichen, die mit einem Dialekt aufwachsen, bietet dies viele Vorteile, denn ein Dialekt kann auf andere sympathisch wirken. Da die Mundart häufig über einen größeren Wortschatz verfügt als das Hochdeutsche, können sich Dialekt sprechende Menschen demnach genauer bzw. wortreicher ausdrücken. Wissenschaftler setzen die Sprachleistung von Menschen, die einen Dialekt sprechen, auch mit der von mehrsprachig aufwachsenden Kindern gleich. Das liegt

daran, dass einem Dialekt eine eigene Struktur, eigene grammatikalische Regeln und eben ein vielfältigerer Wortschatz zugrunde liegen. Somit wird durch einen Dialekt die Sprachfähigkeit besonders gefördert. Dies bestätigt auch ein Schulleiter. Eine Studie der Universität Oldenburg kommt sogar zu dem Ergebnis, dass Kinder, die einen Dialekt sprechen, weniger Rechtschreibfehler machen.
Dennoch fallen die Meinungen zum Thema Dialekte unterschiedlich aus. Einerseits gibt es Dialekte, wie das Bayerische, die als beliebt gelten. Andere Dialekte, wie das Sächsische, werden als unangenehm empfunden. Auch die Meinungen dazu, ob ein Dialekt im Berufsleben eher hinderlich oder förderlich ist, gehen auseinander. Tatsächlich achten viele Berufstätige darauf, am Arbeitsplatz Hochdeutsch zu sprechen. Das liegt daran, dass Dialekt sprechenden Menschen oft weniger zugetraut wird, sie gelten gemeinhin als weniger kompetent. In den 70er-Jahren wurde sogar die Meinung geäußert, dass ein Dialekt eine Sprach- und Bildungsbarriere darstellt. Außerdem wollen nicht alle Menschen durch ihre Redeweise dem Landleben zugeordnet werden. Dialekte haben somit mancherorts ein Image-Problem. Viele Berufstätige sprechen auch einfach ganz bewusst Hochdeutsch, weil sie mittlerweile nicht mehr dort arbeiten, wo sie aufgewachsen sind und ihr Dialekt heimisch ist. Trotzdem wollen sie natürlich von allen Menschen gleichermaßen verstanden werden.
Es wird aber auch die Meinung vertreten, dass ein Dialekt förderlich für die Sprachentwicklung ist. Hier ergibt sich demnach ein Widerspruch: Die einen sehen den Dialekt als Bildungsbarriere, für andere ist ein Dialekt ein Intelligenzförderer, da es eine geistige Herausforderung darstellt, zwischen Dialekt und Hochdeutsch hin- und herzuwechseln.
Die These, dass eine Dialekt-AG an Schulen Vorteile mit sich bringt, kann durch verschiedene Aussagen in den Materialien gestützt werden. Der Schulleiter Koch aus Crailsheim sagt zu diesem Thema, dass er überzeugt ist, dass das Sprechen eines Dialekts sich positiv auf die sprachliche Ausdrucksfähigkeit auswirkt. In diesem Zusammenhang ist es aber wichtig, darauf hinzuweisen, dass Kinder nur dann von einem Dialekt profitieren, wenn die sogenannte „innere Mehrsprachigkeit“ auch gefördert wird, also wenn gezielt zwischen Dialekt und Hochdeutsch gewechselt wird. In diesem Zusammenhang ist eine Dialekt-AG an der Schule eine gute Möglichkeit, Routine beim Sprechen eines Dialekts zu entwickeln, denn die teilnehmenden Schülerinnen und Schüler unterhalten sich dann regelmäßig in ihrem Dialekt und festigen ihn so. Eine Dialekt-AG sorgt auch dafür, dass diese traditionelle Sprechweise nicht vergessen wird, denn in vielen Familien wird heute gar kein Dialekt mehr gesprochen. So müssen zur Bewahrung dieser regionalen Sprachen andere Orte gefunden werden. Daher könnten auch ältere Einwohner und Einwohnerinnen, die noch regelmäßig Dialekt sprechen, gut die Leitung einer Dialekt-AG übernehmen. So käme es auch vermehrt zu sozialen Kontakten zwischen Alt und Jung, sodass ein lebendiges Schulleben entstehen würde. Auch außerschulische Partnerschaften, etwa mit einem Heimatverein, könnten durch die Dialekt-AG entstehen. Wäre es nicht interessant, wenn ein Kiepenkerl am Tag der offenen Tür in Begleitung eines Platt sprechenden Schülers oder einer Schülerin den Neuzugängen die Schule zeigt? Dann hieße es für alle „Guet gaon!“

D 4 Original-Prüfung 2021: Aufgabentyp 2: Nutzen von Computerspielen (selbstständiges Üben)

Seite 83

Mögliche Lösung:

Computerspiele im Unterricht?

Bald findet an unserer Schule der Projekttag „Mediennutzung von Jugendlichen“ statt. In diesem Zusammenhang soll auch über den Nutzen von Computerspielen informiert werden. Zur allgemeinen Vorbereitung aller Beteiligten möchte ich besonders über den positiven Einfluss von Computerspielen im schulischen Umfeld informieren Dazu werde ich zunächst darauf eingehen, was unter einem Computerspiel überhaupt zu verstehen ist, welche Arten von Spielen es gibt und welche davon besonders beliebt sind.
Damit wir alle über den gleichen Wissensstand verfügen, möchte ich einleitend kurz erläutern, wie ein Computerspiel definiert wird. Dabei handelt es sich um ein Softwareprogramm, das eine gleichzeitige Kommunikation zwischen einem Spieler oder mehreren mit einem Computer ermöglicht. Somit können alle Beteiligten auf die vorgegebenen Aktionen reagieren und die Handlungen aller nachvollziehen. Gespielt wird nach vorgegebenen Regeln. Es gibt mittlerweile eine Fülle von unterschiedlichen Computerspielarten: So können Spielefans beispielsweise aus Abenteuer-, Action-, oder Strategiespielen auswählen oder sich bei Sport- und Rollenspielen messen. Neben den bis zu 40 benannten Spielklassifizierungen können die Kategorien jedoch auch in dem Modell der „Landkarte der Bildschirmspiele“ des Medienforschers Jürgen Fritz zusammengefasst werden, was bedeutet, dass jedes Spiel über Elemente des Denkens, von Action und Geschichten verfügt. Betrachtet man die verschiedenen Spielkategorien genauer, so hat sich herausgestellt, dass mehr als die Hälfte aller Nutzer besonders gerne zu Actionspielen oder zu Strategiespielen greifen, während weniger als die Hälfte der Spieler Lernspiele (41 %) oder Fitness- und Sportspiele (39 % bzw. 37 %) nutzen.
Wenn wir an den Nutzen von Computerspielen denken, wird sich der ein oder andere Teilnehmer unseres Projekttages, sei es eine Lehrerin oder ein Lehrer oder die Eltern, vielleicht fragen, ob diese wirklich ein pädagogisch sinnvolles Angebot sind. Hierzu ist festzustellen, dass Computerspiele viele allgemein nützliche Basisfähigkeiten unterstützen können.So können Actionspiele beispielsweise das Reaktionsvermögen der Spieler verbessern und die Sinne schärfen, da sich dort regelmäßig überraschende Situationen ergeben, auf die blitzschnell reagiert werden muss. Mögliche Reaktionsweisen müssen von den Spielern bereits im Vorfeld sehr genau in den Blick genommen werden, z. B. durch das genaue Erkunden des Spielgeländes, was ein vorausplanendes Denken fördert.
Im Bereich der Strategiespiele kommt es wiederum zu einer vermehrten Schulung des Denk- und Durchhalte-

vermögens und damit verbunden zu einer Steigerung der Konzentrationsfähigkeit. Erfolgreiche Spieler müssen kombinieren und taktieren können. Durch den Reiz des jeweiligen Spiels werden viele Spieler zu Ausdauer und Geduld motiviert und verknüpfen diese Eigenschaften mit Erfolgserlebnissen. Die Hartnäckigkeit, die erforderlich ist, um in einem Spiel erfolgreich zu sein, kann auch das kreative und problemlösende Denken fördern. So hilft es etwa bei Strategiespielen auch mal, erfinderisch bei Lösungen zu sein.
Auch die Empathiefähigkeit kann geschult werden, wenn es bei Rollenspielen beispielsweise darum geht, die Sichtweise einer bestimmten Figur einzunehmen und mit ihren Augen Situationen wahrzunehmen. Richtungsweisende Handlungsweisen in alltäglichen Situationen können auch in Simulationsspielen erfahren und auf andere Lebensbereiche übertragen werden. Das schafft Sicherheit und Orientierung im persönlichen Auftreten.
Im Hinblick auf unseren Projekttag sollen nun auch die Vorteile von Computerspielen für das schulische Lernen berücksichtigt werden. Vielleicht wird der eine oder andere überrascht sein, wenn es in Bezug auf Computerspiele um die Aneignung von Weltwissen geht: Wer sich auf den Umgang mit dem Computer und mit Computerspielen einlässt, muss über einen speziellen Fachwortschatz verfügen, und zwar auch häufig in englischer Sprache! Begriffe wie „Undo“, „Host“ oder „Mission“ müssen verstanden werden, was sicher einige Schülerinnen und Schüler stärker dazu motivieren dürfte, Englisch zu lernen. Einige Abenteuerspiele liefern als Spielidee auch geschichtliche oder geographische Fakten, die wiederum mit den Inhalten von Fächern wie Erdkunde, Gesellschaftslehre, Geschichte oder Sowi verknüpft werden können.
In einer Studie (Hans Fleisch, 2018) zur Verwendung spielerischer Elemente im computerunterstützen Unterricht hat sich zudem gezeigt, dass das Nutzen von Lernplattformen die Leistungsfähigkeit von Schülerinnen und Schülern verbessert. Computerunterstützte Unterrichtsinhalte und fächerbezogene Lerngeschichten sind motivierend und anschaulich. Somit wird weniger leistungsstarken Schülerinnen und Schülern ein lernförderlicher Zugang zu Unterrichtsinhalten ermöglicht. Ein computerunterstützter Unterricht kann zudem vermehrt zu Gemeinschaftserlebnissen der Lernenden führen, ermöglicht Erfolgserlebnisse und stärkt dadurch das Selbstwertgefühl.
Im Vergleich zum Lernen mittels Schulbuch können Computerspiele laut der Expertin Linda Breitlauch alternative Zugangsmöglichkeiten zu bestimmten Unterrichtsinhalten schaffen, die ein spielerisches Lernen und Ausprobieren ermöglichen und dadurch zu einem nachhaltigen Lernen führen. Ein positiver Effekt durch den Einsatz von Computerspielen im Unterricht lässt sich vor allem dann erzielen, wenn die Rahmenbedingungen sinnvoll gewählt werden. Beispielsweise sollte sich der Computereinsatz regelmäßig mit dem Einsatz herkömmlicher Medien, wie z. B. dem Schulbuch, selbst hergestellten Plakaten usw., abwechseln, um einer Gewohnheit und Abstumpfung gegenüber einem einzelnen Medium entgegenzuwirken. Schülerinnen und Schüler schätzen es sicher auch, wenn sie direkt bei der Nutzung eines Computerspiels Rückmeldungen über die Richtigkeit des gewählten Lösungsweges erhalten. Diese Funktion erleichtert zudem auch den Lehrerinnen und Lehrern das Feedback zum jeweiligen Leistungsstand. Wichtig ist es außerdem, jedes Computerspiel vor dem schulischen Einsatz auf seinen lernförderlichen Nutzen zu prüfen. Die bereits aufgezeigten Basisfähigkeiten sind hierbei eine gute Orientierung und könnten für eine Prüfung herangezogen werden. Besonders wichtig ist es natürlich auch, dass Altersfreigaben und Lizenzen der Computerspiele beachtet werden. Nicht alle Computerspiele sprechen zudem Mädchen und Jungen in gleicher Weise an.
Sinnvoll ist es in Bezug auf die Inhalte von Computerspielen auch, diese mit denen des jeweiligen Unterrichtsfaches abzugleichen, damit verknüpftes Lernen anhand vorgegebener Lernziele möglich ist.
Wer über den Einsatz von Computerspielen im Unterricht nachdenkt, sollte sich auch mit deren Anwendung auskennen oder Medienexpert/-innen mit ins Boot holen. Eine besondere Chance bietet sich, wenn diese nicht nur aus der Lehrerschaft kommen, sondern wenn es sich dabei auch um Schülerinnen und Schüler bzw. Eltern handelt. Letztendlich sollten wir uns alle auf den kommenden Projekttag freuen und erwartungsvoll Erfahrungen im Umgang mit Computerspielen im Umfeld Schule sammeln!

D 5 Aufgabentyp 2: Rico und Oskar (selbstständiges Üben)

Seite 88

Mögliche Lösung:

Die Welt von Rico und Oskar

Bald wird der Autor Andreas Steinhöfel an unserer Schule zu Gast sein und uns aus seinen „Rico und Oskar“-Büchern vorlesen. Doch um wen handelt es sich eigentlich bei den Figuren „Rico und Oskar“ und warum dürfen wir gespannt auf die Autorenlesung sein?
Rico und Oskar sind zwei ganz gegensätzliche Charaktere, die der Fantasie des Autors Andreas Steinhöfel entstammen. Beide wohnen in Berlin. Der eine, Rico, ist zehn Jahre alt, besucht eine Förderschule und nennt sich selbst „tiefbegabt“, während Oskar, sein drei Jahre jüngerer Freund, als hochbegabt gilt. Auch äußerlich unterscheiden sich beide Figuren: Oskar ist deutlich kleiner als Rico. Um sich vor den Gefahren des täglichen Lebens zu schützen, trägt er grundsätzlich einen Motorradhelm. Die Abenteuer der beiden Figuren beginnen im Buch „Rico, Oskar und die Tieferschatten“, das 2008 erschienen ist und für das Steinhöfel im Jahr darauf mit dem Deutschen Jugendliteraturpreis ausgezeichnet wurde. Aber nicht nur dieser Preis wurde ihm verliehen, denn 2013 hat er auch den Deutschen Jugendliteraturpreis für sein Gesamtwerk empfangen.
Sicher können sich viele von uns vorstellen, was sich hinter dem Begriff „hochbegabt“ verbirgt, doch was steckt hinter der Eigenschaft „tiefbegabt“, mit der sich Rico selbst bezeichnet? Seine „Tiefbegabung“ zeigt sich beispielsweise daran, dass er Richtungsangaben wie „links“ und „rechts“ nicht umsetzen kann und sich so häufig verläuft. Rico hält sich auch für dümmer als andere. Dass er dennoch sehr pfiffig ist, zeigt sich darin, dass er ein Wörterbuch pflegt, um sein fehlendes Wissen auszugleichen. Außerdem bringt er jede Menge „Herz“ mit: Er kann

sich sehr gut in die Gefühle anderer hineinversetzen oder seine eigenen Gefühle offen äußern. Rico spricht davon, unter Konzentrationsschwäche zu leiden. Einem „roten Faden“ beim Erzählen kann er seiner Meinung nach nicht folgen. Deshalb schweift er öfter vom Wesentlichen ab. Was sich hinter einem „roten Faden“ eigentlich verbirgt, ist ihm auch nicht klar. Er verbindet diesen Ausdruck mit verschiedenen Farben, nicht damit, strukturiert erzählen zu können. Auch wenn dies vielleicht negativ klingt, so ist es doch ein Zeichen für seine offene und frische Art, zu seiner Lernschwäche zu stehen. Rico ist voller Lebensfreude und sehr optimistisch. Das zeigt sich daran, dass „graue Gefühle“ keinen Platz in seinem Leben haben.
Ihm zur Seite steht der jüngere und hochbegabte Oskar. Er gilt als eigenwillig, was auch seine Gewohnheit, grundsätzlich einen Motorradhelm zu tragen, zeigt. Beide Jungen sind aufgrund ihrer Eigenschaften Außenseiter.
Wie kommt es nun dazu, dass wir uns mit Rico und Oskar und ihrer Umgebung so gut identifizieren können? Warum fiebern und fühlen wir mit ihnen mit? Steinhöfel sagt dazu in einem Interview, dass es ihm wichtig ist, sich in seine Figuren einzufühlen. Er versucht, in ihre Haut zu schlüpfen, um sie besser zu verstehen. Ihm geht es darum, Verständnis für Menschen zu wecken, anstatt sie abzustempeln. Er lässt seine Leser hinter die Fassade seiner Figuren blicken und möchte so Vorurteile vermeiden. Bei der Figur Rico heißt das, dass Steinhöfel eine krankhafte Aufmerksamkeitsstörung wie ADS nicht benennt, sondern Ricos Vorzüge als aufgewecktes Kind hervorhebt.
Steinhöfel gelingt es außerdem, dem Leser den Handlungsort nahezubringen, indem er zum Beispiel eine reale Adresse, die Dieffenbachstraße in Berlin-Kreuzberg, verwendet, sodass jeder sich vergewissern kann, wo die Geschichte spielt. Durch die äußerst anschauliche Erzählweise und die konkrete Beschreibung des Wohnumfeldes können sich die Leser den Alltag dort sehr gut vorstellen. Dies schafft Andreas Steinhöfel durch die lebendige Beschreibung von Geräuschen wie Fernsehlärm, Kindergeschrei und Schritten sowie Gerüchen wie Bohnerwachs und Kochdünsten. Auch die übrigen Romanfiguren vermitteln den Eindruck der Normalität, zum Beispiel durch ihre Berufe. So arbeitet Ricos Mutter in einer Bar, ein Nachbar ist Zahntechniker, ein anderer Hausmeister.
Wer die Rezensionen zu den Büchern von Andreas Steinhöfel liest, wird verstehen, warum seine Geschichten um Rico und Oskar sowohl Experten als auch Eltern, Kinder und Lehrkräfte begeistern. Andreas Steinhöfel erzählt spannende Geschichten auf witzige und verständliche Weise. Als Leser fiebert man mit den Figuren mit, man gewinnt sie lieb, gerade weil sie nicht „perfekt“ sind. Es handelt sich um normale Leute, wie du und ich, in einer alltäglichen Umgebung. Sie verlieren nie den Lebensmut, sondern gewinnen jeder Situation das Beste ab. Wer die Figuren beim Lesen begleitet, stellt fest, wie wichtig Freundschaft und das Zueinanderstehen ist. Für Schülerinnen und Schüler, die Steinhöfels Bücher im Deutschunterricht oder einfach so lesen, sind die Inhalte sicher sehr motivierend. Wer liest nicht gerne Kriminalgeschichten? Außerdem sind gerade jüngere Leserinnen und Leser etwa im gleichen Alter wie Rico oder Oskar können sich so gut mit den beiden identifizieren.
Also freut euch auf die kommende Autorenlesung!
Ich habe den Informationstext mithilfe der Materialien M1, M2, M3, M4 und M5 zusammengestellt.

E 1 Leseverstehen: Während der Ausbildung ins Ausland (angeleitetes Üben)

Seite 94

1 c) trifft zu.

2 a) trifft zu.

3 a: 4/ b: 3/ c:1/ d:2

Seite 95

4 c) trifft zu.

5 Mit dieser Formulierung soll ausgesagt werden, dass Jugendliche durch einen Auslandsaufenthalt während der Ausbildung neue Erfahrungen sammeln sollen, und zwar über die bekannten Inhalte und Ausbildungsbedingungen hinaus.

6 d) trifft zu.

7 Es müsste mehr Werbung gemacht werden. Anstatt nur die Betriebe zu informieren, müsste man die Azubis direkt ansprechen.

Seite 96

8 a) trifft zu.

9 b) trifft zu.

10 b) trifft zu.

11 d) trifft zu.

12 Ich stimme der Aussage des Schülers, der sagt, dass ein Auslandsaufenthalt während seiner Ausbildung nichts für ihn wäre, nicht zu. Schließlich ist ja gerade die Ausbildung eine Zeit, in der man neue Dinge lernen soll. Und dafür eignet sich so ein Auslandsaufenthalt ganz hervorragend. Und wenn man dann einmal mit der Ausbildung fertig ist und eine feste Stelle hat, hat man meistens keine Möglichkeit mehr, noch einmal ins Ausland zu gehen.

E 2 Leseverstehen: Wie die Krise Freundschaft verändert (selbstständiges Üben)

Seite 98

1 c) trifft zu.

Seite 99

2 c) trifft zu.

3 a) trifft zu.

4 b) trifft zu.

5 d) trifft zu.

6 Entfernungskilometer sind während des Kontaktverbots unwichtig geworden, da man nur wenige Freunde direkt besuchen kann. Der Kontakt deshalb wird über Telefon und Video gehalten. Daher spielt die räumliche Entfernung keine Rolle. Da alle von der Corona-Krise betroffen sind, versteht man die Sorgen und Probleme auch über viele Entfernungskilometer hinweg.

7 a) trifft zu.

Seite 100

8 c) trifft zu.

9 a) trifft zu.

10 b) trifft zu.

11 a) trifft zu.

12 Ich stimme der Aussage des Schülers, der sagt, dass die Frage „Wie geht's dir?“ in einer guten Freundschaft keine Rolle spielt, weil wahre Freunde sich ohnehin erzählen würden, wie es ihnen geht, nicht zu. Für mich drückt man gerade durch die Frage nach dem Befinden auch ein echtes Interesse an dem Freund oder der Freundin aus. So sieht es auch die Autorin des Textes. Viele Menschen trauen sich vielleicht auch nicht, von sich aus zu erzählen, wie es ihnen wirklich geht. Da ist es doppelt wichtig, dass man fragt, gerade wenn man gut miteinander befreundet ist. Und wenn man selbst kein Interesse daran hat, zu erfragen, wie es dem Freund oder der Freundin wirklich geht, ist die Freundschaft vielleicht auch nicht so gut, wie gedacht.

E 3 Aufgabentyp 4a: Am Ende des Alphabets (angeleitetes Üben)

Seite 103 – 105

1 individuelle Lösung

2–**8** Lösungshilfen zu den Aufgaben befinden sich direkt im Arbeitsheft sowie in der nachfolgenden Musterlösung zur Schreibaufgabe.

Seite 105

9 *Mögliche Lösung:*

In dem Textauszug „Am Ende des Alphabets“ von Fleur Beale geht es um das Mädchen Ruby, die bei ihrem ersten Aushilfsjob Rückgrat zeigt und sich nicht abspeisen lässt. Die Autorin schildert, wie die Ich-Erzählerin zu ihrem ersten Arbeitstag im Supermarkt von Mr Vine antritt. Vereinbart ist, dass sie dort eine Stunde putzt und dafür 10 Dollar erhält. Vor Arbeitsbeginn willigt ihr Arbeitgeber ein, ihr das Geld täglich bar auszuzahlen. Ruby reinigt gründlich den Linoleum-Boden, doch Mr Vine ist damit nicht zufrieden. Nach Ende der Arbeitszeit bittet Ruby um ihren Lohn, doch Mr Vine weigert sich, sie zu bezahlen, und fordert, Ruby solle auch das Klo putzen. Als Ruby ihn darauf hinweist, dass diese Tätigkeit über die vereinbarte Arbeitszeit hinausgeht, lässt er sie stehen. Ohne bezahlt worden zu sein, verlässt die Ich-Erzählerin den Supermarkt. Doch dann ist sie entschlossen, trotz ihrer Angst vor Mr Vine, ihre Ansprüche durchzusetzen, und kehrt in den Laden zurück. Sie wiederholt ihre Forderung im Bei-

sein einiger Kunden. Die Kunden geben Ruby recht und Mr Vine zahlt ihr die 10 Dollar aus.
Mr Vine verhält sich gegenüber Ruby und seinen Kunden unterschiedlich. Ruby gegenüber ist er unfreundlich. Er fragt noch nicht einmal nach ihrem Namen (Z. 5) und unterstellt ihr, sie würde nur Forderungen stellen, ohne dafür zu arbeiten (Z. 5/6). Er gibt ihr knappe Befehle und zeigt sich herrisch, indem er die Faust auf den Tisch haut. Rubys Anstrengung, den Boden gründlich zu reinigen, nimmt er nicht wahr, sondern erniedrigt sie, indem er ihr Nichtkönnen vorwirft (Z. 13/14). Er fühlt sich Ruby überlegen, scheitert aber bei dem Versuch, den Boden gründlicher zu reinigen als Ruby. Dies gibt er aber nicht zu, sondern befiehlt Ruby, nun das Klo zu putzen, obwohl diese Aufgabe nicht abgesprochen war. Er ignoriert sie möglichst bzw. weist sie schroff und respektlos an, entweder zu arbeiten oder zu gehen (Z. 33/34). Als Ruby sich entschließt, zurückzukehren und erneut das Geld zu fordern, das ihr zusteht, beleidigt er sie mehrfach („Verdammt nochmal ..." (Z. 54), „Verzieh dich" (Z. 59). Erst auf Druck seiner Kunden, die ihm wichtig sind, lenkt er wütend ein. Er händigt Ruby das Geld aber nicht aus, sondern knallt den Geldschein auf die Theke.
Im Gegensatz zu seinem Verhalten Ruby gegenüber scherzt und lacht Mr Vine mit seinen Kunden und unterhält sich angeregt mit ihnen (Z. 31, Z. 37). Einer seiner Kunden bezeichnet ihn sogar als „sympathisch" (Z. 39). Erst durch sein wechselvolles Verhalten den Kunden und Ruby gegenüber wird den Kunden klar, dass Mr Vine Ruby über den Tisch ziehen will, sodass der Fernfahrer den Supermarkt-Besitzer durch seine Größe so einschüchtert, das dieser nachgibt, um sein Gesicht zu wahren.
Während der Auseinandersetzung mit Mr Vine durchlebt Ruby mehrere Empfindungen. Zu Beginn ist sie enttäuscht, dass Mr Vine sie nicht einmal fragt, wie sie heißt. Nachdem sie gewissenhaft und fleißig den Boden geschrubbt hat, und dies von Mr Vine nicht gewürdigt wird, ist sie wütend (Z. 15/16). Als sie feststellt, dass ihr Arbeitgeber es selbst nicht besser kann, zeigt Ruby Schadenfreude (Z. 20/21). Aufgeregt gibt sie nicht klein bei und fordert das ihr zustehende Geld. Sie gibt trotzdem nicht auf und wartet darauf, ausgezahlt zu werden. Dabei ist ihr jedoch übel. Als sie merkt, dass sie bei Mr Vine keine Einsicht erreicht, läuft sie gedemütigt aus dem Laden, ist sehr aufgewühlt und den Tränen nahe (Z. 34f.). Sie beschließt, zurückzukehren und zeigt sich angriffslustig, obwohl sie vor Anspannung zittert. Hartnäckig verlangt sie, bezahlt zu werden. Als Mr Vine am Ende das Geld auszahlt, ist sie erleichtert und dankbar den Kunden gegenüber, die ihr beigestanden haben (Z. 67). Rubys Ärger über Mr Vine zeigt sich deutlich an ihrer bildhaften Sprache. Sie bezeichnet ihn in Gedanken als „Griesgram" (Z. 21) oder „Ekel" (Z. 33). Die Darstellung des Geschehens aus Rubys Sicht veranschaulicht ihre Wut besonders gut. So werden ihre Gefühle sehr deutlich durch treffende Verben wie „ausflippen" (Z. 41), Redewendungen wie „die Fäuste ballen" (Z. 31/32) „über den Tisch ziehen" (Z. 40), „Rückgrat zeigen" (Z. 42) oder Metaphern wie „in den Bauch bohren". Ihre Wut und Energie zeigen sich ebenfalls durch umgangssprachliche Ausdrücke wie „echt" (Z. 35) oder „die Sauerei" (Z. 50), die ihre Gefühle anschaulich verstärken. Trotz ihres Ärgers über Mr Vine bleibt Ruby durchweg freundlich und wird ihm gegenüber nicht ausfallend. Sie verwendet das Wort „bitte" und redet ihn mehrfach mit seinem Namen an.
Der Aussage, dass man sich am ersten Tag eines neuen Jobs nicht so aufführen sollte, wie Ruby, stimme ich nicht zu. Ruby hat ihre Arbeit gewissenhaft erledigt und sich dabei sehr angestrengt (Z. 12f.). Dass sie putzen kann, hat sie bewiesen, denn die Kundin, die wohl regelmäßig in den Laden kommt, hat sie gelobt (Z. 60/61). Ruby hat sich an die Absprachen bezüglich ihrer Arbeitszeit und Arbeitsaufgabe gehalten, im Gegensatz zu ihrem Arbeitgeber. Sie hat auch Selbstständigkeit gezeigt, indem sie für Ordnung gesorgt und Mopp und Eimer nach getaner Arbeit wieder weggeräumt hat. Im Gegensatz zu Mr Vine ist sie während des Konflikts immer höflich und respektvoll geblieben. Ich denke, sie kann stolz auf sich sein. Das heißt auch, dass jeder, der seine Arbeit gewissenhaft erfüllt, das Recht hat, dafür so bezahlt zu werden, wie es abgesprochen ist. Niemand sollte sich ausnutzen lassen. Wichtig erscheint mir aber, dass man seine Rechte angemessen vorträgt und nicht ausfallend oder beleidigend wird. Dies hat Ruby gut hinbekommen.

E 4 Original-Prüfung 2021: Aufgabentyp 4a: Den Mund voll ungesagter Dinge (selbstständiges Üben)

Seite 106

Mögliche Lösung:

In dem Romanauszug „Den Mund voll ungesagter Dinge" von Anne Freytag, erschienen 2017, geht es um den Abschied vom vertrauten Zuhause und der damit verbundenen Trennung von der Kindheit und Jugend.
Die Autorin schildert die Gedanken und Gefühle der Ich-Erzählerin Sophie, die gezwungenermaßen mit ihrem Vater von Hamburg nach München zur Lebensgefährtin des Vaters umzieht. Für Sophie bedeutet der Umzug gleichzeitig auch der Abschied von ihrem Zuhause, ihrer Kindheit und ihrer Jugend. Diese Gedanken versucht sie bei der Abfahrt zu verdrängen. Während Sophie ihre Trauer und ihre Tränen krampfhaft zurückhält, stellt der Umzug nach München für ihren Vater einen Neuanfang dar.
Sophies Vater versichert sich mehrmals, ob es der Tochter gutgeht, was Sophie stets bestätigt, doch in ihrem Inneren rumort es, sie ist wütend und traurig. Bei einer Rast an einer Tankstelle versorgen sich Vater und Tochter mit Getränken und Proviant für die lange Reise nach München und der Vater besorgt unbemerkt auch Leckereien, die Sophie besonders gerne mag. Bei der Weiterfahrt kommt es zu einem Gespräch zwischen den beiden über ihr zukünftiges Leben in München. Sophies Vater preist die Vorzüge der bayerischen Hauptstadt an, ist zufrieden damit, dass der Umzug und alles Organisatorische problemlos gelaufen ist, und versucht Sophie, den Neustart schmackhaft zu machen. Letztendlich gibt Sophie ehrlicherweise zu, dass sie immer schon mal ins Gebirge oder nach Italien wollte.
Bei der Abfahrt verhält Sophie sich ihrem Vater gegenüber sehr wortkarg. Statt auf die Fragen ihres Vaters zu antworten, reagiert sie mit einem Kopfnicken (Z. 14), mit einer sehr kurzen Antwort (Z. 27) und schweigt ansonsten. Sie möchte vermeiden, dass ihr Vater mitbekommt,

wie aufgewühlt sie ist und wie schwer ihr der Abschied von ihrem Zuhause fällt. Da sie befürchtet, dass sich ihre wahren Gefühle in ihrer Stimme widerspiegeln, schweigt sie lieber aus Rücksicht auf ihren Vater. Das gleiche gilt für ihre Mimik. Auch hier versucht Sophie, möglichst neutral zu gucken (Z. 34/35), den Blickkontakt mit ihrem Vater zu vermeiden, indem sie aus dem Fenster schaut. Wie unglücklich Sophie über den Abschied von ihrem Zuhause ist, wird durch folgende sprachliche Mittel deutlich:
So beschreibt sie die vertrauten Bäume sehr atmosphärisch: Bisher haben die Linden in der Allee für sie „geduftet" und die Blätter „geraschelt" (Z. 23/24). In ihrem Abschiedsschmerz sind die Linden nun „nackt", „hölzerne Skelette", „regungslos" (Z. 21 f.) Ihre innere Zerrissenheit wird deutlich durch das wiederholte Verb „vermissen" (Z. 23f.): Sophie wird die Bäume als sichtbares Zeichen ihrer Heimat vermissen. Sophies Verzweiflung zeigt sich unter anderem auch dadurch, dass sie ihren Umzug als endgültig betrachtet: Sie macht einen „Schnitt". Auch dieses Nomen wird wiederholt, um die Wirkung zu verstärken. Unterstrichen wird die Endgültigkeit des Abschieds durch die Wortwahl „vorbei" (Z. 30), ihr Leben „endet" (Z. 30). Das „holperige Kopfsteinpflaster" (Z. 29) als Metapher für das Gefühl des Abschieds unterstützt diesen Eindruck noch. Man fühlt dadurch geradezu körperlich Sophies Abschiedsschmerz. Zudem wird ihre innere Anspannung durch aneinandergereihte Kurzsätze deutlich (Z. 29ff.).
Sophies Vater spürt ihre Anspannung und ihren Trennungsschmerz und möchte ihr etwas Gutes tun. So besorgt er ihr an der Tankstelle unbemerkt ihre Lieblingsleckereien, nämlich Kekse und Butterstückchen. Aufmuntert zwinkert er ihr zu und redet sie mit ihrem Spitznamen „Motte" an (Z. 43, Z. 53), um ihr zu zeigen, dass sie ihm wichtig ist. Das Gefühl, in der neuen Heimat willkommen zu sein, vermittelt er ihr, indem er ihr sagt, dass seine Lebensgefährtin sich schon auf Sophie freut. Zudem zeigt der Vater Sophie die Vorteile des neuen Wohnortes auf. Sophies Vater will ihr auch das Gefühl von Sicherheit geben, denn er macht durch seine Urlaubsvorschläge deutlich, dass er in München Zeit für sie hat und gemeinsam mit ihr etwas unternehmen möchte. Zum Schluss erinnert er sie daran, dass sie immer schon gerne einmal in die Berge wollte.
Sophie hingegen reagiert auf Vaters Bemühungen unterschiedlich: Zunächst freut sie sich über seine Mitbringsel und lächelt. Auf die Ankündigung, dass sich die Lebensgefährtin auf Sophie freue, reagiert sie jedoch mit einer ironischen Bemerkung, die zeigt, dass sie daran zweifelt. Auch ihre Antwort „Bayern" lässt Ironie erahnen und wirkt abwertend. Letztendlich überwindet sie sich und stimmt den Plänen ihres Vaters zu, obwohl ihre Gedanken zuvor zeigen, dass sie nur teilweise ehrlich zu ihrem Vater ist, denn von Urlaub in Italien und der neuen Lebensgefährtin hält sie nicht viel (Z. 65f.).
Ich stimme der Aussage der Schülerin „Sophie sollte ihrem Vater gegenüber ehrlich sein." nicht zu, denn Sophie scheint ihren Vater zu lieben und will ihm nicht wehtun (Z. 66f.). Ihr ist offensichtlich klar, dass sie durch das Äußern ihrer wirklichen Gefühle und Gedanken ihren Vater verletzen würde, für den der Umzug nach München einen Neuanfang bedeutet, auf den er sich freut. Sophie ist auch klar, dass er diesen Schritt schon lange plant (Z. 16). Daher verbirgt sie ihre wahren Gefühle und Gedanken vor ihm, indem sie beispielsweise wenig mit ihm redet, um sich nicht durch ihre belegte Stimme zu verraten (Z. 14f.). Dass sie ihn mag, sieht man auch daran, dass sie ihn liebevoll „Papa" (Z. 18) nennt. Also entscheidet sie sich aus Liebe zu ihrem „Papa" nicht ganz ehrlich zu ihm zu sein. Ich denke auch, dass ihr Vater sie gut genug kennt, um zu wissen, dass ihr der Abschied schwerfällt. Beide nehmen also aufeinander Rücksicht. Daher ist es richtig, dass Sophie sich mit ihrer wahren Meinung zurückhält.

E 5 Aufgabentyp 4a: Silbermond: B 96 (selbstständiges Üben)

Seite 109

Mögliche Lösung:

In dem Songtext „B 96" der deutschen Musikgruppe Silbermond geht es um die Rückkehr des lyrischen Ichs in die Heimat, die irgendwo an der Bundesstraße 96 in Sachsen liegt und von der Person nur „Hinterwald" genannt wird. Bereits auf der Fahrt auf der Bundesstraße erinnert sich das lyrische Ich an vergangene Zeiten und es empfindet vertraute Gefühle. Aus den Hintergrundinformationen kann man entnehmen, dass es sich um den Ort Bautzen an der B 96 handelt.
Der Song beginnt mit der Beschreibung der Zeit und des Ortes im „Hinterwald". Es ist ein Morgen im Sommer oder Herbst. Das lyrische Ich sieht die Landschaft, hört die Naturgeräusche und verfällt in Träumerei und Erinnerungen. Die Zeit scheint nicht vorangeschritten zu sein, denn es gibt keine Veränderungen, sodass sich das lyrische Ich sofort wie Zuhause fühlt. Danach schildert es die Erinnerungen, die es hat. Es denkt an bestimmte Personen, seine Kindheit und die Art der Menschen. Auch diese Erinnerungen haben sich im Lauf der Zeit nicht verändert. Erneut empfindet es Heimatgefühle und fühlt sich wohl. Als das lyrische Ich in seine Heimat zurückkehrt, beschreibt es zunächst die Landschaft (V. 1) und die Geräusche, die es wahrnimmt. Aufgrund der verwendeten Adjektive (V. 2: „Schüchtern und scheu"; V. 4: „Neblig und neu") lässt sich erschließen, dass es einerseits recht vorsichtig und unsicher, aber andererseits auch neugierig ist bezüglich der Dinge, die es vor Ort erwarten. Doch „es dauert nicht lang" (V. 9), bis es die Vertrautheit bemerkt und in Gedanken versinkt (V. 10). Im ersten Refrain (V. 12–18) wird deutlich, dass sich „im Hinterwald" (V. 16) zwar nichts weiterentwickelt oder verändert hat (V. 12) und dass die Menschen nicht mehr hoffnungsvoll (V. 14) und eher einsam (V. 15) sind, doch das lyrische Ich fühlt sich in der angetroffenen Idylle, die fern der Zivilisation mit ihrem Stress zu liegen scheint, wohl und geborgen, denn es äußert klar: „wo mein Zuhause ist." (V. 17). Die folgende Schlussfolgerung, mit der der Refrain endet (V. 18: „Schön wieder hier zu sein."), resultiert aus den positiven Gefühlen, die sich aus der Heimatverbundenheit ergeben und gleichzeitig Geborgenheit und Schutz bieten. Auch in der nächsten Strophe, in der die Erinnerungen konkretisiert werden, werden diese Emotionen deutlich, denn das lyrische Ich hat positive Erinnerungen an die Kindheit („Sachen von dir", V. 20). Vielleicht ist damit eine vertraute Person gemeint, ein Familienmitglied

oder gar die erste Liebe. Es hat anscheinend einen Großteil der Kindheit („auch 'ne drei viertel Kindheit“, V. 21) an diesem Ort verbracht. Gleichermaßen wirkt das „Licht überm Stammtisch“ (V. 24) anheimelnd und vertraut. Auch die dort lebenden Menschen bleiben wie sie sind, indem sie übereinander reden (V. 25 – 28). Das lyrische Ich findet an diesem Ort alles genau so vor, wie es in seiner Kindheit gewesen ist. Zusammenfassend lässt sich daher schlussfolgern, dass der „Hinterwald“ für das lyrische Ich gleichzusetzen ist mit Heimat. Und obwohl sich dort gar nichts verändert, also auch kein Fortschritt zu erkennen ist, fühlt es sich wohl und geborgen, was ihm gleichzeitig Vertrautheit und Schutz vermittelt. Somit ist die Beziehung zum Heimatort als positiv zu bezeichnen.
Der zweite Refrain (V. 30 – 37) stellt im Prinzip eine wörtliche Wiederholung des ersten (V. 12 – 18) dar, ist jedoch um den Vers „Erinnerungen holen mich ein“ (V. 36) ergänzt worden. Aus dem inhaltlichen Kontext der Strophen wird klar, dass die Umgebung, die Geräusche, die Menschen und ihre Art und Weise des Umgangs miteinander sich gar nicht verändert haben. Daher hat das lyrische Ich sofort Erinnerungen an seine Kindheit, die zwar „verbeult und ramponiert“ (V. 22) verlief, jedoch ergibt sich schnell eine Art Wiedererkennungseffekt, der es die oben dargestellte Vertrautheit empfinden lässt, die zu Ruhe und Harmonie führt. Es verbindet die „Erinnerungen“ (V. 36) mit dem Gefühl von „Zuhause“ (V. 35), Heimat und wirkt etwas nostalgisch.
Zwar wird durch den Titel „B 96“ eine ungefähre regionale Angabe gemacht, denn bei dieser Straße handelt es sich um eine Bundesstraße, die im Osten Deutschlands von Sachsen in den Norden nach Mecklenburg-Vorpommern führt, doch im Grunde steht die Bezeichnung „Hinterwald“ (z. B. V. 10) für alle kleineren Orte, in denen die Zeit stillzustehen scheint. Das ist daran zu erkennen, dass die Zeit- und Ortsangaben, die genannt werden, eher unbestimmt sind: „Über blassgelben Feldern“ (V. 1), „ein taufrischer Morgen“ (V. 3), „seit zwanzig Jahren“ (V. 23) etc.). Auch die Alliterationen, die verwendet werden (V. 2: „Schüchtern und scheu“, V. 4 „Neblig und neu“) und der darin enthaltene Reim verstärken diesen Eindruck. Es gibt sicher viele Ort in Deutschland, auf die solche Beschreibungen zutreffen, denn immer, wenn Menschen die Heimat, in der sie groß geworden sind, verlassen, bleiben die Erinnerungen aus der Kindheit. Dass es sich um einen kleineren Ort handeln muss, in dem nicht viel passiert, wird durch die Wortwahl deutlich, denn durch die Verwendung von Adjektiven wird beispielsweise die vergangene Zeit hervorgehoben, zum Beispiel „das rostige Hoftor“ (V. 5). Auch Metaphern zeigen, dass der Fortschritt in diesen Ort nicht Einzug gehalten hat: „Und die Welt steht still“ (V. 12 und V. 30). Dadurch, dass diese Feststellung zu Beginn des Refrains und am Ende wiederholt wird, zeigt sich, dass gerade diese Tatsache für das lyrische Ich sehr wichtig zu sein scheint, denn so kann es in Erinnerungen schwelgen und positive Erlebnisse noch einmal erfahren. Die Bezeichnung „Hinterwald“ an sich ist ebenso eine Metapher, denn damit verbindet der Leser/Hörer einen Ort, der sich nicht weiterentwickelt, an dem die Menschen sozusagen nicht mit der Zeit gehen. Aber genau das konserviert die Heimatgefühle des lyrischen Ichs und belebt sie wieder. Besonders die abschließende Aussage am Ende des Songtextes (V. 47 – 49: „Und das Herz/Schlägt ruhig/
Hier im Hinterwald.“) macht deutlich, dass das lyrische Ich hier Ruhe und Geborgenheit findet. Somit kann man festhalten, dass der „Hinterwald“ in diesem Liedtext für viele kleine Orte steht, in denen Menschen aufgewachsen sind, die später aus beruflichen oder familiären Gründen an einen anderen Ort gezogen sind. Wenn sie aber heimkehren, kehren durch die Bilder, Gerüche, Menschen und auch Umstände schnell wieder die Gefühle zurück, die sie mit ihrer Heimat verbinden.
Ein Schüler sagt über den Songtext, dass das lyrische Ich sicher einen sehr stressigen Alltag habe, denn ansonsten würde es die Einsamkeit zu Hause nicht so suchen. Ich kann diese Einschätzung teilen, denn das lyrische Ich empfindet Ruhe und Geborgenheit, als es in den „Hinterwald“ zurückkehrt. Es bezeichnet diesen Ort als „Zuhause“ (V. 17) und empfindet Freude aufgrund der Heimkehr (V. 18). Besonders durch die abschließende Aussage im Lied wäre diese Vermutung zu belegen: „Und das Herz/Schlägt ruhig/Hier im Hinterwald.“ (V. 47 – 49). Andererseits könnte das lyrische Ich diesen Ort aber auch grundsätzlich als Heimat ansehen, die es immer wieder aufsucht, weil die Familie dort wohnt oder weil es sich gerne an vergangene Zeiten erinnert. Dies muss nicht unbedingt mit Stress zusammenhängen, sondern könnte viele Ursachen haben, zum Beispiel auch Konflikte oder den Wunsch, sich überhaupt erinnern zu wollen. Daher glaube ich, dass der besungene Ort einfach ein Ort ist, an dem sich das lyrische Ich wohlfühlt und in Erinnerungen verweilen kann.**“**

F 1 Original-Prüfung 2021: Leseverstehen: Friedhof der Mobiltelefone (angeleitetes Üben)

Seite 113

1 c) trifft zu.

2 b) trifft zu.

3 Die alten Handys enthalten viele wertvolle Rohstoffe, die sich gut recyclen lassen. Deutschland ist ein Land, dass natürlicherweise über sehr wenige Rohstoffe verfügt. Darum ist es wichtig, die Rohstoffe zu nutzen, die in den ausrangierten Handys enthalten sind.

Seite 114

4 a) 2; b) 4; c) 3; d) 1

5 a) trifft zu.

6 d) trifft zu.

7 in einem Fachgeschäft abgeben oder in eine Wertstoffbox werfen

8 c) trifft zu.

Seite 115

9 d) trifft zu.

10 Die Abbildung macht deutlich, dass der Umgang mit alten, ausrangierten Handys durchaus problematisch ist. Menschen müssen sich entscheiden, ob sie das Telefon aus emotionalen Gründen behalten oder ins Recycling geben wollen. Viele Menschen behalten ihre ausrangierten Handys, obwohl man die Rohstoffe darin sehr gut recyclen könnte.

11 Ich stimme der Aussage des Schülers zu, der sagt, dass in Deutschland Recyclingautomaten benötigt werden, wenn mehr Handys umweltgerecht recycelt werden sollen. In Amerika gibt es solche Automaten bereits. Die Menschen können ihr Handy dort einwerfen, bewerten lassen und ggf. auch direkt verkaufen. Das ist einfach und ohne großen Aufwand machbar. Dadurch, dass es für das ausrangierte Handy noch etwas Geld gibt, lassen sich bestimmt mehr Menschen davon überzeugen, das Telefon nicht einfach in der Schublade liegen zu lassen. So werden langfristig bestimmt auch mehr Handys recycelt.

F 2 Leseverstehen: Warum ich im Supermarkt auch ohne Payback-Karte ausgeforscht werde (selbstständiges Üben)

Seite 117

1 b) trifft zu.

2 c) trifft zu.

Seite 118

3 a) trifft zu.

4 c) trifft zu.

5 Werbebotschaften auf Bildschirmen werden auf die Kunden an der Kasse persönlich abgestimmt.

6 a) trifft zu.

7 a) trifft zu.

Seite 119

8 Das Smartphone sucht nach dem Sendemast in der Nähe und übermittelt die MAC-Adresse des Geräts an den WLAN-Sender. Dies hat zur Folge, dass der genaue Standort des Benutzers ermittelt werden kann.

9 d) trifft zu.

10 d) trifft zu.

11 d) trifft zu.

12 Ich stimme dem Schüler zu, der sagt dass ihm die WLAN-Funktion seines Handys zu wichtig sei, um sie abzuschalten und dem es nichts ausmacht, dass seine Daten gesammelt werden. Auch mir ist diese Funktion meines Handys wichtig und ich nutze öffentliche WLAN-Netze, um mein mobiles Datenvolumen zu schonen. Natürlich ist mir klar, dass ich dafür eine Preis zahle, indem ich sozusagen meine Daten verkaufe und Unternehmen mir auf dieser Grundlage personalisierte Werbung zukommen lassen können. Das heißt für mich aber noch lange nicht, dass ich dieser Werbung unkritisch gegenüber stehe und mich davon beeinflussen lasse.

F 3 Aufgabentyp 4b: Videochats und ihre Folgen (angeleitetes Üben)

Seite 122 – 124

1 individuelle Lösung

2–**6** Lösungshilfen zu den Aufgaben befinden sich direkt im Arbeitsheft sowie in der nachfolgenden Musterlösung zur Schreibaufgabe.

Seite 124

7 *Mögliche Lösung:*

Insgesamt liegen drei Materialien vor. Bei M1 handelt es sich um einen Sachtext mit dem Titel „Zoom-Fatigue: So überfordern Videochats dein Gehirn“ aus dem Jahre 2020. Die Autorin Marilena Potor schildert darin, dass die häufige Teilnahme an Videochats eine Überforderung des Gehirns zur Folge haben kann. Das Balkendiagramm (M2) stellt die Ergebnisse einer Befragung des Instituts für Beschäftigung und Employability zum Thema „Wie macht sich Zoom-Fatigue bemerkbar?“ aus dem Jahr 2020 dar. M3, ein Sachtext von Christopher Maasz mit dem Titel „Der Zoom-Fatigue entgegenwirken“, gibt Tipps, wie es gelingen kann, Zoom-Fatigue zu verhindern. Alle Materialien thematisieren also, wie sich die häufige Teilnahme an Videochats auf die Gesundheit auswirkt.

In dem Sachtext (M1) „Zoom-Fatigue: So überfordern Videochats dein Gehirn" von Marilena Potor wird dargestellt, dass die häufige Teilnahme an Videochats, insbesondere seit Beginn der Corona-Pandemie, bei den Teilnehmenden für starke Ermüdung sorgt. Dieses Symptom wird auch als „Zoom-Fatigue" bezeichnet. Diese entsteht auch, weil mittlerweile auch dann per Videochat kommuniziert wird, wenn sich die Angelegenheit auch per Telefon oder E-Mail hätte klären lassen. Videochats haben direkte Auswirkungen auf unser Gehirn und ermüden es besonders stark. Während eines Gesprächs kommen grundsätzlich verschiedene Kommunikationsmittel zum Einsatz, nicht nur die gesprochene Sprache, sondern auch Gestik, Mimik und Körpersprache. Daraus zieht das Gehirn seine Schlussfolgerungen. Es erkennt beispielsweise Gesprächspausen oder kann einordnen, wie sich das Gegenüber gerade fühlt. Während unser Gehirn diese verschiedenen Kommunikationsmittel in realen Gesprächssituationen problemlos verarbeiten kann, gelingt dies in Videochats weniger gut. Das liegt daran, dass der Gesprächspartner nicht vollständig auf dem Bildschirm erscheint. So gehen wichtige Informationen (z. B. in Bezug auf Gestik oder Körperhaltung) für das Gehirn verloren. Hinzu kommt oft noch schlechte Bild- oder Tonqualität, sodass es für unser Gehirn noch anstrengender wird, dem Gespräch zu folgen, weil es die Mimik des Gegenübers nicht „lesen" und einordnen kann. Noch gravierender ist es, wenn auf dem Bildschirm ein Gespräch mit mehreren Personen stattfindet. Dabei kommt es zu einer Überforderung des Gehirns, das versucht, sich auf alle Eindrücke gleichzeitig zu konzentrieren. Im Endeffekt sind die Beteiligten eines Videochats durch die extreme Informationsflut extrem erschöpft. Es kommt zum Phänomen „Zoom-Fatigue". Dies beschränkt sich natürlich nicht nur auf Videochats per Zoom, sondern betrifft jegliche Art von Videochats. Trotz der negativen Auswirkungen sieht die Autorin auch viele Vorteile in dieser Art der Kommunikation. Es gilt also einen Weg zu finden, Videochats zu nutzen, ohne das Gehirn dabei zu überfordern.

Die negativen Auswirkungen von Videochats auf die Gesundheit der Teilnehmenden werden durch die Ergebnisse der Befragung M2 „Wie macht sich Zoom-Fatigue bemerkbar?" durch das Institut für Beschäftigung und Employability verdeutlicht. Hier zeigt sich, dass Videochats bei den Teilnehmenden sowohl körperliche als auch psychische Folgen haben. Insbesondere die psychischen Folgen überwiegen: So geben gut 86 % der Befragten an, unter Konzentrationsmangel zu leiden, jeweils die Hälfte klagt über Ungeduld und Unausgeglichenheit (50 %). Desweiteren wird auf erhöhte Reizbarkeit, Unfreundlichkeit und Schlafstörungen hingewiesen. Demgegenüber stehen körperliche Auswirkungen, wie Kopfschmerzen (rund 30 %), Rückenschmerzen (28 %) und Glieder- und Magenschmerzen (4 bzw. 2 %), die im Vergleich weniger häufig genannt werden. Der Sachtext „Der Zoom-Fatigue entgegenwirken" von Christopher Maasz (M3) nennt Möglichkeiten, die der Einzelne hat, um der Zoom-Fatigue und ihren Folgen vorzubeugen bzw. entgegenzuwirken. Ein wichtiger Faktor ist dabei, ausreichend Bewegung in den Alltag einzubauen, etwa durch Spaziergänge in den Pausen oder durch Beweglichkeitsübungen am Arbeitsplatz. Auch sollte man seine technische Ausrüstung optimieren, indem man ein Head-Set verwendet oder für eine belastbare, störungsfreie Internetverbindung sorgt. Der Autor schlägt zudem vor, bei der Teilnahme an Videochats darauf zu achten, dass man die Sprecheransicht wählt, bei der immer nur die Person eingeblendet wird, die das Wort hat. So kann man das Gesagte besser einschätzen und unnötige Ablenkungen vermeiden. Auch eine bewusste Veränderung der Blickrichtung kann für Entlastung der Augen sorgen. Der Autor gibt zudem den Hinweis, dass Pausen und Freizeit auf keinen Fall am Computer verbracht werden sollten, sondern dass es wichtig ist, zum Essen und zur Entspannung einen anderen Ort aufzusuchen.

Vergleicht man die Aussagen aus M2 und M3 im Hinblick auf die Frage, welche Möglichkeiten es gibt, der Zoom-Fatigue entgegenzuwirken, lässt sich Folgendes feststellen: M2 erläutert, welche Auswirkungen die Zoom-Fatigue hat bzw. woran diese zu erkennnen ist. Es werden aber keine Angaben dazu gemacht, wie man diesem Phänomen entgegenwirken kann. Dafür gibt M3 aber eine Reihe von Tipps. Personen, die im Zusammenhang mit Videokonferenzen beispielsweise über körperliche Beschwerden klagen, könnten mehr Bewegung in ihren Alltag einbauen oder auch am Schreibtisch die ein oder andere Turn- oder Entspannungsübung durchführen. Spaziergänge an der frischen Luft könnten sowohl gegen Rückenschmerzen als auch gegen Kopfschmerzen wirken. Ein Ortswechsel in den Pausen könnte auch zu zu mehr Ausgeglichenheit führen, denn ein bewusstes Wahrnehmen der Natur oder andere positive Sinneseindrücke können das Wohlbefinden heben. Diejenigen, die unter Sehstörungen leiden, könnten Übungen zur Entlastung der Augen in den Arbeitsalltag einbauen. Auch eine Optimierung der Büroeinrichtung kann dabei helfen, Rücken- und Kopfschmerzen zu bekämpfen. So ermöglicht das Tragen eines Head-Sets ein konzentrierteres Gespräch und führt geichzeitig zu einer entspannteren Körperhaltung. Besonders stressig ist es, wenn eine schlechte Internetverbindung für Störungen in Videokonferenzen sorgen und die Bild- oder Tonqualität beinträchtigen. Eine schnelle Internetleitung schafft hier Abhilfe.

Eine Schülerin ist der Meinung, dass Videochats in Schule und Beruf der Gesundheit schaden und daher nur in der Freizeit durchgeführt werden sollten. Diese Meinung teile ich nicht, denn wenn Videochats als Kommunikationsmittel bewusst eingesetzt und entsprechend vorbereitet werden, bieten sie nicht nur im Freizeitbereich, sondern auch bei der Gestaltung des Schul- und Berufsalltags viele Vorteile. Wichtig ist vor allem, den negativen körperlichen und psychischen Folgen vorzubeugen, die die häufige Teilnahme an Videochats mit sich bringen kann (siehe M2). Dies gilt grundsätzlich für alle Videokonferenzen, sowohl für die beruflichen als auch die privaten. Um für eine gute Balance zu sorgen, ist vor allem Bewegung wichtig. Das geht mittels kleiner Übungen zur Entlastung der Augen oder des Rückens oder auch durch Spaziergänge in den Pausen oder Sport in der Freizeit (siehe M3). Videochats sorgen meiner Meinung nach immer dann für Stress, wenn technische Probleme auftreten. Daher ist der Tipp, für eine stabile Internetverbindung zu sorgen (siehe M3), meiner Meinung nach sehr wichtig.

In M1 werden darüber hinaus noch einige Vorteile von Videochats erwähnt, die ich wichtig finde. So fallen durch diese Möglichkeit der beruflichen Kommunikation beispielsweise weite, manchmal auch stauanfällige Fahrstrecken weg, die sonst auch für Stress gesorgt hätten. Zudem ermöglichen Videochats die Arbeit von zu Hause, was viele Menschen als sehr positiv empfinden, da sie durch den Wegfall des Arbeitswegs Zeit sparen und darüber hinaus die Atmosphäre zu Hause genießen. Zusammenfassend lässt sich sagen, dass man sich über das Phänomen der Zoom-Fatigue im Klaren sein sollte, um dieser rechtzeitig vorbeugen zu können. Dann bereichern Videochats sowohl unsere Freizeitkommunikation als auch die Kommunikation in Schule und Beruf.

F 4 Aufgabentyp 4b: Tastatur oder Stift? (selbstständiges Üben)

Seite 125

Mögliche Lösung:

Das gemeinsame Thema der Materialien M1 – M3 besteht darin, dass im Zuge der rasanten Entwicklung der Verwendung von hauptsächlich digitalen Medien, wie Tablet und Smartphone zur Textproduktion, die Bedeutung der Schreibschrift bzw. Handschrift deutlich zurückgeht.
M1a, ein gekürzter Zeitungsartikel von Lara Malberger mit dem Titel „Wir verlernen das Schreiben mit der Hand“ beschreibt, welche Bedeutung die Handschrift für die Menschheit als Kulturgut besitzt. Durch sie kann Wissen erhalten werden und wichtige Erkenntnisse über Jahrhunderte hinweg weitergegeben werden. Während früher Gegenstände wie Papier und Stift oder gar Steintafeln zum Schreiben benötigt wurden, kann heutzutage durch digitale Medien und die Möglichkeit zur Speicherung von Daten darauf verzichtet werden. Es erfolgt ein Wechsel von der Handschrift zum Tastaturschreiben.
M1b, mit dem Titel „Fit am Tablet, mies mit dem Füller“ aus der Zeitschrift „Focus“, greift die Problematik der verschwindenden Handschrift auf. 40 Prozent von 1.400 Befragten einer Umfrage zu der Frage, ob Kinder noch Schreibschrift lernen sollten, hielten es für wichtiger, zügig auf einer Tastatur schreiben zu können, als flüssig mit der Hand zu schreiben. Finnland gilt in diesem Zusammenhang als Vorreiter. Hier hat das Tastaturschreiben in der Schule bald Vorrang vor der Handschrift. Gleichzeitig ist an europäischen Schulen ganz allgemein eine zunehmende Verbreitung digitaler Medien zu beobachten.
M2, ein Zeitungstext von Matthias Kohlmaier mit dem Titel „Tastatur schlägt Stift – oder umgekehrt?“ greift Finnland als Beispiel für einen veränderten Umgang mit der Schrift auf und erläutert, dass dort nur noch einfache Druckschrift vermittelt werden soll. Die so gewonnene Unterrichtszeit soll genutzt werden, um den Schülern das Tastaturschreiben beizubringen. Eine Erklärung dafür ist laut finnischem Bildungsministerium, dass die Schreibschrift durch das Verbinden der einzelnen Buchstaben zu schwierig für Schüler sei. Daher sollen die Schüler lernen, schnell und fehlerfrei auf der Tastatur zu schreiben, auch weil dies mit ihrem Alltag mittlerweile ohnehin viel besser in Verbindung zu bringen ist. Außerdem geht man für die Zukunft davon aus, dass für Notizen immer stärker auf digitale Medien zurückgegriffen wird und so handschriftliche Notizen kaum noch nötig sind. Konzentrieren will man sich daher künftig vor allem auf die Textinhalte und weniger auf die Schreibform.
Christoph Arens vertritt in M3, einem Zeitungstext mit dem Titel „Schreiben mit der Hand ist für das Gehirn wichtig“, den Standpunkt, dass die Handschrift weiterhin eine große Alltagsbedeutung hat, weil sie schneller und persönlicher wirkt. Er befürchtet die Verdrängung der Handschrift durch die digitalen Medien. Bildungsforscher weisen daher darauf hin, dass es sich bei der Handschrift nicht nur um eine Kulturtechnik handelt, sondern dass diese wichtig für die Entwicklung des Denkens ist. Das Schreiben mit der Hand fördert demnach die Erinnerungsleistung und aktiviert das Gehirn.
Im Vergleich der Materialien M2 und M3 in Bezug auf Möglichkeiten und Grenzen der Handschrift und des Tastaturschreibens kann man feststellen, dass einerseits das Tastaturschreiben als moderne und wichtige Form des Schreibens, quasi als eine „moderne“ Kulturtechnik, gilt und deshalb Vorrang vor der Handschrift haben sollte (M2), es in M3 jedoch darum geht, die Handschrift als „alte“ Kulturtechnik zu erhalten. In M2 wird darauf hingewiesen, dass die Handschrift als solche eine Quälerei für Schüler darstellt, im Gegenzug jedoch die Denkleistung fördert (M3). Auch der Blick auf das Schreibprodukt wird unterschiedlich gesehen: In M2 heißt es, der Textinhalt stehe im Vordergrund und nicht die Schriftform, in M3 wird auf die persönliche Note der Handschrift verwiesen, etwa auf Grußkarten oder Beileidsschreiben. Vergleicht man beide Materialien miteinander, kann man feststellen, dass die Autoren von M2 und M3 die Handschrift und das Tastaturschreiben unterschiedlich bewerten. So wird in M2 die Ansicht vertreten, dass durch die Nutzung digitaler Möglichkeiten auf die Handschrift verzichtet werden kann, während Christoph Arens in M3 deutlich die Unverzichtbarkeit der Handschrift im Alltag herausstellt.
Der Aussage der Schülerin, die sagt „Tastatur oder Stift – in der Schule sollte man sich aussuchen können, womit man schreibt“, stimme ich nicht zu. Sicherlich kommt es dem einen oder anderen eher entgegen, mit der Tastatur bzw. dem Stift zu schreiben. Ich denke aber, dass alle Schülerinnen und Schüler beide Möglichkeiten beherrschen sollten, um sie je nach Anlass anwenden zu können. Wie in M3 geäußert, finde ich es viel liebevoller und persönlicher, wenn man handschriftliche Geburtstagskarten erhält. Das zeigt doch, dass der Absender sich Mühe gegeben hat. Oft sind SMS-Glückwünsche sehr beliebig und wenig individuell. Sogar die Emojis sind abrufbar. Wenn man sich jedoch in der Schule aussuchen könnte, ob man mit dem Stift oder am Tablet oder Computer schreibt, ist meiner Meinung nach die Leistung nicht unbedingt vergleichbar. In einer Klassenarbeit zum Beispiel könnten Schüler auf das Rechtschreibprogramm zurückgreifen, während die Schüler, die mit dem Stift schreiben, Zeit im Umgang mit dem Wörterbuch aufbringen müssen. Ich denke auch, dass es wichtig ist, sich handschriftliche Notizen machen zu können. Das gelingt nur, wenn man auch sicher mit dem Stift schreiben kann. Besonderes Gewicht hat für mich die Erkenntnis, dass die Handschrift in Bezug auf die Erinnerungsleistung und das Denkvermögen von großer Bedeutung ist, wie es in M3 geschildert wird. Gerade für das Lernen in der Schule finde ich dies sehr entscheidend. Ich möchte auf keinen Fall auf meinen althergebrachten Spickzettel verzichten und bin froh, sowohl handschriftlich als auch per Tastatur schreiben zu können.

F 5 Aufgabentyp 4b: Gaming – der neue Volkssport? (selbstständiges Üben)

Seite 128

Mögliche Lösung:

In M1, einem Sachtext von Jörg Bernardy mit dem Titel „Wie Gaming zum neuen Volkssport wird“, geht es um die Bedeutung von eSport und eGames als Wirtschaftsfaktor, aber auch um deren Rolle in unserer Gesellschaft.

M2 ist eine Grafik der Bitkom Research GmbH mit dem Titel „Jeder Dritte sagt, E-Sport ist Sport“ die sich mit den Fragen befasst, ob eSport nach dem Verständnis der Menschen eine Sportart ist und ob eSport offiziell als Sportart anerkannt werden sollte.

M3 trägt den Titel „Ist eSport Sport?“ und befasst sich damit, wie der Deutsche Olympische Sportbund und der Deutsche Behindertensportverband zur Frage stehen, ob eSport Sport ist. In allen Materialien geht es also um die Frage, ob es sich beim eSport um anzuerkennende Sportarten im klassischen Sinne handelt.

M1 weist darauf hin, dass eSport bereits in 47 Ländern als Sport anerkannt ist und dass eGaming und eSport einen wichtigen Wirtschaftsfaktor darstellen. So zeigen insbesondere Jugendliche und junge Erwachsene, die wichtige Werbezielgruppen sind, starkes Interesse an diesem Thema. EGaming und eSport bieten jedoch auch Möglichkeiten, um soziale Kontakte zu knüpfen. In ein paar Jahren könnte eSport deshalb auch bei uns eine Vereinssportart sein, so wie es in China oder Südkorea bereits der Fall ist. Derzeit wird in Europa aber noch diskutiert, ob es sich beim eSport tatsächlich um Sport im traditionell verstandenen Sinne handelt.

M2 fasst die Ergebnisse einer Umfrage zusammen, die sich mit der Frage beschäftigt, ob eSport dem Verständnis der Deutschen nach eine Sportart im klassischen Sinne ist. Befragt wurden dafür 1224 Menschen ab 16 Jahren. Die Umfrage hat ergeben, dass 31 Prozent der Bundesbürger eSport als Sportart sehen, das ist jeder Dritte. Unter den 16- bis 29-Jährigen ist der Anteil der Menschen, die die Frage bejahen mit 38 Prozent sogar noch höher. Im Rahmen der Umfrage wurde außerdem untersucht, ob eSport in Deutschland offiziell als Sportart anerkannt werden sollte. Diese Frage wird immerhin noch von einem Viertel der Bundesbürger positiv beantwortet (25 Prozent), bei der Gruppe der 16-bis 19-jährigen ist der Anteil auch hier wieder höher (32 Prozent).

Auch in M3 geht es um die Frage, ob es sich beim eSport um „richtigen“ Sport handelt. Auch wenn in beiden Bereichen ähnliche motorische und kommunikative Fähigkeiten benötigt werden, wie z. B. Geschicklichkeit und Teamfähigkeit, verneint der Deutsche Olympische Sportbund diese Frage. Als Begründung führt er die vorrangig wirtschaftlichen Ziele der Computerspielindustrie an, die allein über die Regeln und Inhalte der Spiele bestimmt. Ein weiterer Grund sind die Inhalte mancher Spiele, denn die sogenannten „Shooter“ zielen auf die Tötung virtueller Gegner ab und stellen diese Tötung auch auf visueller Ebene deutlich dar. Solche Spiele gruppiert der DOSB deshalb in den Bereich des eGamings und nicht des eSports, weil sie mit den ethischen Grundsätzen des Sports nicht vereinbar sind. Auch der Deutsche Behindertensportverband DBS distanziert sich davon, „Shooter“ in den Bereich „Sport“ einzugruppieren. Der DBS sieht gerade im eSport allerdings auch eine Chance zur Inklusion, weil dieser die Möglichkeit bietet, Menschen mit Behinderungen aktiv am Sportgeschehen und damit auch am gesellschaftlichen Leben teilhaben zu lassen. Als Gefahr sieht der Verband jedoch die Möglichkeit der Spielsucht.

Vergleicht man die Materialien M1 bis M3 im Hinblick auf die Frage, ob eSport wirklich eine anerkannte Sportart sein kann, lässt sich Folgendes feststellen: M1 führt an, dass eSport bereits in einer Reihe von Ländern eine anerkannte Sportart ist. Der Autor des Materials geht davon aus, dass auch in Europa eSport über kurz oder lang als Sportart anerkannt werden wird, und zwar nicht nur weil dieser Bereich einen wichtigen Wirtschaftsfaktor darstellt, sondern auch, weil hinter dem eSport eine soziale Bewegung steht. Die Zahlen aus M2 unterstreichen die Aussagen aus M1. Auch wenn derzeit noch diskutiert wird, ob eSport wirklich eine klassische Sportart sein kann, zeigen sie, dass immerhin schon jeder dritte Deutsche diese Frage bejaht. Unter den 16- bis 19-Jährigen, die laut M1 zur Hauptzielgruppe derjenigen gehören, die sich über eSport erreichen lässt, ist der Anteil sogar noch höher. Es scheint also in der Bevölkerung durchaus ein Interesse an eSport als klassischer Sportart zu geben.

In M3 steht man dem Thema kritischer gegenüber.

Das Problem der Gewalt in Computerspielen, welches in M1 nur kurz angerissen (Z. 14) und in M2 gar nicht thematisiert wird, wird hier vom DOSB unter anderem als Begründung dafür angeführt, dass eSport kein Sport im klassischen Sinne sein kann. Auch der DBS vertritt ähnliche Ansichten, betrachtet das Thema aber differenzierter, weil er die Möglichkeiten der Inklusion anerkennt, die vom eSport ausgehen und daher Potenzial in den sogenannten „virtuellen Sportarten“ sieht. In M1 und M2 hingegen wird nicht thematisiert, welche Art von Computerspielen, eine Sportart namens eSport umfassen könnte. Hier wird nur ganz allgmein von einer Sportart namens eSport gesprochen.

Der Aussage der Schülerin, die sagt, dass das Computerspielen für sie niemals eine ernstzunehmende Sportart sein kann, weil man sich dabei nicht bewegt, stimme ich nicht zu. Wie in M1 zu lesen ist, ist eSport bereits in vielen Ländern als Sportart anerkannt. Diese Sichtweise lässt sich auch mittels der Informationen aus M3 stützen. Dort wird nämlich darauf hingewiesen, dass die Fähigkeiten, über die man verfügen muss, um im eSport erfolgreich zu sein, die gleichen sind wie im klassischen Sportbereich. Auch hier kommt es auf Fähigkeiten wie Ausdauer und Geschicklichkeit, Reaktionsvermögen und Teamfähigkeit an (Z. 23 – 27). Und der Sportwissenschaftler Prof. Froböse bringt es auf den Punkt, indem er sagt, dass körperliche Fitness die Grundvoraussetzung für effizientes Spielen ist (Z. 28 – 30). Die Tatsache, dass der eSport Menschen mit körperlichen Behinderungen den Zugang zu Sport bzw. Sportvereinen ermöglichen kann, ist auch ein Punkt, den ich durchaus bedenkenswert finde, wenn es darum geht, die Frage zu beantworten, ob eSport eine ernstzunehmende Sportart im klassischen Sinne sein kann. In diesem Zusammenhang finde ich die Abgrenzung des Deutschen Behindertensportverbandes ganz passend, der zwischen klassischem Sport und virtuellen Sportarten unterscheidet und auch bestimmte Spiele aus der Kategorie des virtuellen Sports ausschließt, die nicht dessen ethischen Werten entsprechen.

Schreibplan zu Kapitel C 1.5
Seite 33/34
5 – 10

Aufgabe / Material	1 a) Überschrift	1 b) Einleitung: Gudrun Pausewang vorstellen	1 c) Themen ihrer Bücher	1 d) Verknüpfung der Themenwahl mit ihrer Lebenserfahrung und geschichtl. Ereignissen	1 e) Warum werden die Bücher gerne von Jugendlichen gelesen?	Daran muss ich denken:
M 1	---	– geb. 1928 (Wichstadtl)/gest. 2020 (bei Bamberg) – Bauernhof, naturverbunden – 4 Geschwister (sie die älteste) – Lehrerin (Südamerika/Hessen) – Schriftstellerin (mehr als 90 Werke) – viele Auszeichnungen (Literaturpreise, Bundesverdienstkreuz) – Werke: Die Wolke/Die Not der Familie Caldera/Die letzten Kinder von Schewenborn	---	– naturverbunden – auf Bauernhof aufgewachsen → Umweltschutz	---	– Material sichten – Informationen zu den Teilaufgaben markieren – Randbemerkungen – Stichworte aus den Materialien in den Schreibplan übertragen – verwendete Materialien notieren
M 2	---	– Die Wolke – Das Tor zum Garten der Zambranos – Der rote Wassermann	– Nie wieder Krieg (Frieden), – Elend in Südamerika, – Umweltschutz – Kernenergie, Nuklearkrieg – soziale Ungerechtigkeit – Rassismus	– Elend in Südamerika = Leben/Arbeiten in Südamerika – soziale Ungerechtigkeit	---	
M 3	---	– Die Wolke	– Reaktorunfall	– Reaktorunfall = 6 Kernkraftwerke in Deutschland	– spannend – real – regt zum Nachdenken an	
M 4	---	– Die Wolke – Die letzten Kinder von Schewenborn	– Leben in Südamerika – Zeitgeschichte, Gegenwartsthemen – Nationalsozialismus, Rechtsradikalismus – Umweltzerstörung, atomarer Unfall	– Die Wolke = Reaktorunfall Tschernobyl 1986	---	
M 5	---	– Die Wolke – Neues vom Räuber Grapsch	– Atomunfall	– Die Wolke = Reaktorunfall Tschernobyl 1986	– nimmt Jugendliche ernst bzw. für voll, bezieht sie ein – schildert keine heile Welt – erzählt realistisch	
M6	---	---	---	---	– spannend – verständlich geschrieben	

Schreibplan zu Kapitel C 2.6
Seite 44 – 48
6 - 12

Teilaufgaben	Stichworte zur Bearbeitung
1 a) Einleitung: TATTE-Satz	– Titel: Der Freund – Autorin: Gina Ruck-Pauquèt – Textart: kurze Erzählung (epischer Text) – Thema: freundschaftliche Beziehung von zwei Jugendlichen mit unterschiedlichen Wertvorstellungen und Lebensweisen, die aufgrund von Enttäuschungen des Mädchens durch den Jungen endet – Erscheinungsjahr: 1987
1 b) Inhalt zusammenfassen	– Therese und Bull sind befreundet, obwohl sie unterschiedlich sind: Therese kommt aus behüteten Verhältnissen, während Bull mit seinen 14 Jahren noch nicht einmal mehr die Schule besucht und auch nicht das tut, was Erwachsene von ihm erwarten würden; ebenso arbeitet er nicht – Therese bringt ihrem Vater häufiger Essen in die Gärtnerei; ihr Vater ist nicht gesprächig, kümmert sich nicht weiter um sie – dort trifft sie Bull zum ersten Mal; er liegt im Gras und spielt Mundharmonika; er erzählt, dass er aus einer schlechten Gegend kommt – sie treffen sich fortan jeden Tag und vertreiben sich die Zeit mit Spielereien; Therese genießt die lustige Zeit mit Bull, obwohl sie vermutet, dass er stiehlt – in der Schule wird ein gelber Wollschal gestohlen; Therese stellt Bull wegen des Schals zur Rede, doch er leugnet die Tat und lacht sie aus; sie zweifelt daraufhin, muss sich aber anstrengen, lustig zu wirken – Tage später fehlt in der Schule eine dicke Winterjacke; Therese ahnt, wer sie gestohlen hat – als sie zur Gärtnerei kommt, sieht sie Bull in der Jacke und fordert ihn auf, diese herauszugeben; er reagiert schroff und glaubt nicht, dass sie ihn verrät – Therese verfällt in einen inneren Konflikt und überlegt sich in Gedanken Entschuldigungen für Bulls Tat; schließlich fasst sie einen Entschluss: Sie fährt zur Lehrerin, um ihr die Wahrheit zu sagen
1 c) Darstellung der Art der Beziehung zwischen Therese und Bull (das Besondere)	– im ersten Absatz wird erzählt, dass Therese keine Schulfreunde hat (Z. 3); auch zu ihrem Vater scheint sie kein inniges Verhältnis zu haben (Z. 17, Z. 21), obwohl sie ihm oft das Essen in die Gärtnerei bringt (Z. 13/14) – dabei lernt sie Bull kennen, der dort einfach im Gras herumliegt (Z. 13); Bull genießt das Leben, er ist unkompliziert (Z. 22 – 25) → die Beziehung ist für Therese besonders, weil Bull einfach in den Tag hineinlebt; seine Lebensweise unterscheidet sich sehr von der Thereses (Z. 3 – 5, Z. 11/12), die mit ihren Eltern eher konservativ und traditionell lebt, während Bull das macht, was ihm Spaß macht; er kennt allerdings auch keine Regeln – das Besondere an der Beziehung ist, dass sie sich gut verstehen und miteinander Spaß haben können, z. B. Mundharmonika spielen, Sonnenblumenkerne weitspucken oder Seifenblasen pusten (Z. 33 – 37, 42 – 45) → „Mit Bull war alles anders, leichter, fröhlicher.“ (Z. 44)
1 d) Erklärung dazu, warum Therese zu Hause nichts von Bull erzählt	– Thereses Mutter bezeichnet die Häuser am Stadtrand als „Silos“ (Z. 31) – sie meint, dass in den „Wohnmaschinen“ (Z. 31) nur „Gesindel“ (Z. 32) leben würde → somit wertet sie gleichzeitig Bull als Person ab, denn der ist in dieser Siedlung zu Hause – Therese weiß auch, dass die Eltern die Lebensweise Bulls nicht gutheißen würden („Seifenblasenfabrikant“, Z. 42), denn sie selber arbeiten den ganzen Tag (Z. 15 – 17) und erziehen Therese nach den gängigen Werten und Normen der Gesellschaft; ihnen ist Ehrlichkeit wichtig, und das merkt man später an Thereses Handeln (Z. 92 – 94) – Therese glaubt, dass die Eltern nicht verstehen würden, warum sie sich so gut mit Bull versteht (Z. 46/47); deshalb erzählt sie zu Hause nichts von ihm; sie würden den Umgang mit ihm vermutlich nicht gutheißen – zudem vermutet Therese auch, dass Bull die Sonnenblumenkerne aus der Gärtnerei ihres Vaters gestohlen hat (Z. 38)

1 e) Erläuterung dazu, warum die Freundschaft Therese in einen inneren Konflikt stürzt + Untersuchung der formalen und sprachlichen Gestaltung (Erzählform und -verhalten, Satzbau) + Textbelege	– Bull kann nicht damit aufhören, zu stehlen; er besorgt sich die Dinge, die er im Leben braucht, einfach ohne zu fragen und ohne dafür Geld zu bezahlen; er bestiehlt ihren Vater und ihre Klassenkameraden (Z. 38: Sonnenblumenkerne, Z. 51/52: gelber Wollschal, Z. 73/74: dicker, grauer Janker) – das ärgert Therese maßlos und sie wünscht sich zu Beginn noch, dass sie Unrecht mit ihren Vermutungen hat – sie erkennt, dass Bull unehrlich ist und stiehlt, während sie selber eher offen und ehrlich ist; daher spricht sie den Diebstahl des gelben Wollschals in der Schule in seiner Gegenwart an (Z. 55/56), doch Bull grinst nur und sagt gar nichts dazu (Z. 58); daraus zieht sie ihre Schlussfolgerungen → sie verurteilt sein Handeln: „Das war gemein von dir!" (Z. 55) – nach dem dritten Diebstahl wird Therese richtig wütend (Z. 80 – 84), denn Bull meint, das gehe sie nichts an (Z. 82); nach ihrer Drohung, etwas zu sagen, macht er sich sogar über sie lustig („"Das machst du nie!" Bull lachte.", Z. 83); sie zählt bis drei (Z. 83); und da sie ein konsequenter Mensch ist, fährt sie weg – genau diese Konsequenz stürzt sie in einen inneren Konflikt, denn sie mag Bull eigentlich, doch durch die Er-/Sie-Erzählform mit personalem Erzählverhalten werden auch die Gedanken Thereses deutlich: als Aufzählung von Nebensätzen (Z. 85/86); sie sucht zunächst nach Entschuldigungen für sein schlechtes Verhalten; dann reagiert sie vernünftig, denn ihr ist klar, dass Bulls Verhalten nicht zu tolerieren ist (Z. 87 – 89): „Dass er es trotzdem nicht durfte. Weil kein Mensch das Recht hat, einem anderen etwas wegzunehmen." → Erzählform und -verhalten sorgen dafür, dass der Leser Thereses inneren Zwiespalt und ihren Entschluss, der Lehrerin am Ende die Wahrheit zu sagen (Z. 90 – 94), nachvollziehen kann; gleichermaßen lassen die kurzen Dialoge mit Bull Rückschlüsse auf dessen Charakter zu
1 f) Text aus der Sicht Thereses verfassen	Text aus der Sicht Thereses in der Ich-Form verfassen, dabei folgende Inhalte berücksichtigen: <u>1. erläutern, warum Therese (=ich) Bull zunächst interessant findet</u> – Bull ist und lebt so ganz anders als ich, deswegen fand ich ihn gleich interessant – er geht nicht mehr in die Schule und macht nur das, worauf er Lust hat – er interessiert sich für mich und ich kann mit ihm lachen und Blödsinn machen, ich verbringe gerne Zeit mit Bull, denn mit ihm ist alles leichter und fröhlicher – seit ich Bull kennen gelernt habe, bin ich endlich nicht mehr so alllein <u>2. erläutern, wie Therese (=ich) auf Bulls Lügen reagiert</u> – der erste Verdacht, dass Bull stiehlt, kam mir, als ich ihn in der Schule gesehen hatte; danach fehlte ein Schal – nachdem ich ihn zur Rede gestellt hatte, grinste er nur – und ich wusste, dass er mich anlog, als er sagte, er würde nicht stehlen – ich war verzweifelt, schließlich ist Bull mein Freund, trotzdem hat er nicht das Recht andere Menschen zu bestehlen. – dann fehlte auch Jochens Wolljanker – und nachmittags hatte Bull genau diesen den Janker an; nachdem ich ihm auf den Kopf zugesagt habe, dass er den Janker gestohlen hat und Bull wieder abweisend reagierte, wurde es mir zu viel und ich habe beschlossen, Bull meiner Lehrerin zu melden <u>3. erläutern, wieso Therese (= ich) während des Besuchs bei ihrer Lehrerin traurig ist</u> – ich wusste, dass Bull das Gefühl haben würde, dass ich ihn verraten habe – mir war klar, dass unsere Freundschaft vorbei ist und ich wieder allein sein würde – es hat mich sehr bedrückt, dass Bull nicht ehrlich zu mir war, eben weil ich dachte wir seien Freunde; er hätte mir doch sagen können, dass er Hilfe braucht, dann hätte ich ihm auf ehrliche Weise Winterkleidung besorgt

Schreibplan zu Kapitel C 2.7
Seite 52 – 54
6 – 11

Teilaufgaben	Stichworte zur Bearbeitung
1 a) Einleitung: TATTE-Satz	- Titel: Wolke 4 - Autor: Philipp Dittberner & Marv - Textart: Liedtext (lyrischer Text) - Thema: Beziehung zwischen 2 Partnern - Erscheinungsjahr: 2015
1 b) Inhalt zusammenfassen	- das lyrische Ich schildert, wie es seine jetzige Beziehung einschätzt - vergleicht den Beziehungszustand mit der Wolke 4 und 7 - nennt Beispiele aus dem jetzigen Beziehungsalltag (=Wolke 4) - äußert den Wunsch, auf Wolke 4 zu bleiben
1 c) Einstellung zur Beziehung darstellen/Unterschied „Wolke 4/Wolke 7“ erläutern	- das lyrische Ich vergleicht die Beziehung mit der Stufe „Wolke 4“ (V. 1) - erklärt den Unterschied zur Stufe „Wolke 7“ (man fällt nicht so tief (V. 3), „Wolke 7“ = frühere Beziehung - das lyrische Ich bittet darum, die derzeitige Stufe der Beziehung (Wolke 4) beizubehalten. - war schon auf einer höheren Beziehungsstufe (Wolke 7), hat dort schlechte Erfahrungen gemacht - ist lieber auf Stufe der Wolke 4 als ohne Partnerin bzw. Partner (V. 4) Strophe 2: - schildert Alltag (nichts Großartiges passiert, nur Kleinigkeiten (V. 5/6) - sieht nicht die Wirklichkeit („maskiert“, V. 5) Strophe 4: - geht auf Wolke 7 ein: hat nicht in Zukunft geguckt (V. 13), ist dann sehr verletzt worden (V. 14) = Liebeskummer - seine Tage sind für ihn dunkel (V. 15) = Alltag = Wolke 4, auch Lächeln der neuen Partnerin tröstet nicht (V. 16), ist aber beständig
1 d) Einstellung mithilfe von sprachlichen Mitteln erklären	- Lyrisches Ich hat schlechte Erfahrungen auf Wolke 7 gemacht (V. 3), ihm reicht „Wolke 4“ (V. 1) = höflicher Imperativ: bittet darum, bleiben zu können - Vergleich: gibt sich mit weniger zufrieden (V. 4: „Lieber ... als...) - Vorstellungskraft durch Redensart „auf Wolke 7 schweben“ wird aktiviert (V. 2) - Wirklichkeit trägt Maske (V. 7) = lyrisches Ich verdrängt die Wirklichkeit, will sie nicht sehen - sachliche Sprache („gut zu wissen“, „funktioniert“) - lyrisches Ich hat großen Liebeskummer(= Herz wurde zerbombt“ = es wurde zerstört, nicht nur verletzt) - „Lächeln“ = „kleine“ Freude im Gegensatz zu „Lachen“, Zeichen für Wolke 4
1 e) Stellungnahme zur Aussage der Schülerin	Ich stimme zu: - ist nicht die große Liebe - lyrisches Ich gibt sich mit weniger zufrieden - Verhalten des lyrischen Ich ist unfair gegenüber dem neuen Partner bzw. der neuen Partnerin

Schreibplan zu Kapitel C 3.5
Seite 61 – 66
5 – 15

Teilaufgaben	M1	M2	M3
1 a) TATTE-Satz = Vorstellen der Materialien/	Titel: **Fitnesstracker** und ihre Nutzung Autor: gesund & vital Redaktion Textart: Sachtext Erscheinungsjahr: 2021	Titel: Verhaltensänderung durch **Fitnesstracker** Autor: Forsa-Umfrage im Auftrag der KHH Textart: Diagramm Erscheinungsjahr: 2019	Titel: Warum viele Sportler den **Fitnesstracker** weglegen Autor: mdr Textart: Sachtext Erscheinungsjahr: 2019
Gemeinsames Thema	Nutzung von Fitnesstrackern		
1 b) Informationen aus M1 zusammenfassen	– Fitnesstracker = Hilfsmittel für körperliche Fitness – Funktionen: Datenaufzeichnung (Schrittzahl, gelaufene Distanz, Schlaf, Kalorienverbrauch, Herzfrequenz, ...) – Datenübermittlung an passende Handy-App – Möglichkeit der Personalisierung, oftmals direkte Anbindung an verschiedene soziale Netzwerke – Nutzen: Überblick über Bewegungsverhalten, Verbesserung des Körperbewusstseins, Abgewöhnung von ungesundem Essverhalten – Motivationshilfe: Ansporn für mehr Sport/Bewegung, Möglichkeit der Leistungssteigerung, zusätzlicher Anreiz durch Teilen des Erreichten in sozialen Netzwerken		
1 c) Aussagen von M2 darstellen und erläutern		– Umfrage: Verhaltensänderung durch den Gebrauch von Fitnesstrackern, Befragte: Männer und Frauen – untersuchte Aspekte: Bewegung, ausgewogene Ernährung, Schlafeigenschaften, Essverhalten (Menge) – deutliche Bewegungssteigerung durch Nutzung eines Trackers (über 80 % der Befragten), mehr als ein Drittel achtet stärker auf gesunde Ernährung, macht häufiger Ruhepausen – kaum Änderung des Essverhaltens (Menge) – kaum Unterschiede zwischen Frauen und Männern; Ausnahme: gesunde Ernährung/Essverhalten (Menge) Fitnesstracker führen zu einer deutlich stärkeren positiven Verhaltensänderung bei Männern	

1 d) Informationen aus M3 wiedergeben			– Forschungsergebnisse belegen: Nutzer/-innen von Fitnesstrackern treiben mehr Sport, solange sie das Gerät tragen – der Anreiz das Gerät zu tragen, lässt nach wenigen Monaten nach Gründe: – nur noch Zahlen sind wichtig, nicht mehr das Körpergefühl beim Sport – Einschränkung der persönlichen Freiheit durch ständige Kontrolle – veränderte Lebensumstände (Urlaub, Krankheit, Jobwechsel, Schwangerschaft) – Messungenauigkeiten – geringer Tragekomfort – unattraktives Design Perspektive → individuellere/konkretere Rückmeldungen (Aufzeigen des persönlichen Nutzens von mehr Bewegung) durch die Tracker sollen den Motivationseffekt verstärken
1 e) M1, M2 und M3 vergleichen → Beeinflussen Fitnesstracker das Bewegungsverhalten positiv?	**Alle Materialien kommen zu der Erkenntnis, dass das Tragen eines Fitnesstrackers (und damit verbunden das Sammeln von Gesundheitsdaten) das Bewegungsverhalten der Nutzer/-innen positiv beeinflussen kann:** **M1** erläutert, dass Fitnesstracker eine Motivationshilfe für mehr Sport und Bewegung sein können. → macht allerdings keine überprüfbaren Aussagen dazu, wie sich das Tragen eines Trackers tatsächlich auf das Bewegungsverhalten der Nutzer/-innen auswirkt **M2** stellt die Ergebnisse einer Umfrage dar, die deutlich zeigt, dass eine Bewegungssteigerung stattfindet, wenn Gesundheitsdaten mithilfe eines Trackers gesammelt werden. → unterstreicht die Aussagen aus M1, indem es den positiven Einfluss von Fitnesstrackern auf das Bewegungsverhalten/das Körperbewusstsein der Träger/-innen zeigt **M3** führt an, dass Forschungsergebnisse belegen, dass das Tragen eines Fitnesstrackers zu mehr Bewegung führt. →bestätigt die Aussagen aus M1 und M2 →beschäftigt sich noch differenzierter mit dem Thema, indem erläutert wird, dass der Tracker sich nur dann positiv auf das Bewegungsverhalten auswirkt, wenn er auch getragen wird; die meisten Menschen legen den Tracker nach anfänglicher Begeisterung aber wieder zur Seite →stellt/beantwortet die weiterführende Frage, welche Funktionen ein Fitnesstracker haben muss, damit er dauerhaft interessant bleibt		
1 f) Stellungnahme zur Aussage der Schülerin + Begründung (→ Fitnesstracker tragen zu mehr Gesundheitsbewusstsein und einer positiven Veränderung des Bewegungsverhaltens bei)	– Fitnesstracker als Motivationshilfe für mehr Sport und Bewegung	– deutliche Bewegungssteigerung durch Nutzung eines Trackers (über 80 % der Befragten) – mehr als ein Drittel der befragten Nutzer/-innen eines Trackers achtet stärker auf gesunde Ernährung, macht häufiger Ruhepausen	

Fünfter Schritt: Text schreiben

TIPP zum fünften Schritt

1. Formuliere deinen Text. Lasse einen **breiten Rand** an der Seite und unten, damit du Platz für die Überarbeitung und Ergänzungen hast. Schreibe beim Ausformulieren so, als würde dein Leser das Gedicht nicht kennen. So erreichst du, dass du genau und detailliert arbeitest.
2. Schreibe im **Präsens**. Um die Vorzeitigkeit auszudrücken, nutzt du das **Perfekt**.
3. Bringe die Ergebnisse aus deinem **Schreibplan** in einen **schlüssigen und zusammenhängenden Gedankengang**. Dazu fasst du **ähnliche Beobachtungen** zusammen und beschreibst ihre Wirkung, damit dein Leser versteht, warum der Autor bestimmte inhaltliche, sprachliche und formale Merkmale ausgewählt hat. Achte darauf, dass du Wiederholungen vermeidest.
4. Verwende **Belege** – wie in den Teilaufgaben gefordert –, wenn du etwas Typisches oder Bemerkenswertes herausstellen willst oder **um eigene Aussagen zu belegen**. Kennzeichne Belege durch Anführungszeichen und Zeilenangaben in Klammern: *„bin zu tief gefallen." (V. 3).*
5. Verwende die richtigen **Fachbegriffe**, denn mit ihnen kannst du präzise formulieren.
6. Damit dein Text zusammenhängend wirkt, verwende passende **Satzverknüpfungswörter**.
7. Setze nach jeder Teilaufgabe einen **Absatz**.

12 Fasse deine Analyseergebnisse zum Liedtext „Wolke 4" von Philipp Dittberner und Marv in einem geschlossenen Text auf einem Extrablatt zusammen. Orientiere dich am TIPP und nutze deine Vorarbeit aus deinem Schreibplan sowie die folgenden Textanfänge zu den Teilaufgaben.

*Teilaufgabe **1** a): In dem Liedtext „Wolke 4" von Philipp Dittberner und Marv beschreibt das lyrische Ich aus seiner Sicht die Situation seiner derzeitigen Beziehung …*

*Teilaufgabe **1** b): Das lyrische Ich bittet seine Partnerin bzw. seinen Partner darum, auf der jetzigen Beziehungsstufe, die es als „Wolke 4" bezeichnet, zu bleiben, da es …*

*Teilaufgabe **1** c): Die Beziehung des lyrischen Ich wird von ihm gleichgesetzt mit „Wolke 4" (V. 1). Das heißt, es bewertet seine Beziehungsstufen. In einer früheren Beziehung war es bereits auf Wolke 7, aber es wurde enttäuscht (V. 3). Im Liedtext werden die Wolke 4 und die Wolke 7 miteinander verglichen, das heißt …*

*Teilaufgabe **1** d): Die Einstellung des lyrischen Ich zu seiner derzeitigen Beziehung wird besonders durch die Wortwahl deutlich. So verwenden die Autoren die Redewendung „Wolke 7", was soviel heißt, wie …*

*Teilaufgabe **1** e): Eine Schülerin sagt über den Liedtext, sie finde, das lyrische Ich würde seine Freundin bzw. seinen Freund nicht richtig lieben und schlägt vor, es sollte die Beziehung beenden. Damit meint sie, dass die Beziehung der beiden keinen Sinn mehr hat, weil …*
Ich bin der Meinung, dass die Schülerin mit ihrer Aussage …

Sechster Schritt: Text überarbeiten

13 Überarbeite deinen Text. Verwende dazu die CHECKLISTE.

CHECKLISTE zur Überarbeitung von Texten (Aufgabentyp 4a)

1. **Den Text inhaltlich überprüfen (Inhaltsleistung)**
   - ☑ Hast du in deinem Text alle Unterpunkte der Schreibaufgabe und die Ergebnisse aus deinem Schreibplan berücksichtigt?
   - ☑ Sind deine Ergebnisse für den Leser nachvollziehbar formuliert, d. h. hast du erklärt, wie du etwas verstanden hast, und dieses durch Textbelege veranschaulicht?
   - ☑ Wird klar, welche Bedeutung Form und Sprache des Textes für die Absicht haben?
   - ☑ Hast du deine Ergebnisse miteinander verknüpft und Zusammenhänge hergestellt?
   - ☑ Hast du in der Stellungnahme deine Position durch Begründungen sowie durch Zitate/Belege untermauert <u>oder</u> ist der Text aus Sicht einer Figur verfasst (Ich-Form) und passt zu den Informationen aus dem Text?

2. **Den Text sprachlich überprüfen (Darstellungsleistung)**
   - ☑ Hast du den Text sinnvoll gegliedert? Ist er durch Absätze überschaubar gestaltet?
   - ☑ Hast du unnötige Wiederholungen und unklare Formulierungen vermieden?
   - ☑ Sind deine Sätze vollständig?
   - ☑ Kannst du komplizierte Sätze vereinfachen?
   - ☑ Hast du Zusammenhänge durch sinnvolle Satzverknüpfungen verdeutlicht?
   - ☑ Überprüfe auch Rechtschreibung, Zeichensetzung und Grammatik, denn sie fließen in die Bewertung ein und können den Lesefluss beeinträchtigen.

➡ Kontrolliere deinen Text mehrfach und berücksichtige deine persönlichen Fehlerschwerpunkte.

C 3 Aufgabentyp 4b

C 3.1 Was bedeutet die Aufgabenstellung „Untersuche und vergleiche …"?

1 Die Aufgabenstellung unten könnte aus einer Prüfungsvorlage stammen, bei der du verschiedene Sachtexte untersuchen und miteinander vergleichen musst. Lies die Aufgabenstellungen (ACHTUNG: Die zugehörigen Materialien findest du auf den Seiten 120 bis 122).

AUFGABENSTELLUNG Schreibaufgabe

Untersuche die Materialien M1, M2 und M3.
Gehe dabei so vor:

a) Stelle die Materialien kurz vor und benenne das gemeinsame Thema von M1, M2 und M3.
b) Fasse die Informationen aus M1 zusammen.
c) Stelle die wesentlichen Aussagen aus M2 dar und erläutere sie.
d) Gib die Informationen aus M3 wieder. Vergleiche die Aussagen von M2 und M3 im Hinblick auf die Frage, welche Möglichkeiten es gibt, der „Zoom-Fatigue" entgegenzuwirken. Belege deine Ausführungen am Text.
e) Setze dich kritisch mit der folgenden Aussage einer Mitschülerin auseinander:
„Videochats sind ausschließlich für die Freizeit gut. In der Schule oder bei der Arbeit machen sie nur krank".
- Nimm Stellung zu der Aussage.
- Begründe deine Meinung.
- Beziehe dich dabei auch auf die Materialien M1 bis M3.

INFO zu 2

benennen: Informationen zusammentragen
zusammenfassen: Inhalte, Aussagen, Zusammenhänge komprimiert und strukturiert wiedergeben
darstellen: einen Sachverhalt, Zusammenhang oder eine methodische Entscheidung strukturiert formulieren
wiedergeben: Inhalte/Zusammenhänge verkürzt mit eigenen Worten formulieren
vergleichen: vorgegebene Materialien unter besonderen Bedingungen vergleichen (ermitteln von Gemeinsamkeiten, Unterschieden und Abweichungen
Stellung nehmen: eine Problemstellung bzw. einen Sachverhalt auf der Grundlage von Kenntnissen, Einsichten und Erfahrungen kritisch prüfen und die Einschätzung sorgfältig abwägend formulieren
begründen: eigene Aussagen erklären, z. B. durch Konjunktionen *(weil, denn …)* einleiten.

2 In der Aufgabenstellung oben ist zum Teil schon unterstrichen worden, was von dir erwartet wird. Unterstreiche auch in den weiteren Aufgaben, was du tun sollst. Die Operatoren geben dir Hinweise. Lies dazu die Info rechts. Dort wird erklärt, was unter den Arbeitsanweisungen genau zu verstehen ist.

3 Die Teilaufgabe d) gibt dir Hinweise, was du **untersuchen** und **vergleichen** sollst.
Markiere oben, auf was du besonders achten musst.
Notiere diese Punkte stichwortartig.

INFO zu 3

Um einen Sachtext zu verstehen, musst du ihn **untersuchen**:
- Welche Informationen enthält er?
- Welcher Aufbau ist erkennbar?
- Um welche Textsorte handelt es sich?
- Welche Wirkung hat der Text?
- Welche Absicht liegt dem Text zugrunde?
- Welche sprachlichen Besonderheiten gibt es, welche Funktion haben sie?

Vergleichen bedeutet, Texte nach bestimmten Gesichtspunkten in Beziehung zu setzen:
- Was haben sie gemeinsam?
- Welche Unterschiede sind erkennbar?
- Inwieweit ergänzen sich die Texte?

Diese Vergleiche können sich auf Inhalt, Form, Absicht, Wirkung und Sprache beziehen.
In den Aufgabenstellungen findest du Hinweise, auf welche Aspekte du achten musst.

C 3.2 Materialien vergleichen, deuten und bewerten – Fachwissen

Wenn du verschiedene Materialien (vgl. dazu die Übersicht über die Textarten im Glossar, Seite 144) miteinander vergleichen sollst, stellst du diese kurz vor (= TATTE-Satz) und fasst dann die wesentlichen Informationen aus den Texten getrennt voneinander zusammen. In der eigentlichen **Vergleichsaufgabe** wird dir ein Schwerpunkt vorgegeben, der deutlich macht, **was** du vergleichen sollst. Anschließend nimmst du zu einer Aussage oder einem im Text genannten Sachverhalt Stellung.

Die **Gliederung** deines Vergleichstextes wird dir durch die Teilaufgaben vorgegeben:

- **Stelle ... vor und benenne das gemeinsame Thema ...** → Wenn du mehrere Materialien vorliegen hast, fasse dich bei der Vorstellung kurz. Hinweise zum Thema erhältst du oft schon in der Überschrift.
- **Fasse die Informationen ... zusammen**
- **Stelle dar, ...** → Beachte bei der Zusammenfassung den genannten Schwerpunkt: Was soll ich zusammenfassen/darstellen/wiedergeben?
- **Setze M1 und M2 in Beziehung, indem du ... erläuterst.** → Stelle Unterschiede und Gemeinsamkeiten bezogen auf den Schwerpunkt dar: Was soll ich in Beziehung setzen/vergleichen?
- **Nimm Stellung zu der Aussage und begründe ...** → Argumentiere über die Texte hinaus, beziehe dich aber auch auf diese.

(vgl. dazu Teilaufgaben **1** a) – f), Seite 62)

Ziele des Textes (= Funktion)

Du zeigst, dass du die Inhalte aller Materialien und ihre Aussage verstanden hast und dass du erkannt hast, wie sie zueinander in Beziehung stehen. Dazu schreibst du **über** die Texte.

Schreibstil und Art der Informationen

- informativ
- beschreibend
- sachlich
- argumentativ

Beachte dabei:

✔ Schreibe nicht aus dem Text ab. **Zahlen**, **Daten**, **Namen** und **Fakten** solltest du aber **richtig übernehmen**.

✔ Gib im Vergleich und auch in der Stellungnahme **Textbelege** an. Dazu kannst du **wörtlich**, aber auch **indirekt Aussagen wiedergeben**. Ergänze immer das **Material** als Quelle, z. B. *M1, Z. 2.*

✔ Weise den **Vergleich sprachlich eindeutig** als solchen aus: *Während in M1 ..., wird in M2 deutlich, dass ...*

✔ Formuliere im **Präsens**.

TIPP

- Weise bereits beim Lesen der Schreibaufgabe den einzelnen Teilaufgaben unterschiedliche Farben zu. Beim Erschließen des Textes markierst du in diesen Farben die Informationen, die du für die Bearbeitung der jeweiligen Teilaufgabe verwenden willst.
- Für den Vergleich kennzeichnest du die betreffenden Stellen am Rand. Wenn in Texten je eine Pro- bzw. Kontra-Meinung dargestellt wird, kannst du zur Kennzeichnung Symbole verwenden, z. B. +, –, =.
- **Achtung!** Nicht immer sind die Aufgaben gleich gegliedert. Zum Beispiel wird nicht immer verlangt, dass du die Materialien vorstellen sollst. Manchmal finden sich auch die Zusammenfassung der Inhalte und der Vergleich der Materialien in derselben Teilaufgabe (vgl. F 3, Seite 120). Beachte deshalb die Operatoren in den Teilaufgaben genau!

C 3.3 Einen Textvergleich verfassen

Hier erhältst du eine Übersicht zur **Vorgehensweise bei der Bearbeitung der Schreibaufgabe zum Aufgabentyp 4b**. Die blau markierten Wörter (Arbeitstechniken, Operatoren, Fachbegriffe) kannst du im Glossar (ab S. 131) oder im Kapitel C 3.1 (S. 57) und C 3.5 (ab S. 61) nachschlagen. Bei der Bearbeitung der Aufgabenstellungen in den Kapiteln F 3 – F 5 kannst du dich an dieser Übersicht orientieren.

Sechs Schritte zur Bearbeitung der Aufgabenstellung

1. Schritt: Sich orientieren
- Teilaufgaben und **Operatoren** erfassen
- Schreibziel erkennen (→ **vergleichend untersuchen**)

↓

2. Schritt: Materialien erschließen und Inhalte erfassen
- Texte, **Diagramme**, **Schaubilder** lesen (Lesemethode anwenden)
- unbekannte Begriffe und Ausdrücke klären (Wörterbuch, Sinnzusammenhang)
- **Schlüsselstellen** markieren und bewerten (mit Symbolen, Pfeilen)
- Inhalt abschnittsweise in Stichpunkten **zusammenfassen**

↓

3. Schritt: Schreibplan anlegen
- Tabelle anlegen (nach Teilaufgaben und Materialien gliedern)
- ggf. Alternative zum Schreibplan anlegen: farbige Markierungen pro Teilaufgabe vornehmen

↓

4. Schritt: Materialien auswerten und Stichworte im Schreibplan festhalten
- Informationen für die Einleitung notieren: **T**itel, **A**utor, **T**extart, **E**rscheinungsjahr und **T**hema (= **TATTE-Satz**)/gemeinsames Thema
- Inhalt abschnittsweise in Stichpunkten zusammenfassen, Aussagen der Schaubilder zum Thema kurz benennen
- Aufgaben zu Inhalten der Materialien stichpunktartig bearbeiten
- zu einer Aussage oder einem Zitat **Stellung nehmen**
- **Operatoren** und Wortlaut der Teilaufgaben berücksichtigen

↓

5. Schritt: Eigenen Text schreiben

Inhalt:
- zusammenhängenden Text verfassen
- Einleitung formulieren/gemeinsames Thema der Materialien benenenn
- Inhalte mit eigenen Worten zusammenfassen
- Aussagen der Schaubilder zum Thema darstellen
- vergleichende Ergebnisse am Text belegen
- zu einem Zitat/einer Aussage Stellung nehmen

Darstellung:
- im **Präsens** schreiben
- **Zitiertechniken** beachten
- in eigenen Worten formulieren
- Überleitungen formulieren
- Ergebnisse der Teilaufgaben miteinander verknüpfen
- nach Teilaufgaben Absätze einfügen

↓

6. Schritt: Text überarbeiten
- Einleitung vollständig? (**TATTE-Satz**, Thema)
- Inhalt richtig/eigenständig zusammengefasst?
- Alle Teilaufgaben berücksichtigt? (→ **Operatoren**)
- **Fazit** formuliert?
- Stellungnahme auf das Zitat/die Aussage abgestimmt?
- Im **Präsens** geschrieben?
- **Rechtschreibung, Zeichensetzung, Grammatik** korrekt?

C 3.4 Schreibplan zu Aufgabentyp 4b

Nutze diese Tabelle zur Planung deines Vergleichs. Ergänze die Kategorien der Teilaufgaben und die Informationen aus den Materialien stichwortartig. Wenn in deiner Prüfungsvorlage nur zwei Materialien oder weniger Teilaufgaben vorkommen, kannst du einfach eine Spalte bzw. Zeile streichen. Ebenso streichst du die Kästchen, die du für die Bearbeitung der Teilaufgaben nicht benötigst.

Teilaufgabe	**M1**	**M2**	**M3**	**M4**
1 a) Einleitung: TATTE-Satz				
gemeinsames Thema der Materialien benennen				
1 b)				
1 c)				
1 d)				
1 e)				

C 3.5 Schreibaufgabe in sechs Schritten bearbeiten: Fitnesstracker und ihre Nutzung

Auf den folgenden Seiten werden die wichtigsten Arbeitsschritte für das Lesen und Erschließen eines Sachtextes und eines Schaubildes und die Schritte für die Bearbeitung der Prüfungsaufgaben dargestellt. Auf den Seiten 62 und 63 findest du die Sachtexte und das Schaubild, mit denen du diese Schritte üben kannst. Auch in der angeleiteten Prüfungsaufgabe (Teil D) wird auf diese grundlegenden Seiten verwiesen.

Erster Schritt: Sich orientieren

1 Lies die Aufgabenstellung in der Prüfungsvorlage auf den Seiten 62 und 63 „mit dem Stift“. Markiere die Verben und die Schlüsselwörter.

2 Gib mit eigenen Worten wieder, was du tun sollst. Beachte die Reihenfolge der einzelnen Schritte.

____

____

____

____

____

TIPP zum ersten Schritt

Verschaffe dir einen Überblick:

1. Was verlangen die Aufgaben von dir? Lies die einzelnen Teilaufgaben und unterstreiche alle wichtigen Hinweise auf das, was du tun sollst. Du erhältst oft schon Anhaltspunkte, auf was du beim Lesen und Erschließen der Texte achten musst.
2. Worum könnte es in den Materialien gehen? Was verraten die Überschriften?

3 Notiere stichpunktartig, um was es in den einzelnen Materialien gehen könnte.

Material 1: Einsatz von Fitnesstrackern ______________________________

Material 2: ______________________________

Material 3: ______________________________

Zweiter Schritt: Materialien erschließen und Inhalte erfassen

4 a) Erschließe die Materialien wie im TIPP zum zweiten Schritt dargestellt. Setze dazu die Bearbeitung fort.
b) Kennzeichne Besonderheiten, die dir auffallen, durch Unterstreichungen und Randbemerkungen.

5 Gib den Inhalt von M1 wieder.

Fitnesstracker als Hilfsmittel für körperliche Fitness ... ______________

____

6 Notiere die wichtigsten Aussagen aus M2 und M3.

____

____

____

____

TIPP zum zweiten Schritt

1. Markiere alle unbekannten Begriffe und Textstellen. Kläre sie mithilfe des Wörterbuchs. Beachte auch die Worterklärungen unter dem Text.
2. Unterstreiche oder kennzeichne Textstellen, die dir wichtig erscheinen.
3. Markiere Textstellen, die du zur Bearbeitung der Teilaufgaben heranziehen willst.
4. Notiere zu jedem Textabschnitt Stichpunkte zum Inhalt.
5. Werte das Schaubild aus wie in B 4 auf Seite 21.

Teil II

Lies bitte zunächst die Aufgabe und dann die Materialien aufmerksam durch, bevor du mit dem Schreiben beginnst. Schreibe einen zusammenhängenden Text.

AUFGABENSTELLUNG Schreibaufgabe

1 **Untersuche** die Materialien M1, M2 und M3.

Gehe dabei so vor:

a) **Benenne** das gemeinsame Thema von M1, M2 und M3.

b) **Fasse** die Informationen aus M1 **zusammen**.

c) **Stelle** die Aussagen von M2 **dar** und **erläutere** sie.

d) **Gib** die Informationen aus M3 **wieder**.

e) **Vergleiche** die Aussagen von M1, M2 und M3 im Hinblick auf die Frage, ob Fitnesstracker das Bewegungsverhalten der Nutzer und Nutzerinnen positiv beeinflussen. Belege deine Ausführungen am Text.

f) **Setze dich** kritisch mit der folgenden Aussage einer Mitschülerin **auseinander**:
„Ich denke, dass das Tragen eines Fitnesstrackers zu mehr Gesundheitsbewusstsein und einer positiven Veränderung des Bewegungsverhaltens beitragen kann."
- **Nimm Stellung** zu der Aussage.
- **Begründe** deine Meinung.
- Beziehe dich dabei auch auf die Materialien M1 bis M3.

M1 Fitnesstracker und ihre Nutzung

[...] Immer mehr Menschen legen Wert auf körperliche Fitness. Um diese zu erreichen, gibt es viele Möglichkeiten. Ein Gerät, das dabei helfen soll, ist der Fitnesstracker. [...] Ein Fitnesstracker ist ein kleines Gerät, das meist wie eine Armbanduhr am Handgelenk getragen wird. Es zeichnet durch mehrere Sensoren[1] verschiedene Daten wie Schrittanzahl, gelaufene Distanz, Schlafenszeiten, verbrauchte Kalorien, Herzfrequenz und vieles mehr auf.
Meist gibt es zum jeweiligen Fitnessarmband eine passende Smartphone-App, an die das Gerät die Daten übermittelt. Dort kann der Nutzer dann Ergebnisse einsehen, vergleichen und kontrollieren. In den meisten Fitnesstracker-Apps ist es möglich, persönliche Ziele festzuhalten und den Tracker durch Daten wie Geschlecht, Größe und Körpergewicht zu spezifizieren[2]. Auch sind viele Apps direkt mit sozialen Netzwerken verbunden. [...]
Der Nutzer bekommt durch die Aufzeichnung seiner Daten einen realistischen Überblick über sein gesamtes Bewegungsverhalten, wodurch ein besseres Körperbewusstsein geschaffen werden kann. Tracker können auch Aufschluss über schlechte Ernährungsangewohnheiten geben, da das Gerät das Essverhalten dokumentieren kann. [...]
Fitnesstracker dienen oft als Motivationshilfe für mehr Bewegung und Sport. So kann die Anzahl der verbrannten Kalorien oder die aufgezeichnete, beim Joggen bereits zurückgelegte, Strecke Ansporn für eine Leistungssteigerung sein. Die motivierende Wirkung der Tracker kann durch soziale Medien weiter verstärkt werden, denn das Teilen von getrackten Aktivitäten mit Freunden kann als zusätzlicher Anreiz dienen. [...]

1 **der Sensor:** ein Messfühler 2 **spezifizieren:** *hier:* genau angeben

gesund & vital Redaktion, 09.12.2021
(https://www.gesund-vital.de/fitnesstracker, Zugriff: 15.12.2021)

M2 Umfrage: Verhaltensänderung durch Fitnesstracker

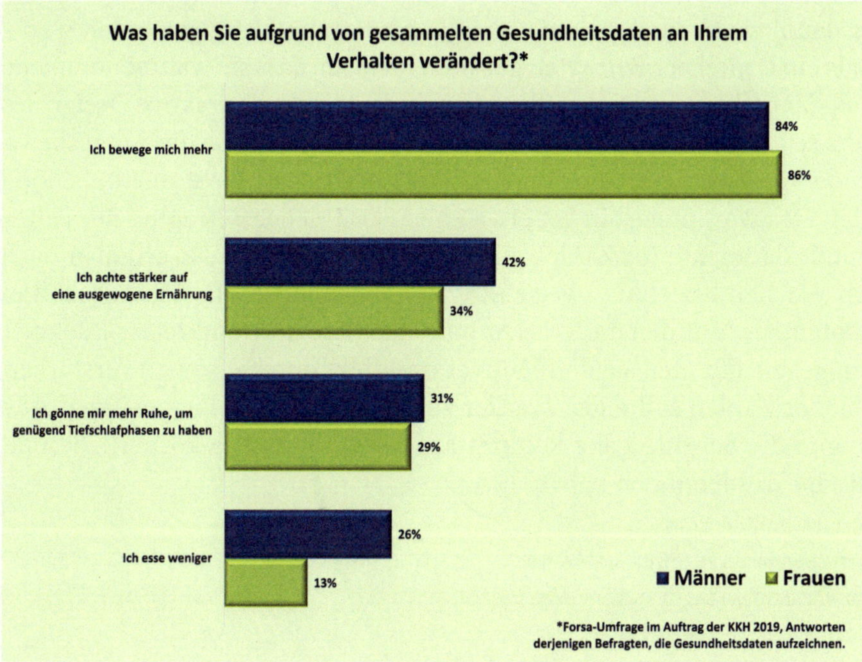

Kaufmännische Krankenkasse KKH, Hannover 2019

M3 Warum viele Sportler den Fitnesstracker weglegen

Wenn die Tage kürzer werden, zieht es uns eher auf die Couch als in die Laufschuhe. Fitnesstracker sollen helfen, sich doch aufzuraffen. Sie zeigen schwarz auf weiß, was wir geleistet haben und teilen es sogar anderen mit. Trotzdem legt fast ein Drittel der regelmäßigen Nutzer die digitale Motivationshilfe schon bald wieder beiseite. Forscher aus Chemnitz und Lübeck haben erstmals genauer hinterfragt, warum das so ist. Die Interaktion[1] von Mensch und Technik ist das Steckenpferd[2] der Psychologin Christiane Attig. Besonders intensiv beschäftigt sie sich sein einiger Zeit mit den Nutzern von Fitnesstrackern - auch aus persönlicher Motivation:

„Ich habe selbst auch einen Tracker genutzt und irgendwann festgestellt, dass er mein Verhalten beeinflusst. So habe ich mich irgendwann in erster Linie für die Zahlen auf dem Display bewegt und nicht, um mir etwas Gutes zu tun. Ich wollte wissen, ob es nur mir so geht."

Im Rahmen einer früheren Studie untersuchte sie bereits vor zwei Jahren, ob und wie die digitalen Motivationshilfen ihre Nutzer beeinflussen. Das Ergebnis: Ja, Trackerträger sporteln mehr, aber nur, so lange sie die Geräte auch tragen. Die Freude daran lässt bei den meisten jedoch nach wenigen Monaten nach. [...]

Etwa ein Drittel der Befragten hatte das Gefühl, nur noch für die Zahlen auf dem Tracker zu trainieren, und nicht, um sich etwas Gutes zu tun. Darüber hinaus fühlten sich viele durch die ständige Kontrolle in ihrer persönlichen Freiheit eingeschränkt, auch wenn sie freiwillig auferlegt war. Und wer generell ein Problem mit dieser Form von Selbstquantifizierung[3] hatte, verlor offenbar auch schneller die Freude und das Interesse am Tracking.

Auch wenn sich die Lebensumstände der Studienteilnehmer vorübergehend oder dauerhaft geändert hatten, entschieden sich viele von ihnen später wieder

M3

gegen einen Alltag mit Tracker – zum Beispiel im Urlaub oder durch Krankheit, durch Schwangerschaft oder neue berufliche Herausforderungen. Also immer dann, wenn das Tracken unmöglich oder unwichtig geworden war. Mehr als ein Drittel der Befragten gab außerdem an, dass sie wahrgenommene Messungenauigkeiten, geringer Tragekomfort und das unattraktive Design des Trackers so gestört hatten, dass sie ihn ablegten. [...] Werden die Alltagsbewegung oder der Sport zur Gewohnheit, wird der Tracker nicht mehr als nötig erachtet. Das war immerhin bei etwa einem Drittel der Befragten der Fall. Die Freude daran, nur für Zahlen zu laufen, erschöpft sich also offenbar nach einigen Wochen beziehungsweise Monaten. Hier sehen die Wissenschaftler noch Potential[4]. Würden die Tracker individuellere und konkretere Rückmeldungen geben, könnten sie den Motivationseffekt durchaus noch verstärken. Statt bloßer Zahlen sollte der Tracker zurückmelden, welche positiven Auswirkungen die Schritte ganz konkret auf das individuelle körperliche und psychische Wohlbefinden haben. [...]

1 **die Interaktion:** die Beziehung

2 **das Steckenpferd:** das Hobby, die Leidenschaft

3 **die Selbstquantifizierung:** die Selbstvermessung

4 **Potential:** Ausbau von Möglichkeiten

Mitteldeutscher Rundfunk, Leipzig, 27.09.2019
(https://www.mdr.de/wissen/gruende-fuer-fitnesstracker-verzicht-100.html, Zugriff: 15.12.2021)

Dritter Schritt: Schreibplan anlegen

7 a) Übertrage den folgenden Schreibplan auf eine DIN-A4-Seite. Lasse in den einzelnen Zeilen ausreichend Platz. Du kannst auch den vorbereiteten Schreibplan von Seite 60 kopieren (C 3.4).

b) Vervollständige stichwortartig die linke Spalte. Orientiere dich dazu an den Teilaufgaben von Seite 62 (markierte Verben). So behältst du die Aufgaben im Blick und vermeidest Wiederholungen.

TIPP zum dritten Schritt

1. Die Schreibaufgabe besteht darin, in einem zusammenhängenden Text alle Teilaufgaben zu bearbeiten. Orientiere dich zur Gliederung an den Teilaufgaben.
2. Lege in einem Schreibplan wie auf Seite 65 (Tabelle) die Gliederung deines Textes (linke Spalte) fest, indem du für jede Teilaufgabe eine Zeile anlegst und die Aufgabe stichwortartig beantwortest.
   a) Zu Beginn stellst du die Materialien (M1 bis M3) kurz vor, indem du jeweils Angaben zu Titel, Autor/-in, Textart und Erscheinungsjahr machst und das gemeinsame Thema formulierst (TATTE-Satz) (Teilaufgabe **1** a).
   b) In den weiteren Teilaufgaben fasst du die wichtigsten Aussagen der Materialien zusammen und vergleichst diese mit Blick auf den Schwerpunkt (hier: Teilaufgaben **1** b) – e). Beachte dabei genau die verwendeten Operatoren sowie den Wortlaut der Aufgabenstellung. Sie gibt dir den Schwerpunkt des Vergleichs vor.
   c) Am Schluss nimmst du Stellung zu einer Aussage bzw. zu einem Zitat aus den Materialien (Teilaufgabe **1** f).
3. Wenn du schon häufig mit einem Schreibplan gearbeitet hast und gut formulieren kannst, kannst du diesen Schritt auch überspringen. Weise den einzelnen Teilaufgaben (S. 62) stattdessen verschiedene Farben zu. Mit diesen markierst du zugehörige Passagen in den Materialien. Anschließend machst du direkt mit dem 5. Schritt weiter und schreibst deinen Text auf der Grundlage deiner Markierungen. Achte dabei darauf, dass du den Wortlaut der Materialtexte nicht einfach übernimmst, sondern in eigenen Worten formulierst.

Teilaufgaben	M1	M2	M3
1 a) Einleitung: Vorstellen von M1 – M3 ...	*Titel: Fitnesstracker und ihre Nutzung*	*Titel: Umfrage: …*	*Titel: Warum viele …*
Gemeinsames Thema benennen			
1 b) Informationen aus M1 zusammenfassen ...			
1 c) Aussagen von M2 darstellen und ...			
1 d) Informationen aus M3 wiedergeben: ...			
1 e) Aussagen von M1, M2 und M3 vergleichen ...			
1 f) ...			

Vierter Schritt: Materialien untersuchen und vergleichen, Stichworte im Schreibplan festhalten

INFO zum vierten Schritt

1. **Vergleichen** heißt, Textaussagen, Problemstellungen und Sachverhalte aus den verschiedenen Materialien unter bestimmten Aspekten gegenüberzustellen mit dem Ziel, Gemeinsamkeiten, aber auch Unterschiede zu ermitteln.
2. Wenn du dich dafür entschieden hast, den Schreibplan durch farbiges Markieren zu ersetzen, musst du die Stichwörter zu den Aufgaben 8 – 15 (S. 65/66) nicht notieren. Dann erarbeitest du die Aufgaben direkt an den Materialien, markierst zu den Aufgaben passende Textstellen farbig und schreibst wichtige Notizen, wie z. B. das gemeinsame Thema, an den Rand. Nutze die Notizen zu den Aufgaben als Formulierungshilfen.

8 Ergänze nun deinen Schreibplan stichwortartig. Beginne mit der Einleitung (Teilaufgabe 1 a).

a) Stelle M1 bis M3 kurz vor. Notiere Titel, Autor/-in, Erscheinungsjahr und Textart.
M1 trägt den Titel ... Bei M 2 handelt es sich um …
In M3 ... geht es um ...

b) Formuliere das gemeinsame Thema.
In allen Materialien geht es um ...

9 Fasse in der zweiten Zeile des Schreibplans die Informationen aus M1 zusammen (Aufgabe 1 b). Nutze dazu deine Stichpunkte aus der Texterschließung (Aufgabe 4, S. 61).

– Fitnesstracker zeichnen Daten zum persönlichen Bewegungsverhalten auf
– zeigen diese Daten in entsprechenden Apps an
– …

10 Stelle nun die wesentlichen Aussagen von M2 dar und erläutere sie. Nutze dazu die dritte Zeile deines Schreibplans (Teilaufgabe **1** c).

– Ergebnisse einer Umfrage der KKH zur Frage nach Verhaltensänderung durch den Gebrauch von Fitnesstrackern
– untersuchte Aspekte: Bewegung, gesunde Ernährung, ...

TIPP zu 10

1. Lies zuerst die Überschrift und den Begleittext (Erläuterungen/Angaben) zum Schaubild, falls vorhanden.
2. Stelle fest, ob es sich um Mengen- oder Prozentangaben handelt.
3. Benenne nun Auffälligkeiten, z. B. auffällig hohe oder niedrige Werte, Unterschiede bei Personengruppen ...

11 Gib in der vierten Zeile des Schreibplans die Informationen aus M3 wieder (Aufgabe **1** d).

– Forschungsergebnisse belegen: Nutzer/-innen von Fitnesstrackern treiben mehr Sport, aber nur solange derTracker getragen wird
– der Anreiz das Gerät zu tragen lässt jedoch nach wenigen Monaten nach
– Gründe dafür: ...

12 Vergleiche M1, M2 und M3, indem du untersuchst, was die Materialien gemeinsam haben bzw. worin sie sich unterscheiden oder ergänzen (Teilaufgabe **1** e). Erläutere dazu die Aussagen der Materialien in Bezug auf die Frage, inwieweit Fitnesstracker das Bewegungsverhalten der Nutzer positiv beeinflussen.

M1: Das Material gibt an, dass das Tragen einer Fitnesstrackers zu mehr Bewegung und einer gesünderen Lebensweise führen kann, da ...
M2: Die Ergebnisse der Umfrage belegen die Aussagen, die in M1 getroffen werden. Sie unterstreichen den positiven Einfluss, den das Sammeln von Gesundheitsdaten per Fitnesstracker auf das Bewegungsverhalten und des Körperbewusstsein der Träger/-innen hat, ...
M3: Der Text hat die langfristige Nutzung von Fitnesstrackern im Blick. Er beschäftigt sich darüber hinaus noch mit der weiterführenden Frage, welche Informationen ein Fitnesstracker liefern muss, um für die Nutzerinnen und Nutzer dauerhaft interessant zu sein ...

13 Lies die Teilaufgabe **1** f). Mache dir klar, wozu du Stellung nehmen sollst. Erläutere die Aussage der Schülerin im Schreibplan kurz in eigenen Worten.

Eine Schülerin hat gesagt, dass sie der Meinung ist, dass das Tragen eines Fitnesstrackers zu mehr Gesundheitsbewusstsein und einer positiven Veränderung des Bewegungsverhaltens führen kann ...

14 Notiere, welchen Standpunkt du vertrittst.

Ich stimme der Meinung der Schülerin zu/nicht zu, weil ...

15 Sammle in Gedanken Stichworte zu Teilaufgabe **1** f). Notiere sie in deinem Schreibplan. Notiere auch die Textstellen, die du als Belege in deiner Stellungnahme berücksichtigen willst.

TIPP zu 13 zu 15

1. In der Stellungnahme wird von dir erwartet, dass du dich mit einer Aussage bzw. einem Zitat aus dem Text befasst.
2. Stelle deinen Standpunkt klar und eindeutig dar. Du kannst der Aussage zustimmen, sie ablehnen oder auch einen Kompromiss finden.
3. Begründe deine Position durch nachvollziehbare Argumente und veranschauliche sie durch Beispiele. Beziehe dich dabei auf den Text und auf Erfahrungen aus deinem Umfeld.

Fünfter Schritt: Text schreiben

TIPP zum fünften Schritt

1. Schreibe deinen Text auf ein DiN-A4-Papier. Lasse einen breiten Rand an der Seite, damit du Platz für die Überarbeitung hast.
2. Bringe die Ergebnisse aus deinem Schreibplan in einen **schlüssigen und zusammenhängenden Gedankengang**. Achte darauf, dass du Wiederholungen vermeidest. Wenn du nur markiert und dir Notizen am Rand gemacht hast, nutzt du diese Vorarbeiten als Grundlage für deinen zusammenhängenden Text. Achte beim Schreiben auch hier darauf, dass du Wiederholungen vermeidest.
3. Beziehe dich in deinen Aussagen auf Textstellen, wenn du damit etwas Besonderes herausstellen willst oder deine Aussagen belegen willst.
4. Verwende **Satzverknüpfungswörter**, um deinen Text zusammenhängend zu schreiben.
5. Setze nach jeder Teilaufgabe einen **Absatz**.

16 Verfasse deinen Textvergleich auf einem Extrablatt. Orientiere dich am TIPP zum fünften Schritt auf und nutze die Ergebnisse deiner Vorarbeit sowie die folgenden Textanfänge zu den Teilaufgaben.

*Teilaufgabe **1** a): Es liegen drei Materialien vor: M1 ist … / Das gemeinsame Thema lautet …*
*Teilaufgabe **1** b): M1 schildert, dass Fitnesstracker …*
*Teilaufgabe **1** c): Das Schaubild M2 bildet eine Umfrage zu … ab. Das Schaubild stellt dar, dass …*
*Teilaufgabe **1** d): M3 handelt davon, dass … Forschungsergebnisse haben ergeben, dass …*
*Teilaufgabe **1** e): Während M1 vermehrt die positiven Aspekte von Fitnesstrackern darlegt, … stellen die Aussagen in M3 dar, dass … Die Ergebnisse der Umfrage in M2 wiederum unterstützen …*
*Teilaufgabe **1** f): Die Aussage der Schülerin, die sagt, dass … kann ich nachvollziehen/nicht nachvollziehen …*

Sechster Schritt: Text überarbeiten

17 Überarbeite deinen informierenden Text. Verwende dazu die CHECKLISTE.

CHECKLISTE zur Überarbeitung von Texten (Aufgabentyp 4b)

1. Den Text inhaltlich überprüfen (Inhaltsleistung)

- ☑ Hast du in deinem Text alle Unterpunkte der Aufgabenstellung und die Ergebnisse aus deinem Schreibplan berücksichtigt (Operatoren)?
- ☑ Sind deine Ergebnisse für den Leser nachvollziehbar formuliert?
- ☑ Wurden nachvollziehbare Schlussfolgerungen gezogen, die sich sinnvoll aus den Materialien ergeben?
- ☑ Hast du deine Aussagen am Text belegt?
- ☑ Hast du deine Ergebnisse verknüpft und Zusammenhänge hergestellt?
- ☑ Hast du in der Stellungnahme deine Position durch Begründungen gestützt und Bezug auf die Materialien genommen?

2. Den Text sprachlich überprüfen (Darstellungsleistung)

- ☑ Hast du den Text sinnvoll gegliedert? Ist er durch Absätze überschaubar gestaltet?
- ☑ Hast du unnötige Wiederholungen und unklare Formulierungen vermieden?
- ☑ Kannst du komplizierte Sätze vereinfachen?
- ☑ Hast du Zusammenhänge durch sinnvolle Satzverknüpfungen verdeutlicht?
- ☑ Überprüfe auch Rechtschreibung, Zeichensetzung und Grammatik, denn sie fließen in die Bewertung ein.

➡ Kontrolliere deinen Text mehrfach. Berücksichtige deine persönlichen Fehlerschwerpunkte.

D Prüfungsaufgaben zum Themenbereich „Medien und Kultur“

In diesem Kapitel kannst du zu dem Thema „Medien und Kultur“ mehrere Prüfungsbeispiele bearbeiten. Notiere die benötigte Arbeitszeit (siehe Seite 5).

D 1 Leseverstehen: Wenn Hunde Kindern die Angst vor dem Vorlesen nehmen (angeleitetes Üben)

Teil I

Lies zunächst den Text sorgfältig durch und bearbeite die Aufgaben **1** – **12**.

Wenn Hunde Kindern die Angst vor dem Vorlesen nehmen

Andreas Jalsovec

Das „Lesehunde“-Projekt der Johanniter[1] gibt es im Allgäu[2] seit Anfang des Schuljahrs. Einmal pro Woche sind die Hunde zu Gast in der Klasse – und die Kinder sind begeistert.

(1) Gismo scheint diesen Augenblick zu genießen. Der schwarze Labradorhund liegt langgestreckt auf dem Boden – und ein wenig sieht es tatsächlich so aus, als würde er der Geschichte lauschen, die der siebenjährige Luca gerade vorliest. Der Kopf des Hundes lehnt gemütlich am Fuß des Schülers, der in das Buch mit dem Titel „Gespenster im Gepäck“ vertieft ist. Neben den beiden sitzt Hundeführerin Claudia Schindele. Sie hilft Luca gelegentlich, wenn er beim Lesen ins Stocken gerät – und lobt ihn, wenn er einen Satz fehlerfrei zu Ende bringt.

(2) Luca ist Schüler in der Klasse 2a der Grundschule auf dem Lindenberg in Kempten. Zusammen mit etwa einem Dutzend anderer Klassenkameraden darf er einmal in der Woche dem Labrador Gismo und dem Schäferhund Endy vorlesen. Die Hunde gehören zum Projekt „Lesehunde“ des Regionalverbands Allgäu der Johanniter. Es ist jüngst mit dem Bayerischen Innovationspreis Ehrenamt[3] ausgezeichnet worden. Speziell ausgebildete Hundeführer besuchen dabei seit diesem Schuljahr mit ihren Tieren zwei Grundschulklassen in Kempten und Bad Wörishofen. Die Kinder lesen den Hunden regelmäßig vor. So sollen vor allem leseschwache Schüler ihre Lesefähigkeit verbessern. […]

(3) „Wir haben sehr viele zappelige Kinder in der Klasse“, sagt Lehrerin Ingrid Herrmann: „Kinder, die sich schwertun mit dem Lesen.“ Als sie von der Idee der Lesehunde hörte, habe sie gedacht: „Das wäre doch was für meine Schüler“, berichtet die Pädagogin. Dabei hat Herrmann gehörig Angst vor Hunden. Als die stattlichen Tiere das erste Mal vor der Klassenzimmertür standen, sei sie instinktiv[4] zwei Schritte zurückgewichen, erzählt sie. „Aber die Kinder waren hellauf begeistert.“

(4) Am ersten Tag lernten die Grundschüler die Hunde erst einmal kennen. Danach durfte jeder aus der Klasse den Tieren sein Lieblingsbuch präsentieren. Mittlerweile sind es vor allem Kinder mit Lese- und Rechtschreibschwierigkeiten, die den Hunden in einem separaten[5] Klassenzimmer ein Buch ihrer Wahl vorlesen. „Wenn die Hunde da sind, herrscht eine besondere Atmosphäre im Raum“, sagt Friederike Mehrhof-Volbert, die das Lesehunde-Projekt bei den Allgäuer Johannitern koordiniert. Der Hund strahle Gelassenheit und Ruhe aus. „Er spottet nicht und hänselt nicht, wenn ein Kind einmal ins Stocken gerät“, meint Mehrhof-Volbert: „Er ist einfach nur da.“

(5) Das reicht offenbar aus, um vielen Kindern die Angst vor dem Lesen zu nehmen. „Ein Hund kann helfen, den Stress beim Lesen abzubauen“, sagt Andrea M. Beetz. Die Erlanger Psychologin und Sonderpädagogin hat mehrere Studien zur Wirkung von Lesehunden auf Schulkinder veröffentlicht. Die Ergebnisse zeigten, dass das Lesen mit Hund „das Potenzial[6] hat, die Lesekompetenz der Kinder deutlich zu verbessern“, meint die Wissenschaftlerin. So hätten in einer Untersuchung mit Drittklässlern jene Kinder, die während der Leseförderung einem Hund vorlasen, deutlich größere Fortschritte bei der Leseleistung erzielt, als Kinder, bei denen kein Hund dabei war. Gleichzeitig waren die Verbesserungen bei den Kindern mit Hund auch dauerhafter – und die Kinder hatten hinterher mehr Spaß am Lesen. „Das heißt: Der Hund wirkt sowohl entspannend als auch motivierend“, erläutert Andrea M. Beetz.

(6) Auf diesen Effekt[7] hofft auch Lehrerin Ingrid Herrmann in ihrer Klasse. Ob sich die Lesefähigkeit der Kinder durch die Hunde wirklich verbessere, müsse man zwar erst einmal abwarten, meint die Pädagogin. „Aber dass die Kinder mehr Selbstvertrauen haben und mehr Freude am Lesen – das merkt man jetzt schon.“ So wie bei der siebenjährigen Amelie: Während ihr Klassenkamerad Luca dem Hund Gismo vorliest, sitzt sie daneben und wartet, bis sie an die Reihe kommt. Ab und zu steht sie auf, um den Hund zu streicheln. „Wenn ich vor der Klasse vorlese, dann lachen einige mich aus“, berichtet sie. „Aber wenn ich dem Hund vorlese, geht es mir gut. Da habe ich dann keine Angst mehr.“

1 **die Johanniter:** gemeinnützige Hilfsorganisation

2 **das Allgäu:** südlicher Landesteil in Bayern

3 **Bayerischer Innovationspreis Ehrenamt:** zeichnet beispielgebende Projekte in allen Bereichen des bürgerschaftlichen Engagements aus

4 **instinktiv:** ohne nachzudenken, gefühlsmäßig

5 **separat:** besonders abgegrenzt, getrennt

6 **das Potenzial:** hier: die Möglichkeit

7 **der Effekt:** die Wirkung, der Erfolg

Sonntagsblatt – 360° EVANGELISCH, Evangelischer Presseverband für Bayern e.V. (EPV), München, 08.01.2017, https://www.sonntagsblatt.de/artikel/bayern/wenn-hunde-kindern-die-angst-vor-dem-vorlesen-nehmen (Zugriff 02.01.2019)

LÖSUNGSHILFEN zu 1 – 12

1 Nicht gleich in die Aufgaben stürzen! Erschließe zuerst den Text wie in B 3 (S. 19) dargestellt:
- Kläre unbekannte Begriffe.
- Unterstreiche wichtige Schlüsselstellen.
- Formuliere am Rand Überschriften oder Stichwörter zu den Sinnabschnitten.

Du findest zu den Aufgaben dann schnell die Textstellen.

2 Lies dann jede Aufgabe gründlich. Markiere darin die Schlüsselwörter, die sagen, was du tun sollst. Achte darauf, ob in der Aufgabenstellung der Singular oder Plural verwendet wird: Kreuze die richtige/n Antwort/en an. So weißt du, ob du eine oder mehrere Antworten ankreuzen musst.

AUFGABEN 1 – 12

TIPP Richtige Aussagen ankreuzen

Suche zu jeder Aussage die passende Stelle im Text und unterstreiche sie. Überprüfe genau, ob die Textstelle mit der Aussage unten übereinstimmt bzw. worin sich Text und Aussage unterscheiden. Achte auf Wortwahl, Fragestellung und Schlüsselwörter.

1 Kreuze die richtige Antwort an.

Der an dem Projekt beteiligte Hund „Gismo“ reagiert während des Vorlesens (Abschnitt 1), indem er …

a) den Eindruck macht, als wäre er gelangweilt. ☐

b) den Eindruck macht, als höre er interessiert zu. ☐

c) auf dem Boden zusammenbricht. ☐

d) interessiert ins Buch schaut. ☐

2 Kreuze die richtige Antwort an.

Die Hundeführerin Claudia Schindele begleitet Luca beim Lesen (Abschnitt 1), indem sie …

a) ihn beim flüssigen Lesen unterstützt. ☐

b) den Hund lobt. ☐

c) ihn drängt, fehlerfrei zu lesen. ☐

d) ihm aus einem Buch vorliest. ☐

3 Kreuze die richtige Antwort an.

Das Ziel des Projektes „Lesehunde“ ist es, …

a) Schülern die Angst vor Hunden zu nehmen. ☐

b) Schülern die Angst vor der Schule zu nehmen. ☐

c) Hunden Abwechslung zu verschaffen. ☐

d) Schüler zu besseren Lesern zu machen. ☐

4 Erläutere im Textzusammenhang, wie das Projekt „Lesehunde“ (Abschnitt 2) durchgeführt wird.

___

___

___

___

___

___

___

TIPP zu 4

Den Textzusammenhang berücksichtigen

1. Mache dir klar, was du erläutern sollst (z. B. Wie läuft das Projekt Lesehunde ab?).
2. Spüre die passende Textstelle in dem genannten Abschnitt (hier: Abschnitt 2) auf und unterstreiche sie.
3. Formuliere die Antwort mit eigenen Worten: *Das Projekt Lesehunde läuft folgendermaßen ab: …*

5 Kreuze die richtige Antwort an.

„Wir haben sehr viele zappelige Kinder in der Klasse“ (Abschnitt 3, Z. 21) bedeutet, dass ...

a) es in der Klasse viele unruhige Schüler gibt. ☐

b) die Schüler sehr motiviert sind. ☐

c) sich die Schüler besonders auf die Hunde freuen. ☐

d) die Schüler sehr gerne lesen. ☐

6 Ordne die Namen der linken Spalte den Personen und Hunden der rechten Spalte zu (Abschnitt 1, 2, 3). Notiere den richtigen Buchstaben in den Kästchen.

a) Endy	☐ Pädagogin
b) Luca	☐ Schäferhund
c) Gismo	☐ Hundeführerin
d) Claudia Schindele	☐ Labrador
e) Ingrid Herrmann	☐ Schüler

7 Kreuze die richtige Antwort an.

Die Hunde sind besonders für die Schüler in der Klasse da (Abschnitt 4), ...

a) die den Hunden ihr Lieblingsbuch vorstellen möchten. ☐

b) denen es schwerfällt, richtig zu schreiben und flüssig zu lesen. ☐

c) die Angst vor Tieren haben. ☐

d) denen es leichtfällt, zu lesen. ☐

TIPP zu 8

Aussagen im Textzusammenhang erläutern

1. Markiere die angegebene Textstelle.
2. Mache dir klar, was die Textaussage bedeutet (z. B. Was bedeutet Stress?)
3. Schlage unbekannte Begrifflichkeiten im Wörterbuch nach, erschließe sie aus dem Textzusammenhang oder orientiere dich an den vorhandenen Worterklärungen unter dem Text.
4. Lies die Textaussagen, die vor oder hinter der angegebenen Textstelle stehen, und unterstreiche die zu der Textaussage passenden Aussagen bzw. Schlüsselwörter (z. B. Angst vor dem Lesen nehmen, ...).
5. Formuliere die Antwort mit eigenen Worten: *Mit der Aussage „Ein Hund kann helfen, ...“ (Z. 38) ist gemeint, dass ...*

8 *„Ein Hund kann helfen, den Stress beim Lesen abzubauen.“* (Abschnitt 5, Z. 38).
Erläutere im Textzusammenhang, was diese Aussage bedeutet.

___

___

___

___

9 Kreuze die richtige Antwort an.

Den positiven Einfluss der Hunde auf das Lesevermögen zeigen nach Aussage der Psychologin Andrea M. Beetz die Ergebnisse (Abschnitt 5) ...

a) eines chemischen Experiments. ☐

b) eines Tierversuchs. ☐

c) einer wissenschaftlichen Untersuchung. ☐

d) einer staatlichen Prüfung. ☐

TIPP zu 9

Wortbedeutungen unterscheiden

Bei vorgegebenen Antworten, die sich nur durch verschiedene Begriffe (z. B. Experiment/Tierversuch ...) unterscheiden, vergewissere dich, dass du die Bedeutung der Wörter und die Unterschiede zwischen den Bedeutungen im Zusammenhang ermittelst.

10 Kreuze die richtige Antwort an.

Die Schüler schätzen an den Hunden im Unterricht (Abschnitt 6), dass diese ...

a) sich nicht über die Schüler lustig machen. ☐

b) sich ausführen lassen. ☐

c) den Schülern Zeit für Pausen geben. ☐

d) sich von den Schülern füttern lassen. ☐

11 Kreuze die richtige Antwort an.

Die Lehrerin Ingrid Herrmann stellt fest (Abschnitt 6), dass ...

a) die Schüler bereits jetzt viel besser lesen. ☐

b) die Schüler jetzt schon selbstsicherer sind. ☐

c) die Schüler jetzt schon besser abwarten können. ☐

d) die Schüler jetzt neugieriger sind. ☐

12 Nach dem Lesen des Textes sagt ein Schüler:

„Das Projekt „Lesehunde" sollte in allen Schulen verbindlich eingeführt werden."

Schreibe eine kurze Stellungnahme zu dieser Aussage. Du kannst der Auffassung zustimmen oder nicht. Wichtig ist, dass du deine Meinung begründest.
Beziehe dich dabei auf den Text.

Begründung:

Ich stimme der Aussage des Schülers, dass ...

zu/nicht zu, denn ...

TIPP zu 12

Zu einer Aussage Stellung nehmen

1. Entscheide dich für eine der beiden Möglichkeiten: *Ich stimme zu/nicht zu.*
2. Überfliege den Text noch einmal und markiere Textaussagen, die deine Auffassung unterstützen.
3. Greife zu Beginn die Aussage, zu der du dich äußern willst, noch einmal auf.
4. Beziehe dich bei deiner Begründung auch auf die markierten Textaussagen *(Ein Hund kann helfen, den Stress beim Lesen abzubauen ..., Z. 38).*

D 2 Leseverstehen: Guck mal, eine Ba-na-ne! (selbstständiges Üben)

Guck mal, eine Ba-na-ne! *Katrin Blawat*

(1) Vieles im Leben funktioniert bestens, ohne dass die Wissenschaft jedes Detail[1] verstanden hätte. Ein Beispiel dafür ist die sehr spezielle Art, mit der Mütter, Väter, aber auch andere Erwachsene und ältere Geschwister mit Babys und Kleinkindern sprechen: in auffallend hoher Stimmlage, langsam und überdeutlich artikuliert[2] und in kurzen, einfachen Sätzen – Babysprache eben. Wer sich einem Säugling gegenüber sieht, verfällt fast automatisch in diese Sprechweise. Gut so. Denn während Eltern sich zuweilen leicht verblödet vorkommen, wenn sie den Großteil des Tages in Babysprache kommunizieren, sagt die Wissenschaft eindeutig: Die sogenannte kindgerichtete Sprache tut den Kleinsten gut.

(2) „Eltern, die kindgerichtete Sprache anwenden, fördern den Spracherwerb ihrer Kinder“, schreibt ein Team um Roberta Michnick Golinkoff von der University of Delaware in einer psychologischen Fachzeitschrift. So weit, so klar. Doch worauf die hilfreiche Wirkung der Babysprache im Detail beruht, weiß niemand sicher. Verkürzt gesagt: Jeder verwendet Babysprache – doch keiner weiß, warum und wie sie im Detail funktioniert. Golinkoff und ihre Co-Autoren drücken es so aus: „Die Frage ist nicht, ob kindgerichtete Sprache eine Rolle für sie Sprachentwicklung spielt, sondern wie und wann.“

(3) Klar ist immerhin, dass sie bei den Adressaten[3] gut ankommt. „Einige Studien zeigen, dass Babys die kindgerichtete Sprache bevorzugen“, sagt Bettina Braun, Leiterin der Babysprachlabors der Uni Konstanz. Untersucht werden solche Präferenzen[4], indem man den Kindern aus Lautsprechern Sätze vorspielt, jeweils in Baby- und in Erwachsenensprache. Das Abspielen endet, sobald sich das Kind vom jeweiligen Lautsprecher abwendet – ein Zeichen für nachlassende Aufmerksamkeit. Dazu kommt es im Fall der Erwachsenensprache leichter.

(4) Zu den auffälligsten Merkmalen der Babysprache zählen die hohe Stimmlage, die überdeutliche Aussprache vor allem der Vokale[5], und längere Pausen. So produzierten Mütter in einer Studie durchschnittlich pro Sekunde 5,8 Silben, wenn sie sich mit anderen Erwachsenen unterhielten. Sprachen sie zu ihren Neugeborenen, kamen sie hingegen nur auf 4,2 Silben pro Sekunde. Begleitet werden die Worte typischerweise von einer ausgeprägten Mimik[6]. Reden Mutter oder Vater mit ihrem Baby, lächeln sie mehr und breiter, als wenn sie sich miteinander unterhalten. […]

(5) Laut einer vor drei Jahren veröffentlichten Untersuchung hatten Kinder, die im Alter von einem Jahr viel Babysprache gehört hatten, mit zwei Jahren einen größeren Wortschatz als Gleichaltrige, mit denen zuvor häufiger in normalen Tonlage und Betonung gesprochen wurde. Babysprache helfe dem Kind, seine Aufmerksamkeit auf das Gesagte und den Sprecher zu lenken, schreibt das Team um Jae Yung Song von der Brown University in Providence, Rhode Island, in einer Fachzeitschrift. […]

(6) Für die Autoren beruht dieser Effekt ausschließlich auf der langsameren Sprechgeschwindigkeit und der deutlichen Aussprache der Vokale. Die hohe Stimmlage spielt ihrer Studie zufolge hingegen keine Rolle. Die Forscher hatten untersucht, wie aufmerksam 19 Monate alte Babys auf die Frage „Wo ist das Buch?“ lauschten. Den Satz hörten die Kinder sowohl in der üblichen kindgerichteten Sprache als auch technisch manipuliert[7], sodass zum Beispiel allein die Stimmlage als Merkmal der Babysprache erhalten blieb. In diesem Fall stellten sie keine Unterschiede zwischen kind- und erwachsenengerichteter Sprache fest – ein Hinweis darauf, dass die hohe Stimmlage wenig entscheidend sein könnte.

(7) Dem widerspricht jedoch eine Gruppe um Anne Fernand von der Stanford University. Ihr zufolge liegt es vor allem an der Tonhöhe, dass Kinder Äußerungen in Babysprache mehr Aufmerksamkeit schenken. Bettina Braun und ihre Mitarbeiter wiederum haben in ihrem Labor ermittelt, dass unter anderem ein hoher Stimmton auf betonten Silben (etwa auf dem „na“ in „Ba-na-ne“) Babys zu erkennen hilft, wann ein Wort endet und wann ein neues beginnt. Damit sich in vielen und zum Teil widersprüchlichen Einzelergebnisse künftig besser vergleichen lassen, läuft derzeit ein gemeinsames Projekt mehrerer Babysprachlabore in den USA, Großbritannien und Deutschland.

(8) Für Eltern aber hat Bettina Braun schon jetzt eine beruhigende Botschaft: Vermutlich helfe es einem Kind beim Sprechenlernen, wenn es möglichst abwechslungsreichen Input[8] erhalte – wie es im Alltag automatisch geschieht. Mama und Papa reden anders mit ihm als Oma und Opa, und Geschwister, Erzieher oder Nachbarn haben noch einmal eine andere Art der Kommunikation. Vor allem betont die Konstanzer Wissenschaftlerin: „Eltern müssen sich sprachlich nicht ‚verbiegen‘, damit das Kind sprechen lernt.“

1 **Detail:** Einzelheit

2 **artikulieren:** etwas in Worte fassen, ausdrücken

3 **Adressat:** Empfänger

4 **Präferenz:** Vorliebe, Neigung

5 **Vokale:** Selbstlaute a, e, i, o, u

6 **Mimik:** sichtbare Bewegung der Gesichtsoberfläche

7 **manipuliert:** beeinflusst, verändert

8 **Input:** Eingabe, etwas von außen Zugeführtes

Süddeutsche Zeitung online, 04.08.2017, http://www.sueddeutsche.de/wissen/eltern-kind-kommunikation-guck-mal-eine-ba-na-ne-1.3614953 html (Zugriff: 20.02.2019, verändert)

AUFGABEN 1 – 12

1 Kreuze die richtige Antwort an.

Unter Babysprache versteht man (Abschnitt 1) eine …

a) besondere Art und Weise, in der Geschwister miteinander reden. ☐

b) Sprache, die nur für die Eltern eines Babys verständlich ist. ☐

c) an das Baby gerichtete Sprechweise. ☐

d) automatische Redeweise. ☐

Quelle (Aufgaben): Qualitäts- und UnterstützungsAgentur – Landesinstitut für Schule, Soest 2019

2 Kreuze die richtige Antwort an.

Kommunikation in Babysprache (Abschnitt 1) ist für Säuglinge ...

a) einschüchternd. ☐

b) ermüdend. ☐

c) hemmend. ☐

d) förderlich. ☐

3 Kreuze die richtige Antwort an.

Wissenschaftler sind der Meinung, dass Babysprache (Abschnitt 2) ...

a) eine angenehme Wirkung auf Eltern ausübt. ☐

b) für die Sprachentwicklung bedeutend ist. ☐

c) immer erlernt werden muss. ☐

d) nur manchmal hilfreich ist. ☐

4 Kreuze die richtige Antwort an.

Ungeklärt ist aber noch (Abschnitt 2), ...

a) aus welchem Grund und wie die Babysprache eigentlich funktioniert. ☐

b) ob die Wissenschaftler zum Spracherwerb weiter forschen werden. ☐

c) welche Rolle Sprache bei der Entwicklung eines Kindes spielt. ☐

d) ob Babysprache in anderen sozialen Bereichen hilfreich ist. ☐

5 Kreuze die richtige Antwort an.

Überprüft wurde die Wirkung kindgerichteter Sprache auf Babys (Abschnitt 3) ...

a) mithilfe von Eltern-Kind-Beobachtungen im Sprachlabor. ☐

b) mit dem Abspielen von Sprachaufnahmen der Kinder. ☐

c) mit dem Abspielen unterschiedlicher Aufnahmen. ☐

d) mithilfe technisch bearbeiteter Lautsprecher. ☐

6 Kreuze die richtige Antwort an.

Mütter sprechen mit (Abschnitt 4) ...

a) Erwachsenen deutlicher als mit ihren Babys. ☐

b) den Vätern so deutlich wie mit ihren Babys. ☐

c) ihrem Baby betont langsam und deutlich. ☐

d) Babys deutlicher als deren Väter. ☐

7 Stelle den Zusammenhang zwischen kindgerichteter Sprache und Wortschatz in der Entwicklung eines Kindes dar (Abschnitt 5).

____

____

____

____

____

____

8 Kreuze die richtige Antwort an.

Laut einem Wissenschaftlerteam der Brown University hören Babys Sprechenden besonders aufmerksam zu (Abschnitte 5 und 6), wenn ...

a) die Stimmlage hoch ist. ☐

b) das Sprachtempo gering ist. ☐

c) Sätze laut gesprochen werden. ☐

d) kurze Sätze gesprochen werden. ☐

9 Kreuze die richtige Antwort an.

Um die unterschiedlichen Untersuchungsergebnisse zur Babysprache besser vergleichen zu können (Abschnitt 7), ...

a) gründet die Stanford University ein neues Sprachlabor. ☐

b) arbeiten Wissenschaftler international zusammen. ☐

c) werden einzelne Ergebnisse nochmals überprüft. ☐

d) werden einzelne Untersuchungen wiederholt. ☐

10 Kreuze die richtige Antwort an.

Wissenschaftler der Stanford University sind der Auffassung (Abschnitt 7), dass eine bewusst hohe Stimmlage des Sprechenden ...

a) die Aufmerksamkeit eines Kleinkindes erhöht. ☐

b) das Verhalten eines Kindes verändern wird. ☐

c) zu widersprüchlichen Ergebnissen führt. ☐

d) günstig für Betonungen von Silben ist. ☐

11 Kreuze die richtige Antwort an.

Mit der Aussage *„Eltern müssen sich sprachlich nicht ‚verbiegen', damit das Kind sprechen lernt."* (Z. 65/66) ist gemeint, dass Eltern ...

a) die Sprachförderung eher den Großeltern überlassen sollten. ☐

b) ihr gewohntes Sprechverhalten nicht ändern müssen. ☐

c) ihre Sprechweise nur dem Kind anpassen müssen. ☐

d) die kindgerichtete Sprache verändern müssen. ☐

12 Nach dem Lesen des Textes sagt eine Schülerin:

„Es spielt doch keine Rolle, wie man mit einem Baby spricht. Hauptsache, man spricht mit ihm."

Schreibe eine kurze Stellungnahme zu dieser Aussage. Du kannst der Auffassung zustimmen oder nicht. Wichtig ist, dass du deine Meinung begründest. Beziehe dich dabei auf den Text.

____

____

____

____

____

____

D 3 Aufgabentyp 2: Dialekte (angeleitetes Üben)

Teil II

Lies bitte zunächst die Aufgabe und dann die Materialien aufmerksam, bevor du mit dem Schreiben beginnst.

Situation:

An deiner Schule findet ein Projekttag zum Thema „Sprachenreichtum an unserer Schule" statt. Zur Vorbereitung soll ein Ordner mit Informationen erstellt werden, der allen Schülerinnen und Schülern sowie Lehrkräften zur Verfügung steht. Du bist gebeten worden, für diesen Ordner einen informierenden Text zum Thema „Dialekte" zu verfassen. Um deinen Text schreiben zu können, bekommst du eine Materialsammlung (M1 – M5).

AUFGABENSTELLUNG

1 **Verfasse** auf der Grundlage der Materialien M1 – M5 einen **informierenden Text** zum Thema „Dialekte". Schreibe nicht einfach aus den Materialien ab, sondern achte auf eine eigenständige Darstellung in einem zusammenhängenden Text. Gehe dabei so vor:

a) **Formuliere** für den Text eine passende Überschrift.
b) **Schreibe** eine Einleitung, in der du kurz **erklärst**, was man unter einem Dialekt versteht.
c) **Stelle dar**, welche Vorteile es hat, wenn man einen Dialekt spricht.
d) **Erläutere**, welche unterschiedlichen Meinungen zum Thema „Dialekte" geäußert werden.
e) **Beurteile** anhand der Materialien und eigener Überlegungen, warum es von Vorteil sein könnte, an Schulen eine Dialekt-AG einzurichten.

M1 Definition

a) Ein Dialekt ist ein eigenes „sprachliches System", das eigene Regeln hat und parallel zur Standardsprache funktioniert.

Sabine Kaufmann, Planet Wissen, Westdeutscher Rundfunk, Köln (https://www.planetwissen.de/geschichte/deutsche_geschichte/geschichte_der_dialekte/index.html, Zugriff: 03.12.21)

b) [...] „Dialekt" kommt aus dem Griechischen und bedeutet so viel wie „Gespräch" oder „Redeweise". Ein deutsches Wort dafür ist „Mundart". [...] Gemeint ist die Sprechweise der Menschen, die in einem bestimmten Gebiet leben.

Klexikon/Zentrale für Unterrichtsmedien im Internet e. V., Gerabronn (https://klexikon.zum.de/wiki/Dialekt, Zugriff: 03.12.21)

M2 Immer mehr Menschen wollen ihren Dialekt loswerden (2018)

Kurse zum Dialekt-Abgewöhnen sind im Kommen. Einer davon findet im Allgäu statt. Warum Mundart-Sprecher daran teilnehmen und welche Tücken das Süddeutsche hat.

Auf dem Spitzenplatz der unbeliebtesten Dialekte landet regelmäßig das Sächsische, das haben in der Vergangenheit mehrfach Umfragen ergeben. Das Bayerische und der norddeutsche Zungenschlag rangieren hingegen auf der Hitliste der sympathischsten Dialekte meist weit oben. Auch das Allgäuerische sei sehr beliebt, sagt Ariane Willikonsky – und trotzdem bringt sie in Bolsterlang bei Oberstdorf Einheimischen Hochdeutsch bei. Denn: Beliebtheit

M2

hin oder her, viele Menschen würden statt ihres Dialektes lieber Hochdeutsch sprechen. „Viele verbinden mit Allgäuerisch Urlaub“, sagt die Sprachtrainerin. Aber: „Im Beruf kann die Wirkung ganz anders sein.“ Denn je hochdeutscher jemand spreche, desto mehr Kompetenz werde ihm zugetraut [...] Auch wenn sie [die Süddeutschen] Englisch oder Französisch sprechen, höre man den Dialekt durch und damit ein ländliches Image. „Eigentlich bräuchte man keine Hochdeutsch-Kurse“, sagt sie. „Aber immer mehr Menschen sind beruflich überregional tätig und wollen verstanden werden. Es ist erleichternd, wenn sie sich im Gespräch oder Vortrag nicht auf die Sprache konzentrieren müssen.“ [...] Die meisten Menschen haben heute nur noch eine dialektale Färbung[1]. Vor allem in Städten sprechen die Kinder Hochdeutsch. Über ein mögliches Schulfach „Mundart“ wird daher immer wieder diskutiert. Wissenschaftlicher Konsens[2] ist dabei, dass Dialektkinder, die auch Hochdeutsch beherrschen, sprachlich vergleichbar sind mit mehrsprachig aufwachsenden Kindern.
Ein weiterer Vorteil: In der Mundart gibt es auch einen größeren Wortschatz. Längst existieren spezielle Unterrichtsmaterialien für die Dialektförderung, doch nach Angaben des Bayerischen Lehrer- und Lehrerinnenverbandes ist es noch ein weiter Weg: Dialekt genieße zwar eine breite Akzeptanz, werde jedoch an nur wenigen Schulen aktiv gefördert. Obwohl die Akzeptanz für die Mundart vielerorts also da ist – nicht zuletzt weil sie sympathisch wirkt –, gibt es zahlreiche Einrichtungen, die das Hochdeutsche forcieren wollen. Und so ist die Allgäuer Sprachschule beileibe kein Unikum[3]. In vielen Städten gibt es Kurse, bei denen sich Schwaben, Württemberger oder Rheinländer ihren Dialekt abtrainieren können. Ein Düsseldorfer Sprachinstitut etwa bietet ebenfalls unter dem Motto „So werden Sie Ihren Dialekt los und sprechen akzentfrei“ Seminare an. Die Rheinländer betonen: „Dabei geht es nicht darum, die eigene Herkunft und Heimat zu verleugnen. Regionale sprachliche Besonderheiten sind schützenswert und tragen zur Sprachvielfalt bei.“ [...]

1 **dialektale Färbung:** d. h. man hört aufgrund der Laute und bestimmter Worte den Dialekt heraus

2 **wissenschaftlicher Konsens:** die Übereinstimmung der Wissenschaftler

3 **Unikum:** Einzelerscheinung

Hochdeutschkurse zum Dialekt-Abgewöhnen sind im Kommen © dpa; nach: Augsburger Allgemeine: https://www.augsburger-allgemeine.de/bayern/Immer-mehr-Menschen-wollen-ihren-Dialekt-loswerden-id51009126.html, 02.05.2018; Zugriff: 26.01.2019

M3 „Dialekt fördert Intelligenz“ *Julia Vogelmann*

Regionale Sprachfärbungen und das Hochdeutsche müssen nicht in Konkurrenz stehen. Wer seinen örtlichen Dialekt gut beherrscht, hat mit der Schriftsprache weniger Probleme.

In den 70er-Jahren war man sich einig, dass Dialekt eine Sprach- und Bildungsbarriere[1] darstellt. Mundart[2] wurde gleichgesetzt mit schlechtem Bildungsstand. Heute weiß man, dass dies ein Irrtum ist [...] Was man heute sicher weiß: Wer in der Lage ist, zwischen Dialekt und Hochsprache hin- und herzuwechseln, wer die Übersetzungsleistung bringen kann, die dazu erforderlich ist, der zeigt schon einmal ein erhebliches Maß an Intelligenz.
Dialekt, betrachtet man ihn von der Warte des Nicht-Verstehens aus, ist kein defizitäres[3] Sprachsystem, sondern eine natürlich gewachsene Fremdsprache, mit eigener Struktur, Grammatik und einem Wortschatz, der weit facetten-

M3

reicher[4] ist, als der der Hochsprache. Aus diesem Blickwinkel betrachtet ist für viele Kinder vor allem im ländlichen Raum Dialekt die Erst- oder wenn man so will Muttersprache, die die Sprachbegabung eher fördert, anstatt wie früher angenommen, zu bremsen. Auch deshalb hat Dialekt nicht nur ein immer besseres Image, mit dem man sich mitunter sogar gerne schmückt, sondern auch einen festen Platz im Lehrplan der Schulen. [...] Dass Kinder, die den Dialekt schon in die Wiege gelegt bekommen haben, einen sprachlichen Vorteil haben, davon ist Koch [Schulleiter in Crailsheim] überzeugt. „Schüler, die ausschließlich mit Hochdeutsch aufwachsen, haben teilweise größere Schwierigkeiten, die mündliche Sprache in die schriftliche Form zu bringen“, sagt er und zitiert eine Studie der Universität Oldenburg, die über Jahre hinweg Aufsätze von Dritt- und Sechstklässlern untersuchte und zu dem Ergebnis kam, dass Mundart sprechende Kinder 30 Prozent weniger Rechtschreibfehler machten. Auch was den Wortschatz angeht, profitieren Kinder vom Dialekt, denn der ist im Ausdruck oft facettenreicher und nuancierter und bietet somit mehr Ausdrucksmöglichkeiten als die Hochsprache. Jetzt aber herzugehen und zu sagen „dann sprechen wir nur noch Dialekt“ wäre verkehrt, denn Kinder profitieren tatsächlich nur davon, wenn die innere Mehrsprachigkeit gefördert wird. [...]

1 **Sprach- und Bildungsbarriere:** Hindernis in Verständigung und Bildung

2 **die Mundart:** regional auftretender Dialekt

3 **defizitär:** durch Mängel gekennzeichnet

4 **facettenreich:** vielfältig

Julia Vogelmann: Dialekt fördert Intelligenz. Haller Tageblatt, Hohenloher Tagblatt & Rundschau, 29. Oktober 2016

M4 Die Dialekte von Nordrhein-Westfalen

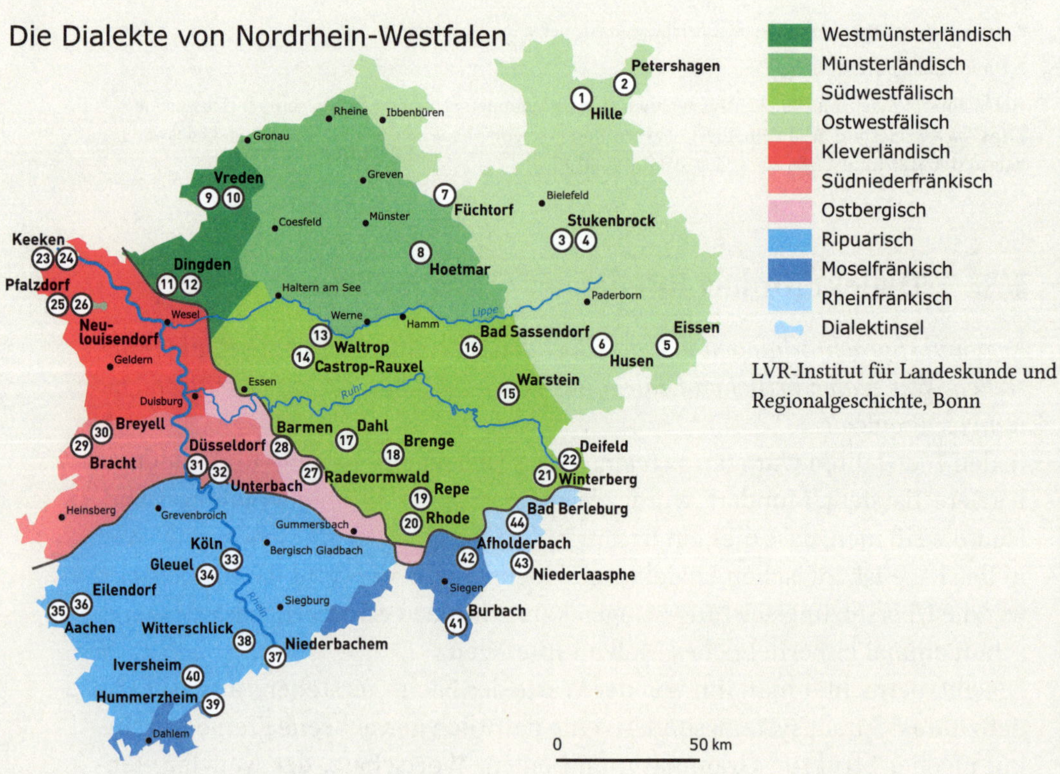

LVR-Institut für Landeskunde und Regionalgeschichte, Bonn

M5 Meinungen zu Dialekten

a) [...] Alltagstauglich ist Plattdeutsch nicht mehr. Trotzdem sollten Schüler lernen, die heimische Mundart zu verstehen und zu sprechen. Denn das Platt ist ein Teil des kulturellen Erbes, das erhalten werden muss. Doch die Sprache lässt sich nicht wie ein historisches Gebäude unter Denkmalschutz stellen, sie muss auf andere Weise gepflegt werden – am effektivsten, indem das Wissen an die junge Generation weitergegeben wird. Und auch die Schüler haben am Ende etwas davon: Wer früh eine zweite Sprache lernt, hat es später bei weiteren Fremdsprachen leichter.

Frank Tischhart: Pro und Contra: Mehr Plattdeutsch-Unterricht an Schulen. Westfalenpost, FUNKE Medien NRW, Essen, 21.10.2017

b) Dialekte gehören nicht in die Schule. Dort soll die korrekte deutsche Rechtschreibung und Grammatik gelernt werden. Und den Fremdsprachenunterricht gibt es schließlich auch noch! Wer Bayerisch, Ruhrdeutsch oder Plattdeutsch sprechen will, kann das zuhause tun.

LÖSUNGSHILFEN zu 1 a) – e)

1 Führe den ersten und zweiten Arbeitsschritt durch (siehe C 1.5, S. 28).

2 Lege dir eine Tabelle als Schreibplan an (siehe C 1.5, S. 33) oder nutze die Kopiervorlage in Kapitel C 1.4, S. 27.

3 Notiere im Schreibplan Stichpunkte für eine passende Überschrift (Teilaufgabe **1** a).

Dialekte: Mundart sprechen oder nicht?/
Dialekte: Bildungsbarriere oder Intelligenzförderer?

4 Notiere im Schreibplan, was man unter Dialekten versteht (Teilaufgabe **1** b).

- *„Mundart", Sprache eines bestimmten Gebietes*
- *sehr verbreitet: Sächsisch, Bayerisch, …*
- *eigenes sprachliches System, eigene Regeln*
- *Gegenteil: Hochdeutsch …*

5 Liste stichpunktartig die Vorteile auf, die das Sprechen eines Dialekts mit sich bringt (Teilaufgabe **1** c).

Vorteile:
- *kann sympathisch wirken*
- *Sprechen eines Dialektes bringt die gleichen Vorteile wie das Aufwachsen mit mehreren Sprachen …*
- *größerer Wortschatz …*
- *Bewahrung von Traditionen …*
- *…*

Nachteile:
- *manche Dialekte werden als unangenehm empfunden*
- *…*

TIPP zu 3

Denke daran, deinem Info-Text eine Überschrift zu geben. Du kannst dich dazu an den Überschriften der Materialien 1 bis 5 orientieren, diese abändern oder eine eigene formulieren.

TIPP zu 4 bis 7

Markiere in den Materialien alle Informationen, die sich auf eine Teilaufgabe beziehen, in der gleichen Farbe. So kannst du die Textstellen den Teilaufgaben übersichtlich zuordnen.

6 Notiere im Schreibplan stichwortartig, welche Meinungen zum Thema „Dialekte“ in den Materialien genannt werden (Teilaufgabe **1** d).

- *es gibt beliebte/unbeliebte Dialekte*
- *Dialekte sind im Beruf störend: Berufstätige sind überregional tätig, sprechen daher Hochdeutsch …*
- *wer Dialekt spricht, verfügt über weniger Kompetenz …*
- *Dialekte verlieren an Akzeptanz …*
- *Widerspruch: Dialekt als Bildungsbarriere / als Zeichen hoher Intelligenz …*
- *…*

7 Notiere im Schreibplan Stichpunkte dazu, warum es von Vorteil sein kann, wenn Schulen eine Dialekt-AG anbieten würden (Teilaufgabe **1** e).

- *regionale Traditionen werden nicht vergessen, …*
- *Bereicherung des Schullebens durch Brauchtumspflege, z. B. durch Feste, Kostüme, Dialekte …*
- *Möglichkeit für außerschulische Partnerschaften, zum Beispiel mit älteren Menschen, die noch Dialekt sprechen*
- *Sprachförderung: Dialekt sprechende Kinder machen weniger Rechtschreibfehler, verfügen über größeren Wortschatz*
- *…*

TIPP zu 7

Suche in den Materialien gezielt nach Informationen zu der genannten Aussage (Beispiel: *Mundart sprechende Kinder sind besser in Grammatik und Rechtschreibung (M3) = Sprachförderung durch Dialekt-AG*).
Ziehe mithilfe der Aussagen und Beispiele in den Materialien eigene Schlussfolgerungen. Orientiere dich dabei an der Teilaufgabe (hier: Teilaufgabe **1** e).

8 Schreibe deinen informierenden Text. Du kannst die folgenden Formulierungsvorschläge verwenden.

1 a) Überschrift:
Dialekte: Bildungsbarriere oder Intelligenzförderer?

1 b) Einleitung (Erklärung „Dialekt“):
„Moin“, „Guet gaon“, „Schön, dat de do bess!“ – Diese Begrüßungen haben die meisten von uns doch schon mal gehört. Doch was versteht man eigentlich unter dem Begriff „Dialekt“? Der Begriff stammt aus dem Griechischen und bedeutet so viel wie „…“ …

1 c) Hauptteil (Vorteile eines Dialekts):
Für die Kinder und Jugendlichen, die mit einem Dialekt aufwachsen, bietet das Sprechen einer Mundart viele Vorteile, denn …

1 d) Hauptteil (Unterschiedliche Meinungen zu Dialekten):
Dennoch fallen die Meinungen zum Thema Dialekte unterschiedlich aus. Einerseits gibt es Dialekte, wie das Bayerische, die als beliebt gelten. Andere Dialekte, wie das Sächsische, werden als unangenehm empfunden. Auch die Meinungen dazu, ob ein Dialekt im Berufsleben eher hinderlich oder förderlich ist, gehen auseinander …

1 e) Schluss (Urteil dazu, ob eine Dialekt-AG Vorteile mit sich bringen könnte):
Die These, dass eine Dialekt-AG an Schulen Vorteile mit sich bringt, kann durch verschiedene Aussagen in den Materialien gestützt werden. Der Schulleiter Koch aus Crailsheim sagt zu diesem Thema, dass er überzeugt ist, dass …

9 Überarbeite deinen informierenden Text mithilfe der CHECKLISTE auf Seite 35.

D 4 Original-Prüfung 2021: Aufgabentyp 2: Nutzen von Computerspielen (selbstständiges Üben)

Teil II

Lies bitte zunächst die Aufgabe und dann die Materialien aufmerksam, bevor du mit dem Schreiben beginnst.

Situation:
An deiner Schule findet ein Projekttag zum Thema „Mediennutzung von Jugendlichen“ statt. Dafür soll eine Materialsammlung angelegt werden, die allen Schülerinnen und Schülern sowie Lehrkräften zur Verfügung steht.
Du hast dich bereit erklärt, für diese Sammlung einen informierenden Text über den Nutzen von Computerspielen zu verfassen. Zu diesem Zweck werden dir Materialien (M1 – M6) zur Verfügung gestellt.

AUFGABENSTELLUNG

Verfasse auf der Grundlage der Materialien M1 – M6 einen **informierenden Text** zum Thema „Nutzen von Computerspielen“. Schreibe nicht einfach aus den Materialien ab, sondern achte auf eine eigenständige Darstellung in einem zusammenhängenden Text.

Gehe dabei so vor:
- **Formuliere** für deinen Text eine passende, zum Lesen anregende Überschrift.
- **Erkläre** einleitend, was ein Computerspiel ist, welche Arten von Spielen es gibt und welche davon überwiegend genutzt werden.
- **Stelle dar**, wie Computerspiele den Erwerb von allgemein nützlichen Basisfähigkeiten unterstützen können.
- **Erläutere**, welchen positiven Einfluss Computerspiele auf das schulische Lernen haben können.
- **Beurteile** anhand der Materialien und eigener Überlegungen, unter welchen Bedingungen der Einsatz von Computerspielen im Unterricht sinnvoll sein kann.

M1a Computerspiel *[unbekannter Verfasser]*

Ein Computerspiel ist ein Softwareprogramm, das auf einem Personal Computer (PC) oder einer Spielekonsole läuft und über Interaktionen[1] gesteuert wird. Ein Computerspiel kann gleichzeitig von einem, von mehreren oder auch von vielen Spielern gespielt werden. Die Spieler verfolgen die Aktionen der Spielsoftware, die Reaktionen der Mitspieler und ihre eigenen Interaktionen auf dem Bildschirm. Die Spiele erfolgen nach bestimmten Regeln, nach denen gespielt und interagiert wird. [...]
Für Computerspiele gibt es unterschiedliche Klassifizierungen[2] in Actionspiele, Strategiespiele, Abenteuerspiele, Sportspiele, Rollenspiele und Lernspiele. Manche Zeitschriften für Computerspiele kennen über 40 Spielklassifizierungen.
Was die verschiedenen Spielgenres[3] betrifft, so geht es bei Actionspielen um eine Art Hindernislauf über verschiedene Hindernisse, bei denen der Spieler gewissen Gefahren ausgesetzt ist. [...] Bei Strategiespielen wird das strategische und taktische Geschick des Spielers gefördert. Es geht dabei wie bei Schach oder Monopoly um strategische Vorteile gegenüber dem Gegner oder den Gegnern. Sportspiele sollen die Bewegungsmöglichkeiten von Jugendlichen oder älteren Menschen fördern. Ausgestattet mit entsprechenden Geräten

Quelle (Aufgaben): Qualitäts- und UnterstützungsAgentur – Landesinstitut für Schule, Soest 2021

M1a

können so viele Sportarten wie Tennis, Golf, Bowling, Fußball und viele andere nachgeahmt werden.

1 **Interaktion:** *hier:* eine bestimmte Art von Kommunikation zwischen Spielern und einem Computerprogramm, die ein wechselseitiges Reagieren ermöglicht

2 **Klassifizierung:** *hier:* Unterteilung (von Computerspielen) in Untergruppen zur Herstellung einer Ordnung

3 **Spielgenres:** Arten von Computerspielen

DATACOM Buchverlag GmbH, Peterskirchen, 10.03.2019
(Text gekürzt und geringfügig verändert)

Hinweis zur Quelle: Der Text wurde ohne namentliche Nennung eines Verfassers veröffentlicht.

M1b Besser als ihr Ruf? Computerspiel-Genres im Überblick *[unbekannter Verfasser]*

Die „Deutsche Apotheker Zeitung" zitiert eine US-amerikanische Studie, die Actionspielen ein unerwartet positives Urteil bescheinigt – diese könnten das Reaktionsvermögen verbessern: „Das Ergebnis begründen die Wissenschaftler damit, dass ein Actionspieler das Spielgelände rasch erkunden und auf überraschend auftauchende Feinde schnell reagieren muss. Diese Sinnesschärfung kann den Spielern dieser Actionspiele auch Vorteile im Alltag bieten, da hier nicht spezielle Muster erlernt werden, sondern Basisfähigkeiten trainiert würden." [...]

Komplexe Denkansätze, die dazu führen, dass die Folgen der Entscheidung bereits im Vorfeld durchdacht werden, machen den Reiz von Online-Strategiespielen aus. Das Denkvermögen sowie Geduld und Durchhaltevermögen werden entsprechend geschult.

Simulationsspiele gibt es für fast alle Lebensbereiche. Im beruflichen und sportlichen Bereich sind Wirtschafts-, Flug-, Renn- und Fußballsimulationen anzusiedeln, doch auch Lebenssimulationen[1] erfreuen sich häufiger einer großen Beliebtheit. [...]

Wird es in Maßen eingesetzt, kann das Computerspielen durchaus positiv bewertet werden, denn es können dabei wichtige kognitive[2] Fähigkeiten geschult werden.

1 **Lebenssimulationen:** *hier:* Computerspiele, die Situationen und Erfahrungen aus dem wirklichen Leben nachahmen

2 **kognitiv:** das Denken und Erkennen betreffend

wissen.de, Konradin Medien GmbH, Leinfelden-Echterdingen (https://www.wissen.de/besser-als-ihr-ruf-computerspiel-genres-im-ueberblick, Zugriff: 25.02.202, Text gekürzt und geringfügig verändert)

Hinweis zur Quelle: Der Text wurde ohne namentliche Nennung eines Verfassers veröffentlicht.

M2 Aus Games lernen *Dominic Holzer*

[...] „Alles, was ich weiß, weiß ich aus Computerspielen – oder weil es sich reimt." Ich habe diesen Satz schon so oft gesagt und mir ist klar, wie seltsam er immer wieder klingt – für Menschen, die der Ansicht sind, dass Games süchtig, faul, einsam oder sogar gewalttätig machen. Ich für meinen Teil kann sagen: [...] Computerspiele haben mich zu einem halbwegs intelligenten, reflektierten Menschen werden lassen. Aus mindestens drei Gründen:

Erstens: Das große Ganze

Zunächst einmal musste ich ja Englisch lernen: Ich sehe mich heute noch als Grundschulknirps mit Mamas altem Wörterbuch auf der Toilette sitzen und

M2

Begriffe wie „Cancel“, „Undo“ und „Continue“ nachschlagen oder Basics wie „delete“, „file“ und „copy“ natürlich. [...] Und da waren großartige Spiele wie „Civilization“, die mir unsere Welt und Ideengeschichte erklärt haben, dass das Rad vor dem Schwarzpulver erfunden wurde und die Dampfmaschine vor dem Kommunismus. Dass die Kolonialmächte Spanien, Frankreich, die Niederlande, Großbritannien und Portugal einst die neue Welt unter sich aufgeteilt haben. [...] Weit bevor das in der Schule in Geschichte, Wirtschaft, Erdkunde oder Sozialkunde Thema war, wusste ich vieles einfach schon ein bisschen.

Zweitens: Ungewöhnliche Fakten und Details

Die halbe griechische Götterwelt kenne ich aus einem wirklich uralten Nintendo-Spiel. Ich kann mir bis heute die ungewöhnlichsten Fakten und Details merken, weil ich aus Games gelernt habe: Irgendwann wird das noch für etwas gut sein.

Drittens: Neugierig und hartnäckig sein

Es gibt in Spielen einfach so viel zu entdecken: Sie haben mir beigebracht, immer neugierig zu sein und mich in jeder Spielwelt auf deren eigene Regeln einzulassen und diese im besten Fall irgendwann zu überlisten. Adventuregames[1] [...] haben mich gelehrt, lösungsorientiert und auch einmal um die Ecke zu denken, dank Strategiespielen kann ich vorausplanen, Rollenspiele helfen mir, die Welt durch die Augen einer anderen Figur zu sehen, und manche Spiele wollen, dass ich mir ganze Passagen auswendig merke, übe und es immer wieder versuche, bis es klappt. [...]

Mir ist schon klar: Nicht alle Games machen schlau, es gibt auch herrlich dumme Spiele. Und nicht jeder Mensch lernt so wie ich. Aber ich kenne viele Leute, denen es so geht wie mir: Spiele haben uns schlauer gemacht. Und das muss einfach auch mal laut ausgesprochen werden.

1 **Adventuregames:** Abenteuerspiele

BR.de (Bayerischer Rundfunk), München; https://www.br.de/puls/themen/netz/aus-games-lernen-allgemeinbildung100.html, 19.11.2019, Zugriff: 25.02.2021 (Text gekürzt und geringfügig verändert)

M3 Was lernt man bei Computerspielen? *[unbekannter Verfasser]*

Grundsätzlich sind Computerspiele für Kinder und Jugendliche unterhaltsam, bringen Spaß und ermöglichen dank Mehrspieler-Optionen und Vernetzbarkeit gemeinschaftliche Erlebnisse. Darüber hinaus ist gerade bei Kindern ein wichtiger Faktor, dass Spiele das Gefühl von Kompetenz vermitteln. In Computerspielen können sie ihre Selbstwirksamkeit[1] spüren und Erfolgserlebnisse haben. [...]

Um zu erklären, was jüngeren Spielern bei der Auswahl passender Spiele wichtig ist, hat der Medienforscher Jürgen Fritz das Modell der „Landkarte der Bildschirmspiele“ entwickelt. Auf dieser Landkarte mit den Eckpunkten Denken, Action und Geschichten lässt sich jedes Spiel einordnen. Manche Spiele fordern planvolles, strategisches Denken, andere reaktionsschnelles Handeln in Stresssituationen und dritte bieten eine faszinierende Story, die zu einem guten Ende geführt werden muss. [...]

Verschiedene Medienforscher nennen folgende Fähigkeiten, die mit Computerspielen erlernt werden können:

- Kombinationsfähigkeit, Taktik: Strategiespiele sind ohne diese Fähigkeiten nicht zu meistern.
- Improvisation, Einfallsreichtum: in Jump-and-Run-Spielen[2] muss ausprobiert werden, welche kreativen Lösungsmöglichkeiten es zum Vorwärtskommen gibt.

M3

- Schöpferisches Denken: Bei Rollenspielen kann man eigene Charaktere frei nach eigenen Vorstellungen entwerfen. […]
- Konzentrationsfähigkeit: Die meisten Spiele erfordern eine hohe Konzentration, nicht nur Denkspiele. […]
- Ausdauer, Beharrlichkeit, Ehrgeiz, Geduld: In Fun-Spielen bedarf es zahlreicher Versuche und einiger Übung, um erfolgreich sein zu können.

1 **Selbstwirksamkeit**: *hier:* die Erfahrung, durch eigene Anstrengungen ein Ziel zu erreichen

2 **Jump-and-Run-Spiele:** Computerspiele, bei denen sich die Spielfigur laufend und springend fortbewegt

Landesanstalt für Medien Nordrhein-Westfalen: Best-Practice-Kompass Computerspiele im Unterricht, S. 19 – 23; https://www.medienanstalt-nrw.de/fileadmin/lfm-nrw/Publikationen-Download/BestPractice-Kompass_Computerspiele_Web.pdf, November 2010, Zugriff: 25.02.2021 (Text gekürzt und geringfügig verändert)

Hinweis zur Quelle: Der Text wurde ohne namentliche Nennung eines Verfassers veröffentlicht.

M4 Welche der folgenden Computerspielarten spielen Sie zumindest gelegentlich?

Erläuterung zur Grafik:
Social-Games und Messenger-Games nutzen Soziale Netzwerk- oder Messengerdienste als Ausgangsplattform für die Spiele, damit diese mit mobilen Endgeräten gespielt werden können.

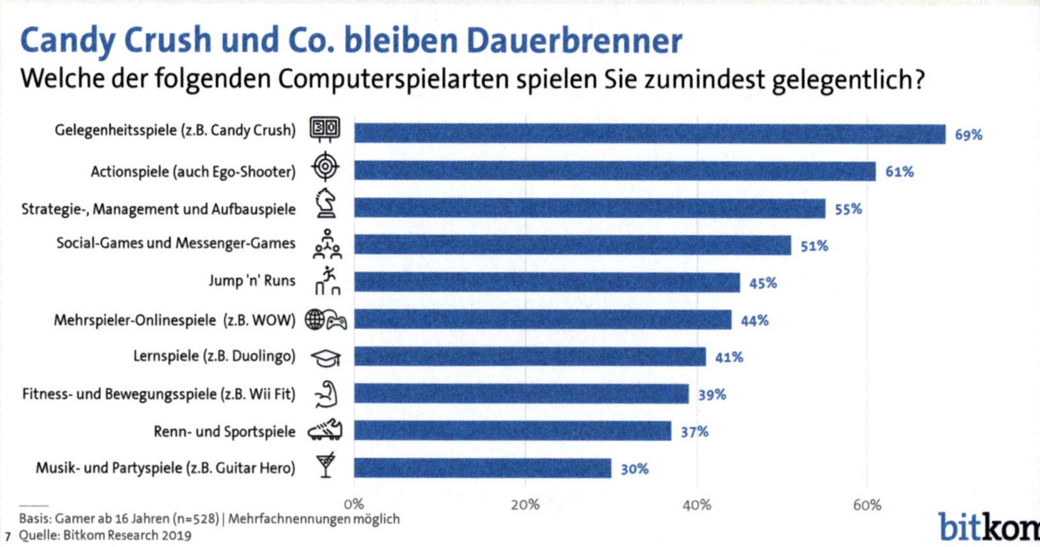

Bitkom Research GmbH, https://www.bitkom.org/sites/default/files/2019-08/bitkom-prasentation-gaming-trends-2019.pdf , Zugriff: 25.02.2021

Hinweis zur Quelle: Befragt wurden im Jahr 2019 528 Personen, die zumindest gelegentlich Videospiele spielen, in einer Altersgruppe ab 16 Jahren.

M5 Virtuelles Lernen: Verbessern Computerspiele die Leistungsfähigkeit von Schülerinnen und Schülern?

Judith Luig

Ja, sagt der Bildungsexperte Hans Fleisch. Er hat 2018 eine groß angelegte Studie zu den Vorteilen der Gamification[1] veröffentlicht. Er sagt: „Durch spielerische Elemente wird das Lernen effektiver." […] Lernplattformen schaffen eine Welt, die sich ganz bewusst von der Schule unterscheidet. Der Schüler heißt User, die Textaufgabe wird zur Mission, die von einem sehr schnell sprechenden Host[2] vorgetragen wird; und wer sein Lernziel erreicht hat, bekommt Punkte. […] Für jedes Schulfach gibt es eine eigene Serie von Lerngeschichten. Das Yuh und seine Mangafamilie sind für die Chemie zuständig; in Biologie gilt es, Robotern

M5

Phänomene wie Einzeller oder das menschliche Nervensystem zu erklären; im Fach Deutsch ziehen die Urbanos, eine internationale Teenagergang, durch die Stadt und entdecken die deutsche Grammatik. Die Charaktere sind lustig, sonderbar, einfältig oder manchmal auch ein bisschen nerdig, genau wie die Helden in den Serien, die Kinder gerne schauen. Und bei denen übrigens längst auch alle möglichen Lernziele mit eingeschmuggelt werden. [...]
Gerade für Kinder und Jugendliche, die Schwierigkeiten hätten, etwas auf die klassische Weise mit dem Schulbuch zu lernen, böte das gamifizierte Lernen einen alternativen Einstieg in ein neues Thema. Wird die digitale Revolution also irgendwann das Schulbuch ersetzen? „Nein“, sagt Daniel Bialecki, der Geschäftsführer einer Lernplattform, „das wäre auch nicht unbedingt sinnvoll. Zum Beispiel liest man auf Papier anders, und das ist oft einfach besser für das Verstehen.“
Gamification macht das Lernen spannender. Diese These unterstützt auch der Hirnforscher Martin Korte. Das spielerische Lernen kombiniere etwas, das die Schüler aus ihrer Freizeit kennen und schätzen, mit Lerninhalten. Aber er warnt auch davor, die Kinder mit den Lernplattformen allein zu lassen. „Eltern dürfen nicht glauben, dass das Lernen dann von selbst läuft“, sagt Korte. „Damit das Erlernte sich auch im Gedächtnis festsetzt, müssen die Lernenden darüber reden.“ Man brauche also eine Situation, in der die Kinder die Inhalte wiederholten und in eigene Worte fassten. Und da wiederum, sagt der Forscher, eigne sich der Schulunterricht doch eher als nur Gespräche zu Hause. [...]

1 **Gamification:** *hier:* Verwendung spielerischer Elemente im Unterricht durch den Einsatz von Computerspielen

2 **Host:** Gastgeber, Moderator, hier: Spielleiter

ZEIT ONLINE, Judith Luig, https://www.zeit.de/gesellschaft/schule/2019-03/virtuelles-lernen-gamification-schueler-unterricht, 07.05.2019, Zugriff: 25.02.2020 (Text gekürzt und geringfügig verändert)

M6 Lernen mit Computerspielen *[unbekannter Verfasser]*

Computerspiele sollten im Schulunterricht nach Ansicht der Trierer Professorin Linda Breitlauch deutlich mehr eingesetzt werden. „Sie ermöglichen einen ganz anderen Zugang zu Themen“, sagte die Expertin, die an der Hochschule Trier Game Design lehrt und Computerspiele entwickelt. [...]
Zum Beispiel können Kinder sich im Fach Geschichte virtuell und interaktiv in eine andere historische Zeit zurückversetzen. „Dann erleben sie historische Ereignisse ganz anders, als wenn sie nur darüber lesen“, sagte Breitlauch. „Sie erzählen Geschichte quasi mit – und lernen beim Spiel, ohne dass sie es merken. Lernen muss nicht wehtun.“
Es gehe nicht darum, das Schulbuch zu ersetzen, sondern neue Lehr- und Lernmöglichkeiten aufzutun. Bisher gebe es jedoch wenige solcher „Serious Games“ (ernsthafte Spiele), die einen nachprüfbaren Nutzen über die Unterhaltung hinaus haben. Denkbar seien sie jedoch für nahezu alle Fächer. „Was an Computerspielen so großartig ist, ist das Feedback-System. Heißt: Ich sehe sofort eine Reaktion“, sagte Breitlauch. In Chemie könne man virtuell beispielsweise Experimente machen, „die man im Klassenraum besser nicht macht.“ [...]

Presse-Druck- und Verlags-GmbH, Verlag der Augsburger Allgemeine, Augsburg, ohne Datum © dpa
(Text gekürzt und geringfügig verändert)
Hinweis zur Quelle: Der Text wurde ohne namentliche Nennung eines Verfassers veröffentlicht.

D 5 Aufgabentyp 2: Rico und Oskar (selbstständiges Üben)

Teil II

Bald kommt der Autor Andreas Steinhöfel an deine Schule und wird aus seiner Bücherserie „Rico und Oskar" vorlesen. Alle Klassen deiner Schule, Lehrerinnen und Lehrer sowie Eltern können die Autorenlesung besuchen. Du bist gebeten worden, in der Schulzeitung zur Vorbereitung die Figuren Rico und Oskar vorzustellen. Dein Text soll Schülerinnen und Schüler sowie Lehrkräfte und Eltern informieren. Damit du deinen Text schreiben kannst, bekommst du eine Materialsammlung (M1 – M5).

Lies bitte zunächst die Aufgabenstellung und dann die Materialien aufmerksam durch, bevor du mit dem Schreiben beginnst.

AUFGABENSTELLUNG

Verfasse auf der Grundlage der Materialien M1 – M5 einen **informierenden Text** über die Figuren Rico und Oskar. Schreibe nicht einfach aus den Materialien ab, sondern achte auf eine eigenständige Darstellung in einem zusammenhängenden Text.

Gehe dabei so vor:

- **Formuliere** für den Text eine passende Überschrift.
- **Schreibe** eine Einleitung, in der du die Figuren Rico und Oskar kurz **vorstellst** (*Wer ist Rico? Wer ist Oskar? Wie sehen sie aus? Welcher Autor hat die Figuren erfunden?*).
- **Erläutere**, welche besonderen Eigenschaften Rico und Oskar jeweils haben. Beziehe dich dabei auf konkrete Beispiele.
- **Stelle dar**, wie es dem Autor Andreas Steinhöfel gelingt, die Figur Rico und dessen Wohnumfeld für die Leser realistisch erscheinen zu lassen. Nenne dazu Beispiele aus den Materialien.
- **Schlussfolgere** anhand der Materialien und eigener Überlegungen, warum die Bücher über Rico und Oskar gerne gelesen werden.
- **Notiere** unterhalb des Textes die von dir genutzten Materialien.

M1 Inhaltsangabe „Rico, Oskar und die Tieferschatten" (2008)

Rico besucht in Berlin Kreuzberg ein Förderzentrum. Er bezeichnet sich selbst als „tiefbegabt". Das ist nicht weiter schlimm, außer dass Rico ziemlich schnell ein Durcheinander im Kopf bekommt, wenn viele Dinge gleichzeitig passieren. Und leider verläuft er sich dauernd, weil er links und rechts partout[1] nicht unterscheiden kann. Dieser liebenswerte Typ begegnet nun eines Tages Oskar. Oskar ist einen ganzen Kopf kleiner als Rico. Oskar bezeichnet sich als hochbegabt. Wohl auch deshalb trägt er von morgens bis abends einen Motorradhelm, weil er weiß, wie gefährlich das Leben nun mal sein kann. Und riskant ist das Leben zurzeit in Berlin für Kinder tatsächlich: Ein Kidnapper entführt Kinder und erpresst dann deren Eltern. 2000 Euro will er jeweils für die Rückgabe eines Kindes. Rico und Oskar, die beiden Außenseiter, die ihre Sommerferien in der Großstadt verbringen, machen sich auf die Suche nach dem Täter. Dass die beiden dabei in große Gefahr geraten, macht die Geschichte überaus spannend.

1 **partout:** unter allen Umständen, unbedingt

Andreas Steinhöfel: Rico, Oskar und die Tieferschatten, Pädagogische Hochschule FHNW, Windisch, http://blogs.fhnw.ch/zl/files/2013/10/Einfuehrung_Rico_10_13.pdf, Zugriff: 10.12.2020

M2 Interview mit dem Autor Andreas Steinhöfel

[…] Was war Ihre Inspiration[1] für die Geschichte von Rico und Oskar?
Ausgangspunkt war eigentlich Oskar. Ich wollte ursprünglich ein Buch über ein hochbegabtes Kind machen. Und beim Kinderbuch tendiere[2] ich, auch weil ich weiß, dass Kinder das mögen, zu Gegensatzpaaren. Also musste es Rico geben. Anfangs war er der kleine Doofe, über den alle gelacht haben. Der Stichwortgeber für die Gags. Bis ich merkte, dass ich die Figur fies runterputzte. Plötzlich tat mir Rico richtig leid. Autor/innen hinterfragen ständig ihre Figuren. Also fragte ich mich, wie sich eigentlich ein Kind fühlt, das nicht so tickt wie die anderen. Ich schlüpfte in die Rolle von Rico und dieser Perspektivenwechsel hat super funktioniert. Ich habe die Figur viel besser verstanden.
So wurde aus einer einfach nur doofen Figur, wie Sie sagen, ein Kind mit einer ganz eigenen Wahrnehmung.
Rico behauptet immer, er wäre nicht so schlau wie andere, aber das ist gar nicht wahr. Im Gegenteil verfügt er über ein hohes Maß an emotionaler Intelligenz[3]. Was ihm an Intellekt[4] fehlt, versucht er beispielsweise durch sein Wörterbuch zu kompensieren[5]. Das ist ein aufgeweckter kleiner Junge. […].
Hatten Sie medizinische Bezüge für Rico im Hinterkopf? Sie benennen seine „Störung“ nie ausdrücklich.
Das kann man alles draufpacken, wenn man möchte. Aber wenn ich nur einmal ADS[6] erwähne, habe ich plötzlich eine ganz andere Geschichte, eine Problemgeschichte. Lasse ich diesen Begriff aber weg, drücke ich dem Jungen keinen Stempel auf und gebe den Leser/innen damit die Gelegenheit, sich den Menschen näher anzusehen. Dann ist Rico keine Sozialdiagnose[7] mehr, sondern ein knuffiges, ziemlich gewitztes Kind.
In Ihrer Geschichte geht es ja auch um eine Freundschaft zwischen Außenseitern. Welche Einsichten können Kinder und Jugendliche durch Ihr Buch gewinnen?
Ein Buch, das geschrieben ist, damit man etwas draus lernt, ist ein schlechtes Buch. Ein Buch, das ein Lernangebot macht, lasse ich durchgehen. Das mache ich selber auch. Ich möchte aber keine Kinder erziehen, die von Erwachsenen Vorgekautes bloß nachplappern.

1 **die Inspiration:** die Idee, der Einfall

2 **tendieren:** beabsichtigen, dazu neigen

3 **die emotionale Intelligenz:** die Fähigkeit, eigene und fremde Gefühle wahrzunehmen

4 **der Intellekt:** der Verstand; die Fähigkeit etwas geistig zu erfassen

5 **kompensieren:** ausgleichen

6 **ADS:** Aufmerksamkeitsdefizitsyndrom, eine Aufmerksamkeitsstörung

7 **die Sozialdiagnose:** *hier gemeint:* ein Krankheitsbild

Ich habe mich gefragt, wie sich ein Kind fühlt, das nicht so tickt wie die anderen. Interview mit Andreas Steinhöfel von Andreas Busche, kinofenster.de – Das Online-Portal für Filmbildung, herausgegeben von der Bundeszentrale für politische Bildung/bpb, Bonn, https://www.kinofenster.de/filme/archiv-film-des-monats/kf1407-08/andreas-steinhoefel-kf1407-08/, Zugriff: 08.01.2021

M3 Buchbesprechung – Expertenmeinung

[…] Der Kritiker schlägt bereits nach dem Lesen der ersten Seiten den Falkplan[1] „Berlin, 60. Auflage“ auf, findet die Dieffenbachstraße in Kreuzberg – die Straße, in der der junge Held wohnt – und glaubt fortan an die wahrhaftige Existenz

M3

des elfjährigen Frederico „Rico" Doretti und seiner graubunten Welt der „Dieffe 93". Wie Steinhöfel die Welt des Steppkes[2] beschreibt, der sich für „tiefbegabt" hält und eine Förderschule besucht, wie der Autor Ricos Welt lebendig werden lässt, ist das Besondere an der Geschichte – nicht die dramatische Handlung. [...] Dass in der Stadt ein eigenartiger Kindesentführer sein Unwesen treibt und der Dieffe 93 nähersteht, als man zu glauben wagt, ist zweifelsohne ein spannender Plot[3]. Der Reiz des Buches jedoch steckt woanders. Man spürt ihn in der Beschreibung des „Miljöhs"[4] und in der Charakterisierung der Figuren – nicht zuletzt auch in Peter Schössows Illustrationen.

Die Leser schnuppern förmlich den Mief aus Bohnerwachsgestank[5] und Bratendüften, der durchs Treppenhaus zieht. Man glaubt, die Geräusche hinter den Türen des Mietshauses zu hören, das Plärren von Kleinkindern, das Lärmen der Fernsehapparate und das dumpfe Schlurfen alter Männer über den Flur. Die Typen scheinen direkt dem wirklichen Großstadtalltag entsprungen zu sein. Ricos treusorgende Mutter, Witwe im besten Alter (zweiter Stock, rechts), arbeitet als Geschäftsführerin in einem Privatclub für Männer. Der Marrak (fünfter Stock, links) firmiert[6] als „Sicherheitsmanager mit Schwerpunkt Kontroll- und Schließdienst" und der Kiesling (dritter Stock, rechts) ist ein schwuler Zahntechniker. Das Universum der Dieffe 93 gibt sich ziemlich schräg, nicht selten tragisch, aber trotzdem liebenswert. [...]

1 ein Falkplan: ein zusammengefalteter Stadtplan

2 der Steppke: Berliner Dialekt für „kleiner Junge"

3 der Plot: die Handlung

4 das Miljöh (Berliner Dialekt): das Milieu (französisch): der Schauplatz

5 das Bohnerwachs: Wachs zum Polieren von Böden, riecht oft stark nach Lösungsmitteln

6 firmieren: einen bestimmten Firmennamen benutzen

Der ganz besondere Duft: Andreas Steinhöfels Berliner Kinderkrimi „Rico, Oskar und die Tieferschatten". Süddeutsche Zeitung, München, 07.03.2008

M4 Buchbesprechung – Elternmeinung

Dass ich mal meinem Sohn ein Buch aus der Schultasche fischen würde, weil ich nicht will, dass er es in der Pause liest – das hätte ich auch nicht gedacht. Normalerweise freue ich mich, wenn er zu Büchern greift. Besonders wenn es sich ausnahmsweise einmal nicht um Comics handelt. Und wenn ihn das Buch dann auch noch so sehr in den Bann schlägt, dass er seine kostbare Pause dafür opfern will – müsste man das nicht feiern?

„Rico, Oskar und die Tieferschatten" habe ich ihm trotzdem wieder aus dem Ranzen geklaubt. Einfach, weil ich nicht wollte, dass er es ohne mich weiterliest. Mich hat es nämlich genauso gefesselt wie ihn, was aber übrigens keine große Überraschung ist: Das Buch wurde 2009 mit dem Deutschen Jugendliteraturpreis ausgezeichnet, der Autor vier Jahre später mit demselben Preis für sein Gesamtwerk geehrt, dazwischen und danach gab es zahlreiche weitere namhafte Preise, die Kritik bejubelt Andreas Steinhöfel als „den großen Erneuerer in der Kinder- und Jugendliteratur der vergangenen zwei Jahrzehnte", der Stoff kam mit Karoline Herfurth, Axel Prahl und Ronald Zehrfeld in den Hauptrollen ins Kino – da darf man schon was erwarten.

Die Geschichte ist aus der Perspektive von Rico geschrieben. Der Förderschüler ist ein nach eigener Auskunft „tiefbegabtes" Kind mit Konzentrationsschwä-

M4

che und eigentlich davon überzeugt, gar nicht erzählen zu können: „Meistens verliere ich den roten Faden", sagt er über sich selbst, „jedenfalls glaube ich, dass er rot ist, er könnte aber auch grün oder blau sein, und genau das ist das Problem."
Das ist so erfrischend offen, wie zum Glück auch falsch: Andreas Steinhöfel lässt Rico einen ganz ausgezeichneten Erzähler sein, dessen Stärke gerade in seinen witzigen Abschweifungen liegt. Ein Underdog[1], der lebendig und bildreich schildert, wie er durchs Leben schlittert, den hochbegabten und eigenwilligen Oskar trifft, sich mit ihm anfreundet und dann plötzlich in den spektakulärsten Kriminalfall der Stadt verwickelt wird.
Steinhöfel verbindet in dem Buch originelle Milieustudien aus dem Berliner Großstadtdschungel mit klugen Gedanken über das Leben an sich, ohne je ins Pädagogische abzugleiten. Und richtig spannend wird's auch noch! Darum ist Steinhöfel schon öfter mit den ganz Großen des Genres verglichen worden, Kästner[2] inklusive. Viel Lob, aber Buch und Autor haben es verdient.

1 **Underdog:** ein Außenseiter

2 **Kästner:** Erich Kästner, berühmter Autor

Matti Hartmann, Berlin, https://www.gute-kinderbücher.de/ab-10-jahren/rico-oskar-und-die-tiefer-schatten// (Zugriff: 08.01.2021)

M5 Leseräußerungen

[...] Ein rundum tolles Kinderbuch, das einem Lachtränen in die Augen treibt und im nächsten Augenblick einen Kloß im Hals verursacht. Aber um mit Rico zu sprechen: Graue Gefühle[1] haben hier keinen Platz! Hier geht es um Lebensfreude, Freundschaft und Selbstvertrauen. Und so viele toll gezeichnete Figuren waren schon lange nicht mehr in einem Kinderbuch versammelt!

1 **Graue Gefühle:** Ricos Bezeichnung für Depressionen

https://stiftunglesen.de/leseempfehlungen/lese-und-medienempfehlungen/buch/396, Zugriff: 08.01.2021

Lehrerinnen und Lehrer zugegriffen!
Wer seiner Deutschklasse etwas Gutes tun möchte, sollte sich für eines von Steinhöfels Büchern entscheiden. Meine Fünftklässler lieben es! Unermüdlich spielen sie einzelne Buchszenen nach oder lauschen konzentriert in den Vorlesestunden, wie es mit dem 10-jährigen Rico und seinem drei Jahre jüngeren Freund Oskar weitergeht.

[...] Rico, Oskar und die Tieferschatten ist ein kleines Meisterwerk des Genres Kinder- und Jugendbuch. Mit unglaublichem Einfühlungsvermögen hat Andreas Steinhöfel die Welt aus der Sicht eines leicht behinderten Kindes geschildert und seine Leser für sie fasziniert. Die Geschichte zeigt, dass es nicht darauf ankommt, wie schlau man ist, sondern wie viel Mut man hat, und dass es wichtig ist, Freunde zu finden, für die es sich lohnt, mutig zu sein. Rico, Oskar und die Tieferschatten ist die witzige und zugleich spannende Geschichte über eine ungewöhnliche Freundschaft, die es zu Lesen lohnt!

Rezension „Rico, Oskar und die Tieferschatten" von Andreas Steinhöfel, Svenja Dieken, Köln, Pan Tau Books: Ein Buchblog, https://pantaubooks.wordpress.com/2017/08/30/rico-oskar-und-die-tieferschatten-von-andreas-steinhoefel/ (Zugriff: 08.02.2021)

E Prüfungsaufgaben zum Themenbereich „Eine Frage der Beziehung“

In diesem Kapitel kannst du zu dem Thema „Eine Frage der Beziehung“ mehrere Prüfungsbeispiele bearbeiten. Notiere die benötigte Arbeitszeit (siehe Seite 5).

E 1 Leseverstehen: Während der Ausbildung ins Ausland (angeleitetes Üben)

Teil I

Lies zunächst den Text sorgfältig durch und bearbeite die Aufgaben **1** – **12**.

Während der Ausbildung ins Ausland: Allein unter Azubis

Anne Passow

(1) *Maike Kroschowski hat bei einer Firma in Irland gearbeitet. Als Auszubildende gehört sie damit zu einer seltenen Spezies[1]. Bei Studenten gehören Auslandsaufenthalte dazu, Auszubildende bleiben lieber daheim. Dabei gibt es Förderprogramme – allerdings wissen nur die wenigsten davon.*

(2) Sofagestelle gurten und Schaumstoff zusägen – jeden Tag. Während ihrer ersten Woche in Irland hatte Maike Kroschowski, 23, manchmal das Gefühl, die Arbeitszeit dort würde überhaupt nicht vergehen – ihr war langweilig. „Irgendwann hat meine Chefin aber gemerkt, dass ich mehr kann und ich durfte eine Fußbank beziehen. Danach hat sie mich einfach machen lassen.“

(3) Selbstbewusstsein hat die Auszubildende zur Raumausstatterin auf jeden Fall von ihrem Aufenthalt in Irland mitgebracht. Drei Wochen lang arbeitete sie im Januar in einer Firma in Cork. Ihr Chef hatte sie auf die Idee mit dem Auslandspraktikum gebracht. „Es war eine Belohnung für ihre gute Leistung. Ich will sie so stärker an die Firma binden“, sagt Alexander Hahlbeck, Inhaber der Raumausstattung Pöppel in Lübeck. Als junger Raumausstatter war er selbst im Ausland und weiß, wie motivierend so eine Erfahrung wirken kann. Schon vor dem Irland-Aufenthalt hatte er seine Auszubildende zu französischen Kollegen nach Poitiers geschickt. „Sie wissen dort sehr viel über historische Möbel. Ich habe viele Tricks und Kniffe[2] gelernt“, sagt Kroschowski.

(4) Nur wenige Azubis sammeln Erfahrungen im Ausland. Von 2007 bis 2009 gingen laut der Nationalen Agentur Bildung für Europa drei Prozent aller deutschen Auszubildenden und Berufsfachschüler für ein Praktikum oder eine Fortbildung ins Ausland. Im Vergleich zu Studenten ist das wenig. Während seiner Hochschulzeit sammelt jeder Fünfte Auslandserfahrung. Dabei ist es von Politik und Wirtschaft gewollt, dass mehr Lehrlinge über den Tellerrand schauen. Die Handwerks- sowie die Industrie- und Handelskammern, der Bund und die Europäische Union stecken viel Geld in Beratungsprojekte und Förderprogramme. Das bekannteste ist „Leonardo da Vinci“, mit dem Azubis für drei Wochen bis neun Monate ins Ausland gehen können.

(5) Warum also bleiben die Azubis lieber zu Hause? „Einige fühlen sich mit 16 oder 17 Jahren vielleicht noch zu jung“, vermutet Jacqueline März, Referentin für Mobilitätsberatung[3] des Deutschen Industrie- und Handelskammertags. Für viele kleine Unternehmen sei es außerdem kaum zu machen, einen Monat auf die Arbeitskraft des einzigen Lehrlings zu verzichten. Dennoch wissen zu wenig Auszubildende von dem Angebot.

(6) „Viele Betriebe möchten ihre Auszubildenden nicht wegschicken und erzählen ihnen deshalb nichts von dieser Möglichkeit", sagt Raumausstatter Alexander Hahlbeck. Maike Kroschowski bestätigt das: „Wenn mich mein Chef nicht auf die Idee gebracht hätte, hätte ich das nicht gewusst." Kroschowski kritisiert, dass der Deutsche Industrie- und Handelskammertag vorrangig die Unternehmen über die Praktika informiert. „Man müsste viel mehr Werbung machen und die Azubis direkt ansprechen", sagt sie. Jacqueline März sieht das anders. „Die Unternehmen müssen schließlich dem Auslandsaufenthalt zustimmen und die Vergütung[4] weiterzahlen", betont sie.

(7) März glaubt aber, dass sich das Angebot langsam durchsetzt. Immerhin stieg die Zahl der Mobilitätsberatungen ihrer Kollegen von 2010 (15.000 Beratungen) auf 2011 (22.000 Beratungen) fast um die Hälfte. „Oft zögern kleine Unternehmen, bis sie einen Azubi schicken", so März. Dann aber blieben sie dabei. Denn die Investition zahlt sich aus – vor allem für Unternehmen, die im Export[5] tätig sind. „Da brauchen sie Mitarbeiter, die die Gepflogenheiten und die Arbeitswelt des Landes kennen", sagt März. Zudem kämen die Lehrlinge selbstbewusster zurück und lernten andere Arbeitsabläufe und landestypische Besonderheiten ihres Berufes kennen.

(8) Jan-Peter Seideneck, 27, kam bei seinem dreiwöchigen Praktikum dieses Frühjahr in Dänemark auf ganz neue Ideen. Dort sei die Kabelführung für Deckenlampen viel übersichtlicher, erzählt der Elektroniker-Azubi für Energie- und Gebäudetechnik. „In Deutschland sind die Abzweigdosen oft unter den Tapeten versteckt. So findet man sie kaum wieder." Auch andersherum funktionierte der Austausch. Seinen Kollegen in Nykøbing brachte er spezielle Steckverbindungen für Stromleitungen aus seinem Lübecker Unternehmen mit. „Die waren begeistert", erzählt er. [...]

(9) Maike Kroschowski war erstaunt, mit welchen einfachen Werkzeugen und unter welchen Umständen ihre Kollegen in Irland arbeiteten. Die Werkstatt in Cork war in einer Scheune untergebracht, in der es im Januar sehr kalt war. „Wir saßen in Winterjacken vor den Nähmaschinen." Sie genoss ihre Zeit auch wegen der lockeren Art ihrer Kollegen. „Zwischendurch gab es öfter mal einen Kaffee und einen Schwatz", erzählt sie. Kroschowski ist auf den Geschmack gekommen. Ab August 2012 plant die Gesellin eine einjährige Australienreise.

Jan Seideneck macht im Winter erst mal seine Gesellenprüfung, anschließend plant er seinen Meister. Und dann? Der Lübecker hat gehört, dass Elektroniker in Dänemark das Doppelte verdienen. Also Auswandern? „Das ist auf jeden Fall eine Überlegung wert", sagt er.

1 **die Spezies:** eine besondere Art

2 **der Kniff:** gleiche Bedeutung wie „Trick"

3 **Referentin für Mobilitätsberatung:** jemand, der Auszubildende berät, die einen Auslandaufenthalt planen

4 **die Vergütung:** das Gehalt, den Lohn

5 **der Export:** Waren, die ins Ausland verkauft werden

Der SPIEGEL, Anne Passow, 08.10.2012 (http://www.spiegel.de/karriere/azubis-im-ausland-mit-dem-foerderprogramm-leonardo-da-vinci-a-859476.html, Zugriff 03.01.2020, verändert)

LÖSUNGSHILFEN zu 1 – 12

1 Nicht gleich in die Aufgaben stürzen! Erschließe zuerst den Text wie in B 3 (S. 19) dargestellt:
- Kläre unbekannte Begriffe.
- Unterstreiche wichtige Schlüsselstellen.
- Formuliere am Rand Überschriften oder Stichwörter zu den Sinnabschnitten.

Du findest zu den Aufgaben dann schnell die Textstellen.

AUFGABEN 1 – 12

TIPP Richtige Aussagen ankreuzen

Suche zu jeder Aussage die passende Stelle im Text und unterstreiche sie. Überprüfe genau, ob die Textstelle mit der Aussage unten übereinstimmt bzw. worin sich Text und Aussage unterscheiden. Achte auf Wortwahl, Fragestellung und Schlüsselwörter.

1 Kreuze die richtige Antwort an.

Maike Kroschowskis Auslandsaufenthalt ist so ungewöhnlich (Abschnitt 1), weil …

a) sie Studentin ist. ☐

b) sie sich für Irland interessiert. ☐

c) sie Azubi ist. ☐

d) sie dort ein Förderprogramm leitet. ☐

2 Kreuze die richtige Antwort an.

Maike Kroschowskis Aufgaben wurden interessanter (Abschnitt 2), weil …

a) ihr die Chefin mehr zugetraut hat. ☐

b) sie sich bei der Chefin beschwert hat. ☐

c) die Chefin keine Fußbank erneuern konnte. ☐

d) ihre Chefin lieber Sofagestelle bearbeitete. ☐

3 Bringe die Aussagen im Text über Auslandsaufenthalte in die richtige Reihenfolge (Abschnitt 3).

	Ablauf ihres Aufenthalts	Reihenfolge: 1, 2, 3, 4
a)	Drei Wochen Arbeit in Cork (Irland)	
b)	Aufenthalt in Poitiers (Frankreich)	
c)	Auslandsaufenthalt ihres Chefs	
d)	Idee Auslandspraktikum als Belohnung	

4 Kreuze die richtige Antwort an.

Im Vergleich mit Studenten sammeln wie viele Azubis Auslandserfahrung? (Abschnitt 4)

a) gleich viele ☐

b) fünf Mal so viele ☐

c) wenige ☐

d) gar keine ☐

TIPP zu 5

Aussagen im Textzusammenhang erläutern

1. Markiere die angegebene Textstelle.
2. Mache dir klar, was die Textaussage bedeutet (z. B. Was bedeutet *Tellerrand*?).
3. Schlage unbekannte Begrifflichkeiten im Wörterbuch nach, erschließe sie aus dem Textzusammenhang oder orientiere dich an den vorhandenen Worterklärungen unter dem Text.
4. Lies die Textaussagen, die vor oder hinter der angegebenen Textstelle stehen, und unterstreiche die zu der Textaussage passenden Aussagen bzw. Schlüsselwörter (z. B. *Nur wenige Azubis sammeln Erfahrungen im Ausland. ...*).
5. Formuliere die Antwort mit eigenen Worten: *Mit der Aussage „über den Tellerrand schauen“ (Z. 26) ist gemeint, dass ...*

5 Erkläre im Textzusammenhang, was mit der Aussage „*... dass mehr Lehrlinge über den Tellerrand schauen*“ (Abschnitt 4, Z. 25/26) gemeint ist.

6 Kreuze die richtige Antwort an.

Auszubildende gehen oft nicht ins Ausland (Abschnitt 5), weil ...

a) sie keine Fremdsprachenkenntnisse haben. ☐

b) sie noch minderjährig sind. ☐

c) sie nicht interessiert sind. ☐

d) ihre Arbeitskraft den kleineren Betrieben fehlt. ☐

TIPP zu 7

Textstellen erläutern

1. Mache dir klar, **was** du erläutern sollst (z. B. Wie können mehr Azubis ins Ausland gehen?).
2. Spüre die passende Textstelle in dem genannten Abschnitt (hier: Abschnitt 6) auf und unterstreiche sie.
3. Formuliere die Antwort mit eigenen Worten: *Auszubildenden könnte ein Auslandsaufenthalt ermöglicht werden, indem ...*

7 Erläutere, wie es gelingen könnte, mehr Auszubildenden einen Auslandaufenthalt zu ermöglichen (Abschnitt 6).

8 Kreuze die richtige Antwort an.

Unternehmen haben durch den Aufenthalt ihrer Auszubildenden im Ausland Vorteile, weil … (Abschnitt 7)

a) die Auszubildenden weitere Verfahrensweisen ihres Berufes kennenlernen. ☐
b) die Auszubildenden im Ausland bezahlt werden. ☐
c) die Auszubildenden während ihres Praktikums nicht bezahlt werden. ☐
d) die Auszubildenden im Ausland neue Kunden anwerben. ☐

9 Kreuze die richtige Antwort an.

Jan-Peter Seideneck hat durch sein Praktikum in Dänemark eine andere Möglichkeit für die Kabelführung von Deckenlampen entdeckt, (Abschnitt 8) die …

a) gefährlicher ist. ☐
b) sichtbarer ist. ☐
c) komplizierter ist. ☐
d) versteckter ist. ☐

10 Kreuze die richtige Antwort an.

Maike Kroschowski hat die Erfahrung gemacht (Abschnitt 9), dass die Arbeitsbedingungen in Irland …

a) einfacher sind. ☐
b) härter sind. ☐
c) zeitaufwändiger sind. ☐
d) vergleichbar sind. ☐

11 Kreuze die richtige Antwort an.

In dem Text wird deutlich, dass ein Auslandsaufenthalt für Auszubildende …

a) überflüssig ist. ☐
b) sehr aufwändig ist. ☐
c) unattraktiv ist. ☐
d) erstrebenswert ist. ☐

12 Nach dem Lesen des Textes sagt ein Schüler:

„Ein Auslandsaufenthalt während meiner Ausbildung wäre nichts für mich.“

Schreibe eine kurze Stellungnahme zu dieser Aussage. Du kannst der Auffassung zustimmen oder nicht. Wichtig ist, dass du deine Meinung begründest. Beziehe dich dabei auf den Text.

TIPP zu 12

Zu einer Aussage Stellung nehmen

1. Entscheide dich für eine der beiden Möglichkeiten: *Ich stimme zu/nicht zu.*
2. Überfliege den Text noch einmal und markiere Textaussagen, die deine Auffassung unterstützen.
3. Greife zu Beginn die Aussage, zu der du dich äußern willst, noch einmal auf.
4. Beziehe dich bei deiner Begründung auch auf die markierten Textaussagen. *(Die Erfahrungen von Maike und Jan-Peter zeigen, wie positiv ein Auslandsaufenthalt sein kann, daher …)*

E 2 Leseverstehen: Wie die Krise Freundschaft verändert (selbstständiges Üben)

Teil I

Lies zunächst den Text sorgfältig durch und bearbeite die Aufgaben **1** – **12**.

„Wie geht's dir?“ – Wie die Krise[1] Freundschaft verändert

Franziska Simon

(1) „Na, wie geht's?“ – der klassische Einstieg in jedes Treffen mit Freund*innen. Egal ob Kindergartenfreundschaft oder eher bessere Bekannte. Üblicherweise folgt eine knappe Antwort: „Alles gut!“ oder vielleicht mal ein „Jo, muss ja“. Und dann wird sich anderen Themen gewidmet.
Wie der letzte Urlaub war, oder wohin der nächste geht. Was am Wochenende so ging und wie es eigentlich mit Freundin X und Freund Y so läuft. Vielleicht geht es auch um Probleme mit dem Partner, um Stress auf der Arbeit oder verzwickte Situationen mit den Eltern. Das Datingleben wird analysiert, Zukunftspläne besprochen. Man diskutiert dann stundenlang bei Bier oder Kaffee, hüpft von Thema zu Thema.

(2) Und dann kam Corona. Und auf einmal war die Frage „Wie geht's dir?“ der Hauptbestandteil aller Telefonate, Hangouts[2] und Gespräche vom Balkon zur Straße. Denn alle lustigen Partystories, Urlaubserinnerungen und gemeinsames Pläneschmieden, das ganze nette Beiwerk, das ist auf einmal weg. Und es geht nur noch um dieses eine Gefühl: „Wie geht's mir eigentlich gerade?“.
Die Antworten sind in Zeiten von Ungewissheit, Isolation[3], Existenzangst und einem zusammenbrechendem System anders, als noch vor einem Monat[4]. Niemand war je in dieser Situation, wir alle müssen uns neu orientieren und verbringen – egal ob in Partnerschaft, der WG oder alleine zuhause lebend – viel Zeit mit unseren eigenen Gefühlen. [...]

(3) Und so verändern sich die Freundschaften. Sie werden wichtiger, sie werden intensiver. Wir müssen alle ganz besonders gut zuhören – oder wir lassen den Videocall unbeantwortet. Weil wir die ehrliche Frage nach den eigenen Gefühlen gerade nicht beantworten wollen oder nicht ertragen können, was das Gegenüber sagt.
So geht es mir aktuell – ich kann nicht immer reden. Ich brauche die Zeit für mich alleine. Und dann die richtigen Leute, um im richtigen Moment reden zu können. Und wieder aufzulegen. Nicht weil man noch Termine hat. Sondern, weil alles gesagt ist.

(4) Gefühlt ist mein Freundeskreis, betrachtet man ihn tatsächlich als solchen, enger um mich, den kleinen Punkt in der Mitte, gezogen. Und dabei zählt geographische Distanz nicht mehr. Denn wir stecken gerade alle im selben Dilemma[5], egal ob sechs oder 600 Kilometer voneinander entfernt. Egal, ob wir mit Kurzarbeit zu kämpfen haben, oder ein Kleinkind betreut werden muss – alle sind irgendwie betroffen. Was vorher war, rückt in den Hintergrund. Und das schweißt zusammen, wie nie zuvor.

(5) Denn wenn ich jetzt zwei Stunden mit einer Freundin telefoniere, dann fühle ich mich wie in einer Therapiestunde. Mal liege ich auf dem Sofa, mal sie. Wir sprechen uns Mut zu, wir fürchten uns gemeinsam, wir versuchen

Lösungen zu finden, wo es keine gibt. Jedes Mal, wenn man sagt: „Ach, komm, lass mal über was anderes reden", dann bleibt man vielleicht kurz beim Tiger King[6] hängen, oder beim neuen Bananenbrot-Rezept – nur um dann doch wieder bei den Gefühlen zu landen. [...]

(6) Unsere Freundschaften werden auf die Probe gestellt. Nicht nur durch fehlende Small-Talk-Themen, sondern auch durch die nicht vorhandene körperliche Nähe. Denn bei einem „Mir geht's gerade wirklich nicht gut" und fließenden Tränen, fehlt sie. Der ermutigende Drücker, das besorgte Streichen über den Rücken, die feste Umarmung – muss ersetzt werden. Wir lernen gerade, einander anders nah zu sein. Mit vielen Worten, oder eher den richtigen. Wir müssen auf Untertöne in den Gesprächen lauschen und unsere eigene Sprache überdenken. Wir werden sanfter miteinander, offener, echter und ehrlicher.

Das ist nicht einfach. Das funktioniert nicht mit dem großen Bekanntenkreis, den man normalerweise bei einem Bierchen sieht. Das funktioniert vielleicht auch nicht mit der Freundin, mit der man dachte, immer über alles reden zu können.

(7) Stattdessen rücken die Menschen in den Fokus, die gerade im Konsens[7] mit mir sind. Die nicht über Masken tragende Menschen lästern, die keine Fake-News weiterleiten oder trotz Kontaktverbots ein Tinder-Date treffen. Die Corona-Krise wirkt wie ein großes soziales Sieb, in dem gerade die Leute hängenbleiben, mit denen man am Telefon angespannt diskutiert oder frustriert auflegt. Die nicht glücklich machen. [...]

(8) Die, die durch das Sieb fallen, sind diejenigen, mit denen ich eine Arche[8] zusammen bauen könnte. Die ich an meiner Seite sehen will, falls nach dieser Pandemie noch eine Zombie-Apokalypse[9] auf uns zukommt. Die mir zuhören, wenn sie mich fragen, wie es mir geht. Und von denen ich auch wirklich wissen will, wie es ihnen geht.

Ich hoffe, dass wir uns diese neuen, tieferen Freundschaften bewahren können. Das bessere Zuhören und genauere Hinhören. Und, dass die Frage „Wie geht's dir?" auch in einer Zeit, in der es wieder Partygeschichten und Urlaubsbilder gibt, wichtig ist. Vielleicht sogar wichtiger als alles andere.

1 **die Krise:** gemeint ist die Corona-Pandemie

2 **Hangouts:** eine Art der Videokonferenz

3 **die Isolation:** Zurückgezogenheit, Einsamkeit

4 **vor einem Monat:** bezieht sich auf die Zeit vor den Kontaktbeschränkungen

5 **das Dilemma:** die Not, die Schwierigkeit

6 **Tiger King:** eine Dokumentarserie

7 **der Konsens:** die Übereinstimmung

8 **die Arche:** *hier:* Schutzort, Ort der Geborgenheit

9 **die Apokalypse:** der Untergang der Welt

Mit Vergnügen GmbH, Berlin, 2020

AUFGABEN 1 – 12

1 Kreuze die richtige Antwort an.

Die Frage *„Na, wie geht's?"* wird oft gestellt (Abschnitt 1), weil ...

a) es dem Fragenden um die Gesundheit des anderen geht. ☐

b) der Fragende den anderen lange nicht gesehen hat. ☐

c) der Fragende damit ein Gespräch einleitet. ☐

d) der Fragende mit dem anderen befreundet ist. ☐

2 Kreuze die richtige Antwort an.

Auf die Frage *„Na, wie geht's?“* folgt normalerweise (Abschnitt 1) ...

a) eine ausführliche Antwort. ☐

b) eine Lüge. ☐

c) eine Standardantwort. ☐

d) eine ausschweifende Antwort. ☐

3 Kreuze die richtige Antwort an.

In Corona-Zeiten wird die Frage *„Wie geht's dir?“* (Abschnitt 2) ...

a) sehr oft gestellt. ☐

b) selten gestellt. ☐

c) unter Freunden gestellt. ☐

d) nur am Telefon gestellt. ☐

4 Kreuze die richtige Antwort an.

Die Antworten auf die Frage *„Wie geht's dir?“* ändern sich in Corona-Zeiten (Abschnitt 2), weil ...

a) viele über ihre Wochenenderlebnisse berichten. ☐

b) man nicht über Freizeiterlebnisse erzählen kann. ☐

c) man endlich jemandem etwas erzählen kann. ☐

d) man sich freut, mit jemandem ins Gespräch zu kommen. ☐

5 Kreuze die richtigen Antworten an.

In Corona-Zeiten verändern sich die Freundschaften (Abschnitt 3). Sie werden ...

a) distanzierter und weniger. ☐

b) oberflächlicher und anstrengender. ☐

c) seltener und nerviger. ☐

d) bedeutungsvoller und enger. ☐

6 Erläutere, was damit gemeint ist, wenn es im Text heißt *„Gefühlt ist mein Freundeskreis, (...) enger um mich (...) gezogen. Und dabei zählt geographische Distanz nicht mehr“* (Abschnitt 4, Z. 30–32).

7 Kreuze die richtige Antwort an.

Die Autorin des Textes fühlt sich bei einem Telefongespräch mit ihrer Freundin wie in einer Therapiestunde, weil ... (Abschnitt 5)

a) sie in dem Gespräch Ängste, Sorgen und Empfindungen schildert. ☐

b) sie im Liegen telefoniert. ☐

c) die Freundin ihr Ratschläge erteilt. ☐

d) für sie der Austausch von Backrezepten zur Entspannung gehört. ☐

8 Kreuze die richtige Antwort an.

Durch die Freundschaft auf Distanz fehlt die körperliche Nähe und somit die Möglichkeit, ... (Abschnitt 6)

a) mit der Freundin/dem Freund zu lachen. ☐

b) der Freundin/dem Freund genau zuzuhören. ☐

c) die Freundin/den Freund direkt fühlbar zu trösten. ☐

d) mit der Freundin/dem Freund zu weinen. ☐

9 Kreuze die richtige Antwort an.

Mit der Aussage *„Wir müssen auf Untertöne in den Gesprächen lauschen“* (Z. 49/50) ist hier Folgendes gemeint ...

a) genau hinzuhören, was der Gesprächspartner wirklich ausdrücken will. ☐

b) gegenüber dem Gesprächspartner misstrauisch zu sein. ☐

c) gegenüber dem Gesprächspartner unaufrichtig zu sein. ☐

d) genau hinzuhören, wenn der Gesprächspartner etwas Falsches sagt. ☐

10 Kreuze die richtige Antwort an.

Für die Autorin wirkt die Corona-Zeit „wie ein großes soziales Sieb“ (Z. 58), in dem bei ihr die Menschen hängenbleiben (Abschnitt 7), mit denen ...

a) Telefongespräche sehr lange dauern. ☐

b) Telefongespräche inhaltlich anstrengend sind. ☐

c) Telefongespräche selten stattfinden. ☐

d) Telefongespräche nur dienstlich stattfinden. ☐

11 Kreuze die richtige Antwort an.

Die Autorin hat festgestellt, dass Freunde für sie diejenigen sind (Abschnitt 8), die ...

a) achtgeben, auf das, was sie ihnen erzählt. ☐

b) sie fragen, wie es ihr geht. ☐

c) mit ihr ein Floß bauen würden. ☐

d) auch vor Zombies keine Angst haben. ☐

12 Nach dem Lesen des Textes sagt ein Schüler:

„Die Frage „Wie geht's dir?“ spielt doch unter Freunden keine große Rolle. Wahre Freunde erzählen sich doch auch so, wie es ihnen gerade geht.“

Schreibe eine kurze Stellungnahme zu dieser Aussage.
Du kannst der Auffassung zustimmen oder nicht. Wichtig ist, dass du deine Meinung begründest.
Beziehe dich dabei auf den Text.

E 3 Aufgabentyp 4a: Am Ende des Alphabets (angeleitetes Üben)

Teil II

Lies bitte zunächst den Text, bevor du die Aufgaben bearbeitest.
Schreibe einen zusammenhängenden Text.

AUFGABENSTELLUNG

1 **Analysiere** den Textauszug aus dem Roman „Am Ende des Alphabets“ von Fleur Beale.

Gehe dabei so vor:

a) **Schreibe** eine Einleitung, in der du Textsorte, Titel, Autorin und Erscheinungsjahr **benennst** sowie das Thema **formulierst**.
b) **Fasse** den Text kurz **zusammen**.
c) **Stelle dar**, wie sich Mr Vine gegenüber Ruby und den Kunden verhält.
d) **Untersuche**, welche Empfindungen Ruby während des Konflikts durchlebt.
e) **Erläutere**, wie durch sprachliche und formale Mittel deutlich wird, dass Ruby sich über Mr Vine ärgert (*mögliche Aspekte: Wortwahl, Sprachbilder, Erzählperspektive*).
f) **Setze dich** im Schlussteil mit der folgenden Aussage eines Schülers kritisch **auseinander**:
„So wie Ruby sollte man am ersten Tag beim neuen Job nicht auftreten.“
- **Nimm Stellung** zu der Aussage.
- **Begründe** deine Meinung.
- **Belege** deine Ausführungen am Text.

Am Ende des Alphabets (Textauszug) *Fleur Beale*

Ort des Geschehens ist ein Supermarkt in einer Kleinstadt in den USA. Die zurückhaltende und sonst eher bescheidene Ruby hat einen Aushilfsjob im Supermarkt bekommen. Sie beginnt heute mit ihrer ersten Arbeitsstunde.

Ich kam zwei Minuten vor sechs am Supermarkt an. Mr Vine grunzte und drückte mir einen Mop[1] in die Hand. „Fang an.“ Er hatte nicht nach meinem Namen gefragt. „Mr Vine, könnten Sie mich bitte jeden Tag bezahlen?“ Diesen Tipp hatte mir Mum gegeben. Sie traute ihm nicht über den Weg.
Er zuckte die Achseln. „Du stellst ständig neue Forderungen, ohne einen Handstreich[2] getan zu haben. Fang an zu arbeiten.“ „Erst, wenn Sie mir versprechen, mich jeden Tag zu bezahlen, und zwar bar.“ „Meinetwegen. Und jetzt fang endlich an!“ Er ließ die Faust auf den Tresen donnern.
Ich fing an, den Boden zu wischen. Er war nicht allzu staubig. Mr Vine musste gelegentlich gefegt haben. Aber feucht gewischt hatte er ihn garantiert nicht oft. Das Linoleum[3] war schmutziggrau und wurde zum Rand hin dunkler.
Ich schrubbte kräftig mit dem Mop. Das Grau wurde ein bisschen heller, aber nicht viel. Mr Vine war nicht zufrieden. „Du kannst ja noch nicht einmal einen Boden wischen. Dafür bezahle ich doch keine zehn Dollar die Stunde.“ Ehe ich wusste, wie mir geschah, hielt ich ihm auch schon den Mop hin. „Dann zeigen Sie mir, wie man es richtig macht.“ Ich funkelte ihn böse an.

Quelle (Aufgaben): Qualitäts- und UnterstützungsAgentur – Landesinstitut für Schule, Soest 2017

Er schnappte sich den Mop, tauchte ihn in den Eimer und ließ ihn am Rand des Flurs, wo das Linoleum am dunkelsten war, auf den Boden klatschen. Wisch, wisch, und wieder in den Eimer. Die Farbe veränderte sich kein bisschen. Auch nach dem zweiten Versuch war kein Unterschied zu sehen. Ha, das geschah ihm recht, diesem Griesgram[4]. Mr Vine rammte den Mop in den Eimer und stiefelte davon. Zum Glück war die Stunde vorbei. Ich trug Mop und Eimer in die Kammer hinten im Laden und räumte beide ein.

Mr Vine schloss gerade die Tür auf, als ich zurückkam. „Bekomme ich jetzt bitte mein Geld?" Er rückte eine Kiste mit Gemüse zurecht. „Du hast das Klo noch nicht geputzt." Mein Herz klopfte, aber ich sagte: „Die Stunde ist rum. Das Wischen hat lange gedauert, weil der Boden so schmutzig war. Nächstes Mal geht es schneller." Er sah mich nicht an. „Du kriegst dein Geld, wenn du deine Arbeit getan hast, und damit basta."

Ein Mann kam herein und kaufte eine Zeitung und eine gefüllte Teigtasche. Ich wartete, während Mr Vine mit ihm scherzte. Mir war übel. Ich ballte die Fäuste und bohrte sie mir in den Bauch. Der Kunde ging, und Mr Vine verwandelte sich wieder in ein Ekel. „An die Arbeit oder raus."

Ich rannte hinaus und versuchte, die Tränen zurückzuhalten. Draußen blieb ich stehen und versuchte, mich zu beruhigen. Ich hatte mich echt angestrengt und gute Arbeit geleistet. Ein Mann betrat den Supermarkt und ging mit Brot und Milch an die Kasse. Ich hörte Mr Vine freundlich mit ihm plaudern. Der Mann lachte, als er wieder herauskam. Er ging an mir vorbei und sagte: „Der ist echt ein Spaßvogel. Sympathischer Kerl."

Nein, das war er nicht. Er wollte mich über den Tisch ziehen. Mum würde ausflippen, wenn sie hörte, was passiert war. Da fing mein Hirn an zu arbeiten. Ich musste Rückgrat[5] zeigen und inzwischen hatte ich ja schon ein paar Mal bewiesen, dass ich das konnte. Außerdem, was hatte ich schon zu verlieren?

Trotzdem zitterte ich, als ich wieder in den Laden ging. Mr Vine bediente gerade einen LKW-Fahrer, und ein Scherz jagte den anderen. Als der Trucker bezahlt hatte und auf dem Weg zur Tür war, sagte ich: „Mr Vine, wenn Sie mich nicht bezahlen, rufe ich meine Mutter an, und die informiert dann die Behörden." Ich sah Mr Vine fest in die Augen. Mir war schlecht, und mein Herz klopfte wie verrückt. Hoffentlich musste ich mich nicht übergeben! Dann hätte ich beinahe gelacht. Und wenn schon – ich würde die Sauerei definitiv nicht wegmachen. Der LKW-Fahrer drehte sich um und starrte uns an.

Mr Vine schenkte ihm ein breites Lächeln, dann fauchte er mich an: „Du bist verdammt nochmal noch nicht fertig. Die Toilette muss noch geputzt werden." Der Fernfahrer rührte sich nicht vom Fleck, und jetzt kam auch noch eine Frau mit einem Einkaufskorb zur Kasse. „Ich habe eine Stunde gearbeitet. Ich habe den Boden gewischt, und das hat lange gedauert, weil er so dreckig war", sagte ich, so laut es ging.

„Verzieh dich", zischte Mr Vine.

Die Frau hatte mitgehört. „Ich wusste doch, dass heute irgendetwas anders ist." Sie lächelte mich an. „Das hast du toll hingekriegt."

„Ganz recht", pflichtete der Trucker ihr bei. „Sie hat ganze Arbeit geleistet." Er stützte sich mit einer Hand am Tresen ab. Er war ziemlich groß – größer als Mr Vine – und muskulös. Mr Vine schenkte dem Trucker ein schmales Lächeln, dann ließ er die Kasse aufschnappen, nahm einen Zehn-Dollar-Schein heraus und klatschte ihn auf den Tresen. Ich schnappte mir das Geld. Am liebsten wäre ich den beiden um den Hals gefallen.

1 **Mop:** Arbeitsgerät zum Wischen von Bodenflächen

2 **Handstreich:** *hier:* geringfügige Tätigkeit, Arbeitsaufnahme

3 **Linoleum:** Fußbodenbelag

4 **Griesgram:** schlechtgelaunte Person

5 **Rückgrat zeigen:** *hier:* standhaft bleiben, sich nicht von einer Sache abbringen lassen

Fleur Beale: Am Ende des Alphabets. München: Knesebeck und Co. Verlag 2015, S. 51 – 53, übersetzt von Ursula C. Sturm (verändert)

LÖSUNGSHILFEN zu 1 a) – 1 b)

1 Führe den ersten Bearbeitungsschritt durch (vgl. dazu C 2.6: Sich orientieren, S. 41).

2 Erschließe den Text mit der Lesemethode für literarische Texte (vgl. B 2, S. 17) und schreibe deine Notizen an den Rand, zum Beispiel:

1. Abschnitt (Z. 1 – 4): Rubys erster Arbeitstag im Supermarkt, Mr Vine gibt ihr einen Mop,
Ruby fragt nach täglicher Bezahlung
2. Abschnitt: (Z. 5 – 8): Mr Vine verspricht, Ruby täglich zu bezahlen
3. Abschnitt: (Z. 9 – 11): Ruby wischt den Boden, Belag ist sehr schmutzig …

3 Sammle Stichworte zum Thema, zum Beispiel:

Rückgrat zeigen, sich gegen Ungerechtigkeit wehren, auf Einhaltung von Absprachen bestehen,
nicht klein beigeben …

4 a) Lege dir einen Schreibplan zur Planung deines analysierenden Textes an. Orientiere dich dabei am dritten Schritt (vgl. C 2.6, S. 45). Du kannst auch die Vorlage aus C 2.5 (S. 40) verwenden.
b) Ergänze deine Ergebnisse zu den Teilaufgaben a und b in den ersten beiden Zeilen.

LÖSUNGSHILFEN zu 1 c) – 1 e)

5 a) Markiere im Text die Stellen, in denen deutlich wird, wie sich Mr Vine Ruby gegenüber verhält.
b) Markiere mit einer anderen Farbe die Textstellen, die darstellen, wie sich Mr Vine den Kunden gegenüber verhält.
c) Ergänze deine Ergebnisse zu der Aufgabe 1 c) in der dritten Zeile deines Schreibplans. Beginne so:

Mr. Vines Verhalten gegenüber Ruby:
– unfreundlich (Z. 2), herrisch (schlägt mit Faust auf Tisch),
– erniedrigt sie, wirft ihr Nichtkönnen vor (Z. 13/14)
– beleidigt sie (Z. 53/54) …

TIPP zu 5 a)/b)/c)

Markiere im Text die Textstellen, die sich auf **Ruby** bzw. die **Kunden** beziehen, **mit unterschiedlichen Farben**. So kannst du die Textstellen der Teilaufgabe übersichtlich zuordnen und getrennt im Schreibplan aufnehmen.

Mr Vines Verhalten gegenüber Kunden:
– scherzt und lacht mit ihnen (Z. 31, Z. 37),
– unterhält sich angeregt …

d) Vergleiche das Verhalten von Mr Vine zu Ruby und seinen Kunden miteinander. Stelle die Unterschiede mithilfe deiner Vorarbeit kurz gegenüber:

Im Gegensatz zu seinem Verhalten Ruby gegenüber verhält sich Mr Vine zu seinen Kunden …
Während Mr Vine sich Ruby gegenüber … verhält, geht er mit seinen Kunden … um.

TIPP zu 5 – 7

1. Durch die Teilaufgaben wird dir die Gliederung des Hauptteils deines Textes schon vorgegeben.
2. Wichtig ist, dass du die einzelnen Arbeitsschritte erkennst und sie in deinen Schreibplan aufnimmst. Hier bedeutet das: Beschreibung des Verhaltens von Mr Vine Ruby gegenüber und gegenüber seinen Kunden sowie die Darstellung der Unterschiede in den Verhaltensweisen (1 c), Benennung der verschiedenen Gefühle Rubys während ihrer Auseinandersetzung mit Mr Vine (1 d), Verdeutlichung von Rubys Ärger über Mr Vine und die Erläuterung dazu anhand von formaler und sprachlicher Aspekte, wie der Wortwahl, Sprachbilder und der Erzählperspektive (1 e).
3. In dieser Aufgabe wird nicht ausdrücklich von dir erwartet, dass du Textbelege an-führst. Du musst dich jedoch bei deiner Stellungnahme auf den Inhalt des Textes beziehen und solltest dazu Zeilenangaben machen, um deine Ergebnisse zu belegen.

6 a) Markiere im Text die Gefühle Rubys, die dort genannt werden, bzw. die du aus den Textstellen ableiten kannst.
b) Benenne Rubys Gefühle, die du aus dem Text erschließen kannst (1 d). Ergänze deine Notizen in der vierten Zeile des Schreibplans.

– Ich-Erzählerin ist enttäuscht (Er hatte nicht nach meinem Namen gefragt, Z. 2/3)
– Ruby ist wütend (Z. 15/16)
– zeigt Schadenfreude (Z. 20/21) als sie feststellt, dass Mr Vine …
– ist aufgeregt (Mein Herz klopfte, Z. 26), weil …

7 Ruby ärgert sich über Mr Vines Verhalten ihr gegenüber (1 e):
a) Markiere in einer weiteren Farbe die Textstellen, die verdeutlichen, dass Ruby sich über Mr Vine ärgert.
b) Benenne ihre Gedanken und Verhaltensweisen und erkläre, woran du daran Rubys Ärger erkennst. Berücksichtige dazu ihre Wortwahl, die verwendeten Sprachbilder sowie die Erzählperspektive.
Notiere deine Ergebnisse in der fünften Zeile des Schreibplans.

– Ruby bezeichnet Mr Vine in Gedanken als „Griesgram" (Z. 21), „Ekel" (Z. 33)
– die Darstellung in der Ich-Perspektive verdeutlicht Rubys Wut
– Rubys Gefühle werden durch anschauliche Verben, wie zum Beispiel „ausflippen" (Z. 41) …, dargestellt

– Ruby verwendet in Gedanken Redewendungen wie „über den Tisch ziehen (Z. 40), …

– Metaphern verstärken Rubys Ärger „die Fäuste in den Bauch bohren" (Z. 31/32), …

– Rubys Wut wirkt sehr realistisch und authentisch durch umgangssprachliche Ausdrücke „echt" (Z. 35), …

LÖSUNGSHILFEN zu **1** f)

8 a) Lies noch einmal die Aussage in der letzten Teilaufgabe (**1** f), zu der du Stellung nehmen sollst.

b) Kannst du dich der Aussage des Schülers anschließen oder bist du anderer Meinung? Notiere deine Position in der letzten Spalte des Schreibplans.

c) Sammle stichwortartig Begründungen, die deine Position unterstützen. Beziehe dich dabei auf den Text.

Ich stimme der Aussage des Schülers nicht zu:

Ruby hat sich am Arbeitsplatz gut verhalten:

– Ruby hat ihre Arbeit gründlich erledigt und sich angestrengt (Z. 12 f.),

– Ihre Arbeit wurde von einer Kundin gelobt (Z. 60/61)

– Ruby hat sich an Absprachen gehalten …

– Ruby ist höflich geblieben …

TIPP zu **8**

1. Wenn du zu einem Zitat aus dem Text und/oder zu einer Aussage zum Text Stellung nehmen musst, gehe so vor.
   - Gib die Aussage wieder und erläutere sie kurz, wenn nötig.
   - Stelle deine eigene Position dazu dar und begründe, warum du auch dieser Meinung bist oder warum du sie nicht teilen kannst.
   - Beziehe dich in deiner Argumentation auf den Text, indem du Textbelege heranziehst.
2. Nutze folgende Formulierungen: *Meiner Ansicht nach … / Ich bin der Meinung, dass … / Ich vertrete den Standpunkt, dass … / Einerseits … / andererseits … / Daraus folgt … / Sicherlich muss man auch bedenken … / Das heißt auch, dass … / Wichtig erscheint mir, dass …*

9 Formuliere deinen Textentwurf anhand deines Schreibplans in vollständigen Sätzen. Setze nach der Erarbeitung jeder Teilaufgabe einen Absatz. So kannst du beginnen:

In dem Textauszug „Am Ende des Alphabets" von Fleur Beale geht es um das Mädchen Ruby, das bei seinem ersten Aushilfsjob Rückgrat zeigt und sich nicht abspeisen lässt. Die Autorin schildert, wie die Ich-Erzählerin zu ihrem ersten Arbeitstag im Supermarkt von Mr Vine antritt. Vereinbart ist, dass sie dort eine Stunde putzt und dafür 10 Dollar erhält. Vor Arbeitsbeginn willigt ihr Arbeitgeber ein, ihr das Geld täglich bar auszuzahlen. …

10 Überarbeite deinen Textentwurf mithilfe der CHECKLISTE auf Seite 49.

E 4 Original-Prüfung 2021: Aufgabentyp 4a: Den Mund voll ungesagter Dinge

Teil II

Lies bitte zunächst den Text, bevor du die Aufgaben bearbeitest.
Schreibe einen zusammenhängenden Text.

AUFGABENSTELLUNG

Analysiere den Textauszug aus dem Roman „Den Mund voll ungesagter Dinge“ von Anne Freytag.

Gehe dabei so vor:

- **Schreibe** eine Einleitung, in der du Textsorte, Titel, Autorin und Erscheinungsjahr **benennst** sowie das Thema **formulierst**.
- **Fasse** den Text kurz **zusammen**.
- **Stelle dar**, wie sich Sophie bei der Abfahrt ihrem Vater gegenüber verhält.
- **Untersuche**, wie durch sprachliche Mittel deutlich wird, wie unglücklich Sophie über den Abschied von ihrem Zuhause ist (Z. 14 – 35) (*mögliche Aspekte: Wortwahl, Satzbau, stilistische Mittel*).
- **Erläutere**, wie der Vater an der Tankstelle versucht, die Situation zu entspannen, und wie Sophie darauf reagiert.
- **Setze dich** im Schlussteil kritisch mit der folgenden Aussage einer Schülerin **auseinander**: *„Sophie sollte ihrem Vater gegenüber ehrlich sein.“*
  – **Nimm Stellung zu** der Aussage.
  – **Begründe** deine Meinung.
  – **Belege** deine Ausführungen am Text.

Den Mund voll ungesagter Dinge (Textauszug) *Anne Freytag*

Sophie ist alleine bei ihrem Vater aufgewachsen. Als sie siebzehn Jahre alt ist, geht dieser eine neue Partnerschaft ein. Der Vater beschließt, mit ihr von Hamburg nach München zu ziehen, wo seine neue Partnerin Lena lebt.

Die Osterferien sind vorbei. Und mit ihnen unser Leben in Hamburg. Ich sitze auf dem Beifahrersitz und versuche, nicht daran zu denken, dass das hier das Ende ist. Zumindest ein Ende. Eben war dieses alte Backsteinhaus noch mein Zuhause. Jetzt ist es das nicht mehr. Meine Augen brennen, aber ich werde nicht weinen. Nicht wegen so etwas.

Mein Vater öffnet die Fahrertür und lässt sich neben mir auf den Sitz fallen, dann atmet er tief ein, so als wären wir im Schwimmbad und er würde jeden Augenblick untertauchen. „Also gut, Motte“, sagt er und stößt langsam die Luft aus, „dann wollen wir mal.“

Ich will nicht. Ich will meine drei Kisten wieder auspacken und hierbleiben. Aber es geht nicht um das, was ich will. Wenn man siebzehn ist, tut es das eigentlich nie.

„Hast du alles?“

Ich antworte mit einem langsamen Nicken, weil er sonst in meiner Stimme

Quelle (Aufgaben): Qualitäts- und UnterstützungsAgentur – Landesinstitut für Schule, Soest 2021

hören würde, was ich ihm zuliebe für mich behalte. Ich weiß, dass er einen Neuanfang braucht. Für meinen Vater war dieser Schritt lange überfällig. Wütend macht es mich trotzdem.

Papa startet den Motor. Er wirft noch einen letzten, flüchtigen Blick auf das Haus, in dem ich Laufen gelernt habe, dann legt er den Rückwärtsgang ein und manövriert den vollbepackten Kombi aus der Einfahrt. Wir fahren die schmale Allee hinunter. Ihre nackten Linden[1] stehen Spalier[2] wie hölzerne Skelette, die sich regungslos von uns verabschieden. Sie werden uns nicht vermissen. Aber ich werde sie vermissen. Ihren Duft und das Rascheln ihrer Blätter im Wind. Wenn man von den Wintermonaten absieht, bin ich die vergangenen sechzehn Jahre zu diesem Geräusch eingeschlafen.

„Sophie, ist alles okay?“

Ich schaue zu ihm rüber. „Klar“, sage ich, „alles gut.“ Meine Stimme verrät, dass nichts gut ist. Papa weicht meinem Blick aus und schweigt. Es ist ein lautes Schweigen. Wir holpern über das Kopfsteinpflaster. [...] Das Leben, wie ich es kannte, ist vorbei. Es endet genau jetzt. In diesem Moment. Und jeder Meter, der uns von unserem alten Haus trennt, vertieft den sauberen Schnitt, den mein Vater für uns entschieden hat. Es ist ein Schnitt, der meine Kindheit und Jugend aus meinem Gesamtbild herausschneidet. Ich will schreien, aber ich verziehe keine Miene. Ich schaue nur reglos aus dem Fenster.

Etwas über eine Stunde später halten wir an einer Tankstelle, kaufen ein paar Getränke und belegte Brote, die so aussehen, als wären sie aus dem letzten Jahrhundert.

„Geh du ruhig schon mal ins Auto, ich bezahle derweil[3]“, sagt Papa und hält mir den Schlüssel entgegen. [...]

Als etwas später plötzlich die Fahrertür neben mir aufgeht, zucke ich kurz zusammen und folge dem Geräusch. Mein Vater steigt ein und streckt mir zwei Packungen Kekse entgegen. „Hier, für dich, Motte.“ Ich muss lächeln. „Danke.“

„Das war noch nicht alles.“ Auf seiner großen Handfläche liegen drei Butterstückchen in goldglänzendem Papier. „Was wäre so eine lange Reise ohne dein Lieblingsessen?“ Ich presse kurz die Lippen aufeinander, dann greife ich danach. „So, jetzt müssen wir aber.“ Er zwinkert mir zu. „Ich habe Lena eben angerufen. Sie freut sich schon sehr auf uns.“

„O ja, ich wette, sie freut sich besonders auf mich.“ [...]

„Und München ist eine wirklich schöne Stadt. Ganz ähnlich wie Hamburg, nur etwas kleiner.“

„Ja, und in Bayern.“

„Motte, das wird toll, du wirst schon sehen“, übergeht er meinen Kommentar. „Ich kann immer noch nicht glauben, wie super alles hingehauen hat.“

„Was alles?“, frage ich nüchtern.

„Na ja, ich meine, mein neuer Job beginnt erst in zwei Wochen, der Resturlaub hat genau gereicht, um alles zu organisieren und den Umzug über die Bühne zu bringen, und die Schulferien liegen dieses Jahr einfach perfekt!“ Er schaut kurz zu mir rüber. „Jetzt hast du immer noch deine gesamten Osterferien vor dir. [...] Wir haben zwei Wochen Zeit, uns alles in Ruhe anzuschauen und uns einzugewöhnen. Wir könnten ins Gebirge fahren oder nach Italien. [...] Da wolltest du doch immer hin.“ Sein Blick fleht mich an, Ja zu sagen. Ja, das ist toll. Ja, das freut mich. Ja, da wollte ich immer hin. Hauptsache Ja.

Eigentlich will ich antworten, dass mich weder Italien noch die Berge noch seine blöde Freundin auch nur im Geringsten interessieren, aber ich bringe es nicht über mich, ihm so wehzutun. Also atme ich tief ein und entscheide mich für Variante drei und sage: „Ja, du hast recht, das wollte ich.“ Das ist nicht mal gelogen. […]

1 **Linde (Plural: Linden):** eine Baumart

2 **Spalier stehen:** *hier:* dicht an dicht in einer Reihe stehen

3 **derweil:** in der Zwischenzeit

Anne Freytag: Den Mund voll ungesagter Dinge. Heyne, München 2017, S. 13 – 17 (Text gekürzt und geringfügig verändert)

E 5 Aufgabentyp 4a: Silbermond: B 96 (selbstständiges Üben)

Teil II

Lies bitte zunächst den Text, bevor du die Aufgaben bearbeitest.
Schreibe einen zusammenhängenden Text.

AUFGABENSTELLUNG

Analysiere den Liedtext „B 96“ von der Gruppe Silbermond.

Gehe dabei so vor:

- **Schreibe** eine Einleitung, in der du Titel, Autor, Textart und Erscheinungsjahr **benennst** und das Thema **formulierst**.
- **Fasse** den Inhalt des Songs kurz **zusammen**.
- **Beschreibe** die Gefühle, die das lyrische Ich am dargestellten Ort empfindet, und ziehe daraus Schlussfolgerungen bezüglich der Beziehung zu seiner Heimat. Belege deine Ergebnisse mit Textstellen.
- **Erkläre**, warum der zweite Refrain um einen weiteren Vers (V. 36) ergänzt worden sein könnte.
- **Erläutere** anhand der sprachlichen Gestaltung, woran deutlich wird, dass der „Hinterwald“ auf viele Orte übertragbar ist (*mögliche Aspekte: Zeit- und Ortsangaben, Wortwahl, Metaphern, Alliterationen*).
- Ein Mitschüler sagt über den Songtext: *„Das lyrische Ich hat sicher einen sehr stressigen Alltag, denn ansonsten würde es die Einsamkeit zu Hause nicht so suchen.“*
  - **Nimm Stellung** zu dieser Aussage.
  - **Begründe** deine Meinung.
  - **Belege** deine Ausführungen am Text.

B 96 (2015) *Silbermond*

Über blassgelben Feldern
Schüchtern und scheu
Und ein taufrischer Morgen
Neblig und neu
Und die frühesten Vögel
Hauen den Morgenappell
An das rostige Hoftor
Bis es irgendwann umfällt
Und es dauert nicht lang
Bis die Gedanken verträumt sind
Hier an der B 96

Und die Welt steht still hier im Hinterwald
Und das Herz schlägt ruhig und alt
Und die Hoffnung hängt am Gartenzaun
Und kaum ein Mensch kommt je vorbei
Im Hinterwald
Wo mein Zuhause ist
Schön wieder hier zu sein

Versteckt unter Heu
Liegen Sachen von dir
Aber auch 'ne drei viertel Kindheit
Verbeult und ramponiert
Und seit zwanzig Jahren
Brennt ein Licht überm Stammtisch
Und seit zehntausend Jahren
Zerreißen Menschen sich Mäuler
Über alles und jeden
Also alles beim Alten
Hier an der B 96

Und die Welt steht still hier im Hinterwald
Und das Herz schlägt ruhig und alt
Und die Hoffnung hängt am Gartenzaun
Und kaum ein Mensch kommt je vorbei
Im Hinterwald
Wo mein Zuhause ist
Erinnerungen holen mich ein
Schön wieder hier zu sein

Und die Welt
Steht still
Hier im Hinterwald
Und das Herz
Schlägt ruhig
Hier im Hinterwald
Und die Welt
Steht still
Hier im Hinterwald
Und das Herz
Schlägt ruhig
Hier im Hinterwald

B 96. Text: (OT) Kloss, Stefanie / Nowak, Andreas / Stolle, Johannes / Stolle, Thomas

Informationen zum Song:

Die B 96 ist eine Bundesstraße, die im Osten Deutschlands von Sachsen nach Mecklenburg-Vorpommern verläuft.
Silbermond ist eine deutsche Rock-Pop-Band, die 1998 in Bautzen gegründet wurde. Die B 96 fährt die Sängerin regelmäßig von Berlin auf dem Weg nach Hause.

F Prüfungsaufgaben zum Themenbereich „Digitale Welten“

In diesem Kapitel bearbeitest du zu dem Thema „Digitale Welten“ mehrere Prüfungsbeispiele. Notiere die benötigte Arbeitszeit (siehe Seite 5).

F 1 Original-Prüfung 2021: Leseverstehen: Friedhof der Mobiltelefone (angeleitetes Üben)

Teil I

Lies zunächst den Text sorgfältig durch und bearbeite anschließend die Aufgaben **1** – **11**.

Friedhof der Mobiltelefone *Uwe Pollmeier*

Schlummernde[1] Schätze: In Deutschland liegen Millionen von Handys ungenutzt in Schubladen und Schränken. Die Wiederverwertung wertvoller Rohstoffe könnte die Umwelt schonen. Erste Anlaufstelle wären Handy-Shops oder ein Entsorgungspunkt.[2]

(1) Vor 26 Jahren gab es in Deutschland gerade einmal 950.000 Mobilfunkverträge. Somit hatte nicht einmal jeder 80. Bundesbürger ein Handy, was aus heutiger Sicht verschwindend wenig ist. Die aktuellen Zahlen zeigen, dass derzeit jeder Deutsche im Durchschnitt 1,5 Mobilfunkanschlüsse hat. Hinzu kommen rund 130 Millionen Handys, die dafür genutzt werden. Ebenso viele Mobiltelefone schlummern jedoch auf Dachböden, in Kellern oder in der hintersten Ecke der Schreibtischschublade.

(2) Laut einer Umfrage [...] liegen derzeit rund 124 Millionen Handys ungenutzt herum. Die Zahl ist rasant angestiegen [...]; allein in den drei vergangenen Jahren ist der Müllberg von Althandys um ein Viertel angestiegen. „Das ist wirklich ein gesellschaftliches Problem“, sagt Andreas Dierkes, Pressesprecher der Gesellschaft zur Entsorgung von Abfällen im Kreis Gütersloh, die auch einen Entsorgungspunkt betreibt. Er spricht sich dafür aus, die nicht mehr benötigten Handys beim Entsorgungspunkt abzugeben, schließlich enthalten sie wichtige Rohstoffe, die wunderbar recycelt werden können. [...] „Wir sind ja ein Land, in dem es sehr wenige Rohstoffe gibt, daher müssen wir diese Vorräte nutzen“, sagt Dierkes. Denn in den alten Telefonen stecken noch viele Edelmetalle wie Gold und Silber sowie andere Wertstoffe, die beim Recycling wiedergewonnen werden können. Ein Mobiltelefon besteht etwa zu einem Viertel aus wertvollen Metallen.

(3) Wie viele Handys im Jahr am [...] Entsorgungspunkt der Gesellschaft zur Entsorgung abgegeben werden, kann Dierkes nicht sagen. „Wir sammeln die Geräte nicht getrennt ein. Sie gehören zu den Kleingeräten und landen somit gemeinsam mit Mixer oder Haartrockner auf einem Haufen“, sagt Dierkes. Von dort gehen die Handys an Spezialfirmen, die den Rückbau der Geräte vornehmen und fein säuberlich Schrott von wertvollem Restmaterial trennen. „In sehr komplizierten Einzelarbeiten werden die Metalle herausgefiltert“, sagt Dierkes. Ein Aufwand, der sich offensichtlich lohnt, denn laut Dierkes gibt es unter den Firmen, die das gebrauchte Handy genau untersuchen, einen großen Wettbewerb.

(4) „Bei uns geht alles zertifizierte[3] Wege“, sagt Dierkes. Er wisse aber auch, dass viele Geräte in Afrika landen, wo sie „unter erbärmlichen Bedingungen für die Arbeiter und unter keineswegs umweltfreundlichen Bedingungen“ auseinandergenommen werden. Schließlich sind einige Bestandteile in den Geräten giftig – wie etwa Kabel, Platinen[4] oder Batterien. Diese müssen sauber entsorgt werden und dürfen nicht verbrannt werden.

(5) Der Zeitraum, in dem die Elektrogeräte genutzt werden, so Dierkes, werde immer kurzlebiger. „Sechs von zehn Smartphone-Nutzern haben ihr Gerät im vergangenen Jahr gekauft“, erklärt der Umweltexperte Kai Kallweit. Aktuell hätten 80 Prozent der Bundesbürger ab 14 Jahren mindestens ein unbenutztes Handy zu Hause. Mehr als die Hälfte aller Befragten gaben sogar an, zwei oder mehr in Dornröschenschlaf[5] gefallene Mobiltelefone zu sammeln. „Einige bauen anscheinend ein sehr emotionales Verhältnis zu ihrem Mobiltelefon auf und wollen es dann nicht mehr abgeben“, sagt Dierkes.

(6) Wer sein altes Handy nicht extra an den Rand der Stadt zum Entsorgungspunkt bringen möchte, kann es auch bei einem größeren Fachgeschäft abgeben bzw. in eine Wertstoffbox werfen. Auf gar keinen Fall gehören die alten Telefone in den Hausmüll, wo allerdings auch jetzt noch zwei Prozent der Geräte landen. Ab und zu gibt es auch Sammelaktionen wohltätiger Einrichtungen oder in Schulklassen. In der Regel nehmen auch Handy-Shops die alten Kommunikationsgeräte wieder zurück.

(7) „Bei uns können alte Mobiltelefone abgegeben werden. Wir schicken sie dann an einen Mobilfunkanbieter, und von dort aus werden sie entsorgt bzw. wiederverwendet“, sagt Pascal Niebrügge, Mitarbeiter eines Handy-Shops. Er schätzt, dass im Schnitt pro Woche weniger als zwei Kunden vorbeikommen, um ihr altes Gerät abzugeben. „Einige lassen es da, wenn sie ein neues Handy kaufen. Andere kommen einfach so“, sagt Niebrügge. Wichtig ist es in jedem Fall, vorab die persönlichen Daten zu löschen, etwa indem man das Gerät auf die Werkseinstellungen zurücksetzt. […]

(8) In den USA gibt es einen ganz neuen Weg, um möglichst viele alte Handys wieder einsammeln zu können. An zahlreichen Standorten steht der Automat ecoATM. Er sieht aus wie ein Geldautomat, und wenn man das alte Handy in den Eingebeschacht legt, wird ein Restwert ermittelt und ausgezahlt.

1 **schlummernd:** *hier:* versteckt und unsichtbar

2 **Entsorgungspunkt:** Abgabestelle für Wertstoffe

3 **zertifiziert:** *hier:* geprüft anhand bestimmter Vorgaben

4 **Platine:** dünne Platte für elektronische Bauteile, häufig mit Silber oder Kupfer beschichtet, die man z. B. in Handys findet

5 **Dornröschenschlaf:** *hier:* Anspielung auf ein Märchen, in dem eine Prinzessin namens Dornröschen in einen hundertjährigen Schlaf fällt

Uwe Pollmeier, Neue Westfälische, 04.04.2018 (Text gekürzt und geringfügig verändert)

LÖSUNGSHILFEN zu 1 – 11

1 Erschließe zuerst den Text sorgfältig, bevor du dich den Aufgaben zuwendest (vgl. dazu B 3, S. 19). Das heißt, du

- klärst unbekannte Begriffe,
- markierst wichtige Schlüsselstellen,
- formulierst Zwischenüberschriften.

Zu deiner Orientierung ist der vorgegebene Text schon in Sinnabschnitte gegliedert.

2 Lies jede Aufgabe gründlich:
- Markiere darin die Schlüsselwörter, die dir Hinweise darauf geben, was du tun sollst.
- Achte darauf, ob in der Aufgabenstellung der Singular oder der Plural verwendet wird, z. B. *Kreuze die richtige/n Antwort/en an.* So weißt du, ob du eine oder mehrere Antworten ankreuzen musst.
- Die Aufgaben enthalten Hinweise auf den Abschnitt, den Satz oder Zeile/n, die du besonders in den Blick nehmen musst. Dieser Hinweis erleichtert dir das Finden der richtigen Lösung.

AUFGABEN 1 – 11

TIPP zu 1 / 2 / 5 / 6 / 8 / 9 : Richtige Aussagen ankreuzen

Suche zu jeder Aussage die passende Stelle im Text und unterstreiche sie. Überprüfe genau, ob die Textstelle mit der Aussage unten übereinstimmt bzw. worin sie sich unterscheiden. Achte auf Wortwahl, Fragestellung, Schlüsselwörter.

1 Kreuze die richtige Antwort an.

Der Autor stellt fest, dass (Abschnitt 1) …

a) heute alle Deutschen genau einen Mobilfunkanschluss haben. ☐
b) sich früher nur wenige Bundesbürger ein Handy leisten konnten. ☐
c) heute deutschlandweit etwa 130 Millionen Handys in Gebrauch sind. ☐
d) es früher deutschlandweit mehr Mobilfunkverträge als Handybesitzer gab. ☐

2 Kreuze die richtige Antwort an.

Andreas Dierkes möchte erreichen (Abschnitt 2), dass …

a) alte Handys viel länger genutzt werden. ☐
b) Entsorgungspunkte mehr genutzt werden. ☐
c) Deutschland ein rohstoffreiches Land wird. ☐
d) eine Handy-Recyclingpflicht eingeführt wird. ☐

3 Erläutere im Textzusammenhang (Abschnitt 2), warum nach Ansicht von Andreas Dierkes das Recycling von alten Handys in Deutschland wichtig ist.

____

____

____

____

____

TIPP zu 3 / 7 : den Textzusammenhang berücksichtigen

1. Mache dir klar, was die Textaussage bedeutet (z. B. Was bedeutet *Recycling*?)
2. Lies noch einmal den angegebenen Abschnitt.
3. Markiere die Textstellen, auf die du dich beziehen willst.
4. Formuliere die Antwort mit eigenen Worten.

Quelle (Aufgaben): Qualitäts- und UnterstützungsAgentur – Landesinstitut für Schule, Soest 2021

TIPP zu 4: Textaussagen in die richtige Reihenfolge bringen

1. Lies noch einmal den angegebenen Abschnitt und markiere die dort genannten Schritte.
2. Kennzeichne die Reihenfolge mit Ziffern: 1–4.
3. Vergleiche die Schritte mit den Stichworten der Aufgabenstellung.
4. Nummeriere danach die Stichworte in der rechten Spalte der Tabelle.

4 Bringe die folgenden Recyclingschritte, wie von Dierkes erläutert (Abschnitt 3), in die richtige Reihenfolge.

	Schritte	Reihenfolge (1, 2, 3, 4)
a)	Aussortieren aus anderen Kleingeräten	
b)	Trennung von Schrott und wertvollen Metallen	
c)	Weitergabe an Spezialfirmen	
d)	Abgabe an einer Entsorgungsstation	

5 Kreuze die richtige Antwort an.

Alte Handys, die nach Afrika gelangen, werden laut Dierkes dort (Abschnitt 4), …

a) ohne Rücksicht auf die Umwelt in Einzelteile zerlegt. ☐
b) ohne Rücksicht auf die Brandschutzregeln entsorgt. ☐
c) auf zertifiziertem Wege umweltgerecht entsorgt. ☐
d) auf bestimmte giftige Bestandteile hin geprüft. ☐

6 Kreuze die richtige Antwort an.

Der Umweltexperte Kai Kallweit erklärt (Abschnitt 5), dass …

a) Smartphone-Besitzer meist älter als 14 Jahre alt sind. ☐
b) aktuelle Smartphones eine längere Lebenszeit haben. ☐
c) Smartphones aus emotionalen Gründen gekauft werden. ☐
d) Smartphone-Nutzer immer schneller neue Handys kaufen. ☐

7 Benenne mindestens zwei Möglichkeiten, die der Autor neben der Abgabe des Handys beim Entsorgungspunkt empfiehlt (Abschnitt 6).

____

____

____

____

8 Kreuze die richtige Antwort an.

Wenn ein altes Handy in einem Handy-Shop abgegeben wird (Abschnitt 7), …

a) wird es dort auf die Werkseinstellungen zurückgesetzt. ☐
b) sollte dort dafür ein neues Smartphone gekauft werden. ☐
c) wird dieses an einen Mobilfunkanbieter weitergeleitet. ☐
d) sind im Durchschnitt zwei Kunden daran interessiert. ☐

9 Kreuze die richtige Antwort an.

An neuen Automaten in den USA können Besitzer alter Handys diese (Abschnitt 8) …

a) verkaufen oder spenden. ☐
b) versteigern oder tauschen. ☐
c) updaten lassen und verkaufen. ☐
d) bewerten lassen und verkaufen. ☐

10 Erkläre den Zusammenhang zwischen der Grafik und dem Text.

Illustration: Thies Schwarz, Hannover (Die Abbildung weicht aus lizenzrechtlichen Gründen von der Darstellung in der Original-Prüfung ab.)

TIPP zu 10

Einen Zusammenhang zwischen Grafik und Text erklären

1. Mache dir zunächst Stichpunkte zu dem, was auf der Grafik dargestellt ist.
2. Fasse die Aussage der Grafik zusammen: *Bei der Grafik geht es darum, dass …*
3. Vergleiche die Aussage der Grafik mit den Aussagen im Text: Welche Gemeinsamkeiten erkennst du? *Die Aussage der Grafik stellt einen Zusammenhang mit folgenden Textaussagen dar. Im Text heißt es …*

____

____

____

____

TIPP zu 11: Zu einer Aussage Stellung nehmen

1. Entscheide dich für eine der beiden Möglichkeiten: *Ich stimme zu/nicht zu.*
2. Überfliege den Text noch einmal und markiere Textaussagen, die deine Auffassung unterstützen.
3. Greife zu Beginn die Aussage, zu der du dich äußern willst, noch einmal auf.
4. Beziehe dich bei deiner Begründung auch auf die markierten Textaussagen (*Wenn Recyclingautomaten an vielen Standorten stehen, ermöglicht das den Handy-Besitzern, die sich von ihrem alten Handy trennen wollen, die Möglichkeit, sich …*).

11 Nach dem Lesen des Textes sagt ein Schüler: „*Wenn in Deutschland mehr alte Handys umweltgerecht entsorgt werden sollen, brauchen wir unbedingt Recyclingautomaten.*"

Schreibe eine kurze Stellungnahme zu dieser Aussage. Du kannst der Auffassung zustimmen oder nicht. Wichtig ist, dass du deine Meinung begründest. Beziehe dich dabei auf den Text.

____

____

____

____

F 2 Leseverstehen: Warum ich im Supermarkt auch ohne Payback-Karte ausgeforscht werde (selbstständiges Üben)

Teil I

Lies zunächst den Text sorgfältig durch und bearbeite anschließend die Aufgaben **1** – **12**.

Warum ich im Supermarkt auch ohne Payback-Karte ausgeforscht werde *Bernd Kramer*

(1) „Haben Sie eine Payback-Karte[1]?“, fragt die Kassiererin. Es ist einer der wenigen Momente, in denen ich mich wie ein Mensch fühle, der den Datenschutz ernst nimmt. Wie ein Kunde, der sich bewusst verhüllt, statt sich gläsern[2] zu machen. „Nein“, sage ich mit voller Überzeugung. „Natürlich nicht.“ Ich weiß ja, was der Handel mit Rabattkarten bezweckt: Er will mich ausforschen.

(2) Die amerikanische Supermarktkette Target fand mithilfe solcher Kundenkartendaten zum Beispiel heraus, wie man schon ziemlich früh schwangere Frauen identifiziert: Ab einem gewissen Zeitpunkt neigen sie unter anderem dazu, parfümfreie Körperpflegeprodukte zu kaufen. Je früher die Händler werdende Mütter erkennen, desto gezielter können sie sie umwerben. Das führte bereits zu kuriosen[3] Situationen: Eines Tages kam ein Vater empört in den Laden, weil die Supermarktkette seiner Tochter Gutscheine für Babykleidung geschickt hatte. Sie gehe doch noch zur Schule, schimpfte der Vater. Target wusste bereits von der Schwangerschaft, bevor die junge Frau es ihrer Familie sagte.

(3) Auch die Deutschen helfen dem Handel sehr bereitwillig beim Datensammeln. Payback, der größte Rabattkartenanbieter, hat nach eigenen Angaben hierzulande 30 Millionen aktive Nutzerinnen und Nutzer. Aber sind die anderen, die sich nicht von ein paar Prämien locken lassen, wirklich so gut getarnt?

(4) Die Händler mit Ladenlokal lassen sich inzwischen einiges einfallen, um ihre Kunden so zu durchleuchten wie die Konkurrenten im Internet. Die Supermarktkette Real erfasste zum Beispiel eine Zeit lang die Gesichter der Kunden an der Kasse, wenn sie auf Werbebildschirme schauten. So lässt sich personalisierte Werbung ausspielen – wie im Internet. Erst nach öffentlichem Protest wurde das Projekt eingestellt, in einigen Filialen der Deutschen Post ist es weiterhin aktiv.

(5) Eine besonders verbreitete Methode macht sich zunutze, dass viele Menschen die WLAN-Funktion ihres Handys nicht ausschalten, wenn sie den Laden betreten. Ein Smartphone sucht in der Regel automatisch nach Netzen in der Nähe und schickt dem WLAN-Sender dabei eine persönliche Identifikationsnummer des Gerätes, die sogenannte MAC-Adresse. Aus der Signalstärke können die WLAN-Sender in den Läden wiederum ermitteln, wo der Kunde sich gerade befindet: Bleibt er besonders lange an der Wursttheke stehen? Traut er sich nur dann an das Regal mit den Kondomen, wenn gerade keine anderen Kunden in der Nähe sind? Oder greift er ganz schambefreit[4] zu? Und wie oft kommt er überhaupt in den Laden? Jeden Tag? Oder nur einmal in der Woche zum Großeinkauf?

(6) Das EHI Retail Institute aus Köln, eine Forschungseinrichtung des Handels, hat kürzlich 44 Handelsketten befragt. Zehn gaben dabei an, die Laufwege der Kunden bereits zu erfassen, 16 planen es für die Zukunft. Das Bayerische Landesamt für Datenschutzaufsicht befürchtet, dass Funksignale des Handys auch mit anderen Informationen verknüpft werden können, etwa mit Angaben zur EC-Kartenzahlung. Dann wüssten die Händler ziemlich schnell, welches Bewegungsprofil zu welchem Menschen gehört, und statt einer MAC-Adresse, die zweimal in der Woche abends zwischen den Regalen herumirrt, sähen sie dann plötzlich: mich. Auch ganz ohne Payback-Karte.

(7) Bei meinem nächsten Ladenbesuch achte ich darauf, welche WLAN-Netze mein Handy in der Nähe findet. Auch mein Supermarkt taucht in der Liste auf. Am Abend schleppe ich meine Einkäufe nach Hause und schalte zur Erholung Netflix[5] ein. Der Streamingdienst kennt meine Vorlieben schon sehr genau – und schlägt mir „Black Mirror" vor, eine Serie, die oft von den Überwachungsmöglichkeiten der nahen Zukunft erzählt. Ich nehme mir vor: Von nun an stelle ich das Smartphone öfter aus, sobald ich aus dem Haus gehe.

1 **die Payback-Karte:** eine Kundenkarte, mit der man Rabattpunkte sammeln kann

2 **sich gläsern machen:** ein von Daten überwachter Mensch

3 **kurios:** merkwürdig, ungewöhnlich

4 **schambefreit:** sich nicht für etwas schämen

5 **Streamingdienst „Netflix":** Internetanbieter, über den man Filme und Serien schauen kann

Bernd Kramer: Mich für nichts. Teil 4. In: fluter – Magazin der Bundeszentrale für politische Bildung. Was gibst du preis? Thema Daten. Herbst 2018/Nr. 68, Seite 14.

AUFGABEN 1 – 12

1 Kreuze die richtige Antwort an.

Der Autor fühlt sich ohne Payback-Karte als jemand, der (Abschnitt 1) ...

a) keine Rabatte erhält. ☐

b) keine Daten hinterlassen möchte. ☐

c) die Kassiererin enttäuscht. ☐

d) von der Kassiererin nicht verstanden wird. ☐

2 Kreuze die richtige Antwort an.

Der Handel will mit Rabattkarten (Abschnitt 2) ...

a) die Kunden zum Sparen anhalten. ☐

b) schwangere Kunden bevorzugen. ☐

c) viele Kundendaten sammeln. ☐

d) die Kunden über Rabatte informieren. ☐

3 Kreuze die richtigen Antworten an.

Der Handel kann viele Kundendaten sammeln, weil die Deutschen (Abschnitt 3) ...

a) sich entgegenkommend verhalten. ☐

b) sich uninformiert verhalten. ☐

c) sich unkritisch verhalten. ☐

d) sich gleichgültig verhalten. ☐

4 Kreuze die richtige Antwort an.

Händler mit einem Ladenlokal orientieren sich an der Konkurrenz (Abschnitt 4) ...

a) in Supermarktketten. ☐

b) der Deutschen Post. ☐

c) im Internet. ☐

d) anderer Ladenlokale. ☐

5 Erläutere, was mit der Aussage *„So lässt sich personalisierte Werbung ausspielen ...“* (Z. 23/24) gemeint ist.

____

____

____

____

6 Kreuze die richtige Antwort an.

Der Aufenthaltsort vieler Menschen kann bestimmt werden, weil (Abschnitt 5) ...

a) die WLAN-Funktion des Handys aktiviert ist. ☐

b) die WLAN-Funktion summt. ☐

c) die WLAN-Funktion aufleuchtet. ☐

d) die WLAN-Funktion ausgeschaltet ist. ☐

7 Kreuze die richtige Antwort an.

„Aus der Signalstärke können die WLAN-Sender in den Läden wiederum ermitteln, ...“ (Z. 31/32)

a) an welcher Stelle im Laden sich Kunden aufhalten. ☐

b) an welcher Stelle im Laden Kunden ihre Smartphones lauter stellen. ☐

c) an welcher Stelle im Laden Kunden sich nach Rabatten erkundigen. ☐

d) an welcher Stelle im Laden Kunden den Einkaufskorb abstellen. ☐

8 Stelle dar, wie durch die WLAN-Funktion des Smartphones der Ort des Benutzers festgestellt werden kann (Abschnitt 5).

____

____

____

____

9 Kreuze die richtige Antwort an.

Das Bewegungsprofil von Kunden wird erfasst durch (Abschnitt 6) ...

a) eine Umfrage einer Forschungseinrichtung. ☐

b) eine Befragung der Handelsketten. ☐

c) das Bayerische Landesamt für Datenschutzaufsicht. ☐

d) die Erfassung der Laufwege. ☐

10 Kreuze die richtige Antwort an.

Nach Aussage des Autors werden seine Interessen auch erkannt von (Abschnitt 7) ...

a) seinem Smartphone. ☐

b) seinem Fernseher. ☐

c) seinem Wochenmarkt. ☐

d) seinem Streamingdienst. ☐

11 Kreuze die richtige Antwort an.

Der Autor nimmt sich vor, von nun an (Abschnitt 7) ...

a) sein Smartphone immer auszustellen. ☐

b) sein Smartphone nie auszustellen. ☐

c) sein Smartphone zu Hause zu lassen. ☐

d) sein Smartphone wiederholt auszustellen. ☐

12 Nach dem Lesen des Textes sagt ein Schüler: *„Die WLAN-Funktion meines Handys ist mir zu wichtig, um sie abzuschalten. Von mir aus können meine Daten ruhig gesammelt werden.“*

Schreibe eine kurze Stellungnahme zu dieser Aussage. Du kannst der Auffassung zustimmen oder nicht. Wichtig ist, dass du deine Meinung begründest. Beziehe dich dabei auf den Text.

____

____

____

____

F 3 Aufgabentyp 4b: Videochats und ihre Folgen (angeleitetes Üben)

Teil II

Lies bitte zunächst die Aufgabe und dann die Materialien aufmerksam durch, bevor du mit dem Schreiben beginnst. Schreibe einen zusammenhängenden Text.

AUFGABENSTELLUNG

1 **Untersuche** die Materialien M1, M2 und M3.

Gehe dabei so vor:

a) **Stelle** die Materialien kurz **vor** und **benenne** das gemeinsame Thema von M1, M2 und M3.

b) **Fasse** die Informationen aus M1 **zusammen**.

c) **Stelle** die wesentlichen Aussagen aus M2 **dar** und **erläutere** sie.

d) **Gib** die Informationen aus M3 **wieder**. **Vergleiche** die Aussagen von M2 und M3 im Hinblick auf die Frage, welche Möglichkeiten es gibt, der „Zoom-Fatigue“ entgegenzuwirken. **Belege** deine Ausführungen am Text.

e) **Setze dich** kritisch mit der folgenden Aussage einer Mitschülerin **auseinander**:
„Videochats sind ausschließlich für die Freizeit gut. In der Schule oder bei der Arbeit machen sie nur krank“.
- **Nimm Stellung** zu der Aussage.
- **Begründe** deine Meinung.
- Beziehe dich dabei auch auf die Materialien M1 bis M3.

M1 Zoom-Fatigue[1]: So überfordern Videochats dein Gehirn

Marilena Potor

Telefonieren über verschiedene Apps

Leidest du auch unter „Zoom-Fatigue“? Der Ausdruck beschreibt das Phänomen[2], dass wir uns nach einem Tag voller Videochats völlig ausgelaugt fühlen. [...] Es ist strenggenommen kein wissenschaftlicher Ausdruck. [...] Mal ein Videochat hier oder da, überfordert niemanden. Schließlich nutzen wir schon seit Jahren die Videotelefonie, sei es über Skype, WhatsApp oder eben Zoom[3]. Doch da wir nun wirklich alles über Zoom regeln, setzt so langsam eine Übersättigung ein. [...] Denn wo jetzt plötzlich immer ein Videochat geführt werden muss, hätte es vielleicht auch eine E-Mail oder ein kurzer Anruf getan. So kommunizieren wir derzeit nicht nur über Zoom, wir überkommunizieren per Zoom – und genau das führt letztlich zur Zoom-Fatigue. [...]

Unverständliche Kommunikation

Wir Menschen sind sehr kommunikative Wesen. Dabei kommunizieren wir nicht nur über Wörter, sondern auch über Gesten, Gesichtsausdrücke oder Körpersprache. Selbst kleine Seufzer sind Kommunikationsmittel. All diese Informationen nimmt unser Gehirn auf, verarbeitet diese und zieht daraus Rückschlüsse – in Bruchteilen von Sekunden. Diese Rückschlüsse helfen uns dabei zu verstehen, wann unser Gegenüber ausgesprochen hat oder in welcher Stimmung sich der Gesprächspartner befindet. Im echten Leben funktioniert das wunderbar – über Zoom nicht so sehr. Wie ein Puzzle-Bild, bei dem zu viele Teile fehlen. Denn es fehlen einfach sehr viele Informationen. Wir können unser Gegenüber meist nicht komplett sehen. Gesten oder Teile der Körpersprache gehen dadurch verloren. Hinzu kommt noch häufig die Zeitverzögerung im

M1

Gespräch. Ist die Videoqualität darüber hinaus noch schlecht, fehlt uns auch noch der Gesichtsausdruck. [...]
Daraus ergeben sich dann sehr seltsame Kommunikationsverhalten, wie etwa, dass wir dem Gegenüber im Chat viel zu lange in die Augen schauen. Studien zeigen: Das ist ein Verhalten, das die meisten Menschen als unangenehm oder bedrohlich empfinden. Das ist also gleich doppelter Stress für unser Gehirn.
Noch schlimmer wird es, wenn wir in einer Zoom-Konferenz mit mehreren Teilnehmern sind. [...] Hier ist unser Gehirn, das sich in der Regel auf die Frontalansicht verlässt, aber die periphere[4] Sicht nutzt, um andere wichtige Botschaften mitzubekommen, mit all den Seitenfenstern völlig überfordert. Denn wir können hier nicht wie bei einem persönlichen Treffen Dinge aus dem Augenwinkel erkennen. Trotzdem kann unser Gehirn nicht anders, als sich auf alles gleichzeitig zu konzentrieren. So haben wir eine dauerhafte Teil-Aufmerksamkeit, anstatt uns voll auf eine Sache zu konzentrieren. [...]
Bei dem Versuch, alle möglicherweise wichtigen Informationen von allen Teilnehmern aufzuschnappen, bekommen am Ende alle kaum die wichtigsten Botschaften mit. Das Ergebnis: Wir sind am Ende dieser Zoom-Meetings extrem müde und haben kaum etwas mitgenommen.
Genau hier setzt die Zoom-Fatigue ein. Natürlich beschränkt sich das nicht allein auf die Plattform Zoom. Jede Form von Videochat – von Facetime bis Skype – fällt darunter. [...]
Die Frage ist natürlich: Was kommt nach der Zoom-Fatigue? Denn die letzten Monate haben uns auch gezeigt, dass Videochats sowohl zeitsparend als auch bereichernd sein können. Werden wir wirklich in Zukunft zu jedem Kundenmeeting persönlich fahren, wenn sich die Angelegenheit über einen kurzen Videochat schneller erledigen lässt? Sicher nicht. Auch haben wir gelernt, wie wir zum Beispiel Freunde oder Familienmitglieder in soziale Events aktiv mit einbinden können, auch wenn sie nicht vor Ort sind. Das werden wir künftig sicher auch weiterhin tun. Die Herausforderung wird also sein, herauszufinden, wie wir das Tool[5] nutzen können, ohne dabei unser Gehirn zu überfordern.

1 **Fatigue:** französisch: die Müdigkeit

2 **das Phänomen:** das Erscheinen

3 **Zoom:** ein Anbieter von Videochats

4 **peripher:** *hier:* im äußeren Körperbereich liegend

5 **das Tool:** Werkzeug

BASIC thinking GmbH, Berlin, 14.10.2020

M2 Wie macht sich Zoom-Fatigue bemerkbar?

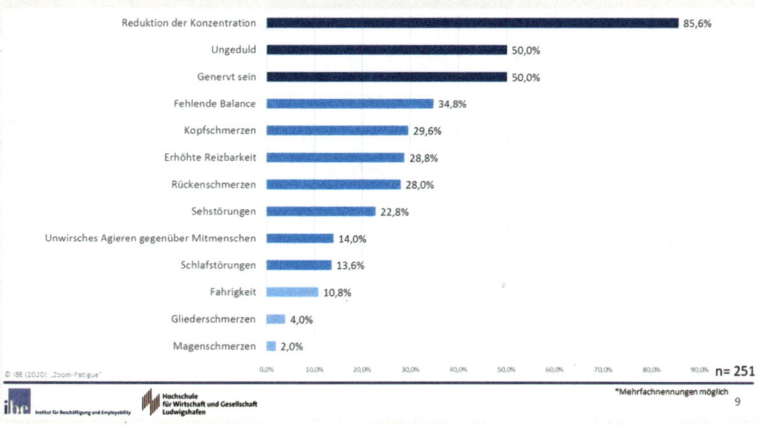

Institut für Beschäftigung und Employability IBE, Ludwigshafen (2020)

M3 Der Zoom-Fatigue entgegenwirken *Christopher Maasz*

Von der sogenannten Zoom-Fatigue ist beinahe jeder Schüler, Student und Arbeitnehmer/-geber betroffen. [...] Daher ist es wichtig, der Zoom-Fatigue gezielt entgegenzuwirken, um negative Folgen zu verringern oder sogar zu vermeiden. Hierzu können folgende Tipps beachtet werden:

1. Bauen Sie Bewegung in Ihren Arbeitsalltag mit ein

Im Home-Office bewegt man sich weniger [...] Versuchen Sie in Ihrer Mittagspause einen Spaziergang einzulegen oder zwischenzeitlich im Stehen zu arbeiten, um Ihren Kreislauf zu unterstützen. Häufiges Lüften und viel Tageslicht helfen Ihnen ebenfalls dabei, sich besser konzentrieren zu können.

2. Nutzen Sie adäquates Equipment[1]

Benutzen Sie Head-Sets und externe Bildschirme, um möglichen Ton- und Sichtproblemen sowie hohem Konzentrationsaufwand entgegenzuwirken. Darüber hinaus sollten Sie Ihre Internetverbindung überprüfen und evaluieren[2], ob der bisherige Netzanbieter Ihren Anforderungen gerecht wird.

3. Erleichtern Sie sich die Teilnahme an Videokonferenzen

Richten Sie Ihren Blick während digitaler Konferenzen für einige Sekunden auf etwas anderes, um Ihre Augen zu entlasten. Stellen Sie außerdem die Sprecheransicht für die Konferenzen an, wenn dies in Ihrem Programm möglich ist. Das ermöglicht Ihnen eine leichtere Interpretation des Gesagten, da Sie auch non-verbale Sprachelemente besser interpretieren können.

4. Gestalten Sie Ihre Pausen und Freizeit abwechslungsreich

[...] Essen Sie beispielsweise nicht vor dem Laptop während Ihrer Pausen, sondern suchen Sie sich zur Entspannung einen anderen Platz. Ihre Freizeit sollten Sie gänzlich anders als Ihren Arbeitsalltag gestalten. Verbringen Sie daher Ihre Freizeit im Freien und gehen Sie beispielsweise Ihren (sportlichen) Hobbys nach oder legen Sie einen langen Spaziergang mit Ihrem Partner ein.

1 **das Equipment:** die Ausrüstung

2 **evaluieren:** beurteilen

Wirtschaftswissenschaftliches Studium: Zeitschrift für Studium und Forschung, Verlag C.H.BECK/Franz Vahlen, München, Heft 2-3, 2021

LÖSUNGSHILFEN zu 1 a)

1 Bearbeite M1, M2 und M3, indem du den ersten und zweiten Arbeitsschritt durchführst (siehe C 3.5, S. 61). Nutze die Ergebnisse dieser Vorarbeit, um die Teilaufgabe 1 a) zu bearbeiten.

2 a) Lege dir einen Schreibplan an und ergänze ihn. Orientiere dich dabei am dritten Schritt (siehe C 3.5, S. 64). Du kannst auch die Vorlage aus C 3.4 verwenden (S. 60).

b) Ergänze deine Ergebnisse zu Aufgabe 1 a) im Schreibplan. Beginne wie im Beispiel auf Seite 123.

TIPP zu 1 und 2

1. In der ersten Teilaufgabe wirst du aufgefordert, die vorliegenden Materialien kurz vorzustellen (TATTE-Satz) und das gemeinsame Thema zu benennen. Stelle das Thema bei der Vorstellung der Einzelmaterialien nur sehr kurz dar und leite daraus übergreifend das gemeinsame Thema ab.
2. Wenn du dir einen Schreibplan anlegst, plane in der ersten Zeile mehr Platz ein, damit du die Angaben (TATTE-Satz) zur Vorstellung geordnet eintragen kannst.

Vorliegende Materialien:
– M 1: Sachtext „Zoom-Fatigue: So überfordern Videochats dein Gehirn", Quelle: ...;
Thema: Videochats und deren Auswirkungen auf das Gehirn
– M 2: Balkendiagramm „Wie macht sich Zoom-Fatigue bemerkbar?", Quelle: ...
– M 3: ...

Gemeinsames Thema der Materialien: Auswirkungen von Videochats auf die Gesundheit und ...

LÖSUNGSHILFEN zu 1 b) und 1 c)

3 In den Teilaufgaben **1** b) und c) sollst du die wesentlichen Informationen aus den Materialien M1 und M2 zusammenfassen. Trage diese stichwortartig in die zweite und dritte Zeile deines Schreibplans ein.

M1: – die ständige Teilnahme an Videochats führt zur Ermüdung der Gesprächsteilnehmer
– Videochats anstelle von anderen Kommunikationsformen (Mail, ...)
– Auswirkungen auf unser Gehirn: ...

M2: – Balkendiagramm „Wie macht sich Zoom-Fatigue bemerkbar?"; Auswertung von ...
– negative psychische Folgen überwiegen: Konzentrationsmangel (rund 86 %), Ungeduld (50 %), Unausgeglichenheit (50 %) ...
– körperliche Auswirkungen: Kopfschmerzen ...

TIPP zu 3

1. In der zweiten und dritten Teilaufgabe sollst du die Informationen aus zwei Materialien (M1 und M2) zusammenfassen.
2. Nutze die Stichworte, die du bei der Erschließung des Sachtextes und des Schaubildes notiert hast (vgl. zweiter Schritt).
3. Formuliere in eigenen Worten Fakten. Zahlen und Namen kannst du übernehmen.
4. Schreibe im Präsens und verwende die indirekte Rede (Konjunktiv), denn du gibst die Aussagen der Autor/-innen wieder.

LÖSUNGSHILFEN zu 1 d)

4 Gib als Nächstes die Informationen aus M3 wieder. Schreibe deine Stichworte aus der Erschließung in die vierte Spalte deines Schreibplans:

Mittel gegen Zoom-Fatigue:
– Bewegung im Alltag durch ...
– Optimierung der technischen Ausrüstung ...

5 Setze nach der Darstellung der Aussagen aus M2 und M3 die Materialien in Beziehung, indem du sie miteinander vergleichst. Beginne mit dem Schwerpunkt (= Vergleichsaspekt) der Aufgabenstellung. Notiere deine Ergebnisse ebenfalls in der vierten Spalte des Schreibplans. Ergänze die Textbelege, die du markiert hast.

Vergleich der Aussagen aus M2 und M3:
– gegen körperliche Auswirkungen der Zoom-Fatigue wirkt vor allem Bewegung, Rückenschmerzen können durch Spaziergänge ... verhindert werden ...
– Gegen Unwohlsein und Unkonzentriertheit, schlechte Laune ... können ... wirken ...

TIPP zu 4 und 5

1. Die vierte Teilaufgabe ist komplexer. Sie enthält zwei verschiedene Operatoren und bezieht sich auf verschiedene Materialien (M2 und M3):
   - Gib ... wieder ..
   - Vergleiche ...

   Hier notierst du zuerst, wie man der Zoom-Fatigue entgegenwirken kann (M3). Dann vergleichst du die Materialien M2 und M3 miteinander. Dazu musst du bezüglich des genannten Schwerpunkts Schlussfolgerungen ziehen. Diese musst du am Text belegen.
2. Bearbeite die beiden Teile der Aufgabe nacheinander. So behältst du den Überblick.
3. Lass nach jedem Teil einen Absatz. So ist dein Text besser lesbar und du gehst sicher, dass du alle Teilaufgaben bearbeitet hast.

Fazit: Nach den Erkenntnissen aus M3 ist es möglich, der Zoom-Fatigue vorausschauend entgegenzuwirken, indem ...

LÖSUNGSHILFEN zu 1 e)

6 a) Lies die letzte Teilaufgabe (1 e) und formuliere deinen Standpunkt zu der Aussage:
b) Suche in den Materialien nach Aussagen, die deine Position stützen, und notiere diese in der letzten Zeile des Schreibplans.

Eine Schülerin ist der Meinung, dass Videochats in Schule und Beruf der Gesundheit schaden und daher nur in der Freizeit durchgeführt werden sollten.

Ich stimme dieser Meinung zu / nicht zu, denn …

TIPP zu 6

In der letzten Teilaufgabe musst du zu einem Zitat oder einer Aussage Stellung nehmen. Gehe so vor:

1. Gib die Aussage, zu der du Stellung nehmen sollst, wieder. Erläutere sie mithilfe deiner Ausarbeitungen.
2. Nenne deine eigene Position zu der Aussage. Begründe deine Meinung.
3. Beziehe dich in deiner Stellungnahme auf die Materialien. Ziehe dazu Textbelege heran.

LÖSUNGSHILFEN zum Schreiben

7 Formuliere deinen Text mithilfe des Schreibplans. Hier sind einige Formulierungshilfen.

1 *a) Insgesamt liegen drei Materialien zur Untersuchung vor. Bei M1 handelt es sich um einen Sachtext aus dem Internet mit dem Titel …*
In allen Materialien geht es um das Thema …
1 *b) In dem Sachtext (M1) „Zoom-Fatigue: So überfordern Videochats dein Gehirn" wird dargestellt, dass die häufige Teilnahme an Videochats dafür sorgt, dass …*
1 *c) Die Ergebnisse der Befragung durch das Institut für Beschäftigung und Employability verdeutlichen, dass Videochats sowohl körperliche als auch ….*
Zu den körperlichen Auswirkungen gehören beispielsweise …
1 *d) In dem Sachtext „Der Zoom-Fatigue entgegenwirken" von Christopher Maasz geht es um Möglichkeiten, die der Einzelne hat, um …. Es werden Hinweise zu …*
Vergleicht man die Aussagen aus M2 und M3 im Hinblick auf die Frage, welche Möglichkeiten es gibt, der „Zoom-Fatigue" entgegenzuwirken, …
1 *e) Eine Schülerin ist der Meinung, dass Videochats in Schule und Beruf der Gesundheit schaden und daher nur in der Freizeit durchgeführt werden sollten. Diese Meinung kann ich teilen/nicht teilen, denn …*

8 Überarbeite deinen Text mithilfe der CHECKLISTE auf Seite 67.

F 4 Aufgabentyp 4b: Tastatur oder Stift? (selbstständiges Üben)

Teil II

Lies bitte zunächst die Aufgabe und dann die Materialien aufmerksam durch, bevor du mit dem Schreiben beginnst. Schreibe einen zusammenhängenden Text.

AUFGABENSTELLUNG

Untersuche die Materialien M1, M2 und M3.
Gehe dabei so vor:

- **Benenne** das gemeinsame Thema von M1, M2 und M3.
- **Fasse** die Informationen aus M1a und M1b **zusammen**.
- **Stelle** die Aussagen aus M2 und M3 mit eigenen Worten **dar**. **Vergleiche** die Positionen im Hinblick auf die Frage, welche Möglichkeiten und Grenzen das Schreiben mit der Hand und das Schreiben mit der Tastatur jeweils haben. Belege deine Ausführungen am Text.
- **Setze dich** kritisch mit der folgenden Aussage einer Mitschülerin **auseinander**:
  „Tastatur oder Stift – in der Schule sollte man sich aussuchen können, womit man schreibt.“
  – **Nimm Stellung** zu der Aussage.
  – **Begründe** deine Meinung.
  – Beziehe dich dabei auch auf die Materialien M1 bis M3.

M1a Wir verlernen das Schreiben mit der Hand *Lara Malberger*

Die Handschrift ist eine der größten kulturellen Errungenschaften der Menschheit: Dank ihr konnten Menschen ihr Wissen bewahren. Schrift ermöglichte es, komplexe Gedanken und Ideen unabhängig von Zeit und Raum an andere Menschen weiterzugeben. […] Aber während derartige Gedanken früher auf Steintafeln und später auf Papier notiert wurden, löst sich die Schrift heute immer mehr von ihrer physischen[1] Grundlage. Heute schreiben und speichern wir vieles nur noch auf unseren Smartphones und Computern und laden es in die Cloud hoch. Immer seltener greifen wir zum Stift, immer häufiger tippen wir auf Displays und Tastaturen herum. Oft findet sich die Handschrift nur noch in Notizen oder auf Grußkarten.

1 **physisch:** gegenständlich, materiell

ZEIT ONLINE, 14.04.2018 (https://www.zeit.de/wissen/2018-04/schreiben-handschrift-digitalisierung-hirnforschung-neurologie/komplettansicht, Zugriff: 20.02.2019, verändert)

M1a Fit am Tablet, mies mit dem Füller

Wer schreibt heute noch mit einem Stift? […] Über 40 Prozent von 1.400 Bundesbürgern sind der Meinung, dass das flüssige Tippen auf einer Tastatur wichtiger ist, als in der Lage zu sein, flüssig mit Hand zu schreiben. Das ist das Ergebnis einer Umfrage, die der Frage nachging, ob Kinder die Schreibschrift heute noch lernen müssen.

Quelle (Aufgaben): Qualitäts- und UnterstützungsAgentur – Landesinstitut für Schule, Soest 2019

M1a

Finnland will es vormachen. Bald dürfen Lehrer dort der Schreibschrift ade sagen, das Tippen wird dann vermehrt als neue wichtige Kommunikationsform unterrichtet werden. [...]
Seit Jahren existieren zudem europaweit Schulprojekte, die neue Medien in den Schulunterricht einbinden. Whiteboards, Beamer, Laptop- und iPad-Klassen verdrängen zunehmend die Kreidetafel.

Fit am Tablet, mies mit dem Füller: „Können nicht mehr mit der Hand schreiben" – Lehrer schimpfen über Digital Natives. Focus Online, 22.04.2015, https://www.focus.de/familie/schule/jetzt-mach-mal-nen-punkt-verlernen-schueler-das-schreiben_id_4629850.html, 22.04.2015 (Zugriff: 20.02.2019, verändert)

M2 Tastatur schlägt Stift – oder umgekehrt? *Matthias Kohlmaier*

[...] Finnland, europaweites Vorbild, was das Schul- und Bildungswesen angeht, streicht das Lehren der Handschrift teilweise aus dem Lehrplan. Schreibschrift wird dann gar nicht mehr unterrichtet, nur noch eine einfache Druckschrift soll noch vermittelt werden. Die freiwerdende Unterrichtszeit sollen Schüler nutzen, um ihre Fähigkeiten an der Computertastatur zu verbessern.
Mit der Hand zu schreiben, „und vor allem die Buchstaben miteinander zu verbinden, ist für viele Schüler schwer", erklärt Minna Harmanen vom finnischen Bildungsministerium den Schritt. Dass dieser einen kulturellen Bruch darstellt, das sei ihr natürlich bewusst, daher solle es den Schulen auch in Zukunft erlaubt bleiben, Schreibschrift zu lehren, wenn sie das unbedingt wollten. Das Tippen auf der Tastatur sei jedoch mit dem Alltag der Schüler viel einfacher in Verbindung zu bringen als das Handschreiben, sagt Harmanen weiter. Schnelles und fehlerfreies Schreiben auf der Tastatur sei zudem „eine wichtige Kompetenz".
Bei Letzterem wird Harmanen niemand widersprechen können. Auch ist zu erwarten, dass künftige Generationen immer weniger handschriftliche Notizen werden machen müssen – weil es schlichtweg bei all den digitalen Möglichkeiten kaum noch eine Notwendigkeit dafür geben wird. „Es wäre dumm, wenn wir neue technische Hilfsmittel – Gehirnprothesen nenne ich sie – nicht nutzen würden, um uns mehr auf den Inhalt statt auf die Form zu konzentrieren", sagt auch Caroline Liberg, Professorin an der schwedischen Universität Uppsala, gegenüber der Neuen Osnabrücker Zeitung.

Süddeutsche Zeitung Online, 12.01.2015 (https//www.sueddeutsche.de/bildung/handschrift-in-der-grundschule-tastatur-schlaegt-stift-oder-umgekehrt-1.2296730, Zugriff: 20.02.2019, verändert)

M3 Schreiben mit der Hand ist für das Gehirn wichtig

Christoph Ahrens

[...] Im Alltag ist die Handschrift immer noch wichtig: Notizen, Einkaufszettel, To-Do-Listen, Familienkalender in der Küche, die Unterschrift im Arbeitsvertrag, die Weihnachtskarte, der Liebesbrief, das Kondolenzschreiben[1] – all das wird mit Hand geschrieben, weil es schneller geht oder einfach persönlicher wirkt. Aber reicht das um diese alte Kulturtechnik zu erhalten? In den USA ist die geschwungene Handschrift schon weithin aus den Schulen verschwunden. Als 2016 die Meldung durch die Medien geisterte, dass Finnlands Schulen das

M3

Schreiben von Hand abschaffen wollten, schien das Totenglöckchen endgültig zu läuten. […]

Das beunruhigt Bildungsforscher. Marianela Diaz Meyer, Geschäftsführerin eines 2012 gegründeten Instituts für Schreibmotorik[2], ist sich sicher: Es geht beim Handschreiben nicht nur um eine schöne, aber verzichtbare Kulturtechnik – sondern um Bildungschancen. Sie verweist auf Erkenntnisse der Hirnforschung, wonach das Schreiben mit der Hand die Entwicklung des Gehirns fördert. Auch die Bielefelder Graphologin[3] Rosemarie Gosemärker bestätigt: „Die Erinnerungsleistung derer, die mit der Hand schreiben, ist erheblich besser. Das liegt daran, dass das Schreiben das Gehirn ganzheitlich aktiviert.“

Die Handschrift als Denkwerkzeug. Als Beispiel nennt Diaz Meyer den klassischen Spickzettel: Wer ihn von Hand geschrieben hat, muss ihn oft nicht einmal mehr benutzen, weil er sich den Inhalt bereits eingeprägt hat. Tippen gehe zwar schneller, hinterlasse aber im Gehirn weniger Spuren.

1 **Kondolenzschreiben:** Schreiben, mit dem jemand den Angehörigen eines Verstorbenen sein Beileid bekundet

2 **Schreibmotorik:** Bewegungsabläufe beim Schreiben

3 **Graphologin:** Wissenschaftlerin, die auf der Grundlage der Handschrift ein Persönlichkeitsprofil erstellt

Welttag wirbt für die Rettung der Handschrift – Auf der Roten Liste. Welt online, 23.01. 2018 (https://www.welt.de/vermischtes/article172742060/Welttag-der-Handschrift-Bildungsexperten-warnen-vor-Aussterben.html, Zugriff: 20.02.2019, verändert)

F 5 Aufgabentyp 4b: Gaming – der neue Volkssport? (selbstständiges Üben)

Teil II

Lies bitte zunächst die Aufgabe und dann die Materialien aufmerksam durch, bevor du mit dem Schreiben beginnst. Schreibe einen zusammenhängenden Text.

AUFGABENSTELLUNG

Untersuche die Materialien M1, M2 und M3.

Gehe dabei so vor:
- **Stelle** die Materialien kurz **vor** und **benenne** das gemeinsame Thema von M1, M2 und M3.
- **Fasse** die Informationen aus M1 **zusammen**.
- **Stelle** die wesentlichen Aussagen aus M2 **dar** und **erläutere** sie.
- **Gib** die Aussagen aus M3 **wieder**.
- **Vergleiche** die Materialien M1, M2 und M3 miteinander, indem du erläuterst, ob eSport wirklich eine anerkannte Sportart sein kann. **Belege** deine Ausführungen am Text.
- Eine Schülerin sagt: *„Zum Sport gehört für mich auf jeden Fall Bewegung. Computerspielen kann für mich deshalb niemals eine ernstzunehmende Sportart sein.“*
  Setze dich kritisch mit dieser Aussage **auseinander**:
  – **Nimm Stellung** zu der Aussage.
  – **Begründe** deine Meinung.
  – Beziehe dich dabei auch auf die Materialien M1 bis M3.

M1 Wie Gaming zum neuen Volkssport wird *Jörg Bernardy*

[...] In 47 Ländern ist eSport bereits als Sport anerkannt. Während es bei den Asian Games 2018 schon Show-Disziplinen gab, soll eSport im Jahr 2022 möglicherweise als Medaillen-Disziplin ins Programm genommen werden. [...]

Werbeprofis verweisen schon länger auf die heiß begehrte Zielgruppe der 14- bis 29-jährigen, die sich über eGames und eSports erreichen lässt. Auch Sport- und Fußballverbände investieren mehr und mehr in eigene eSport-Turniere und -Mannschaften. Es wäre allerdings eine verkürzte Sichtweise, würde man hinter eGames und eSport lediglich einen Wirtschaftsfaktor sehen. Dahinter steckt auch eine soziale Bewegung, die bis in Werbung, Sportverbände und Politik ausstrahlt. [...] In ein paar Jahren könnte es völlig normal sein, dass Eltern ihre Kinder bei einem eSport-Verein anmelden. Auch wenn Gaming und eSport hierzulande immer noch mit einem Imageproblem zu kämpfen haben: zu viel Gewalt und zu wenig körperliche Bewegung.

Ob Computerspielen wirklich Sport sein kann? Worüber in Europa derzeit (noch) diskutiert wird, hat sich in China und Südkorea längst als ernstzunehmende und selbstverständliche Disziplin für junge Menschen etabliert[1]. Es wird noch etwas dauern bis eGames und eSports dem europäischen Fußball den Rang abgelaufen haben. Noch ist der Wettkampf um den runden Ball populärer und beliebter. [...]

1 etabliert: fest eingerichtet

news aktuell GmbH, Hamburg, 02.07.2019

M2 Umfrage zum Thema eSport

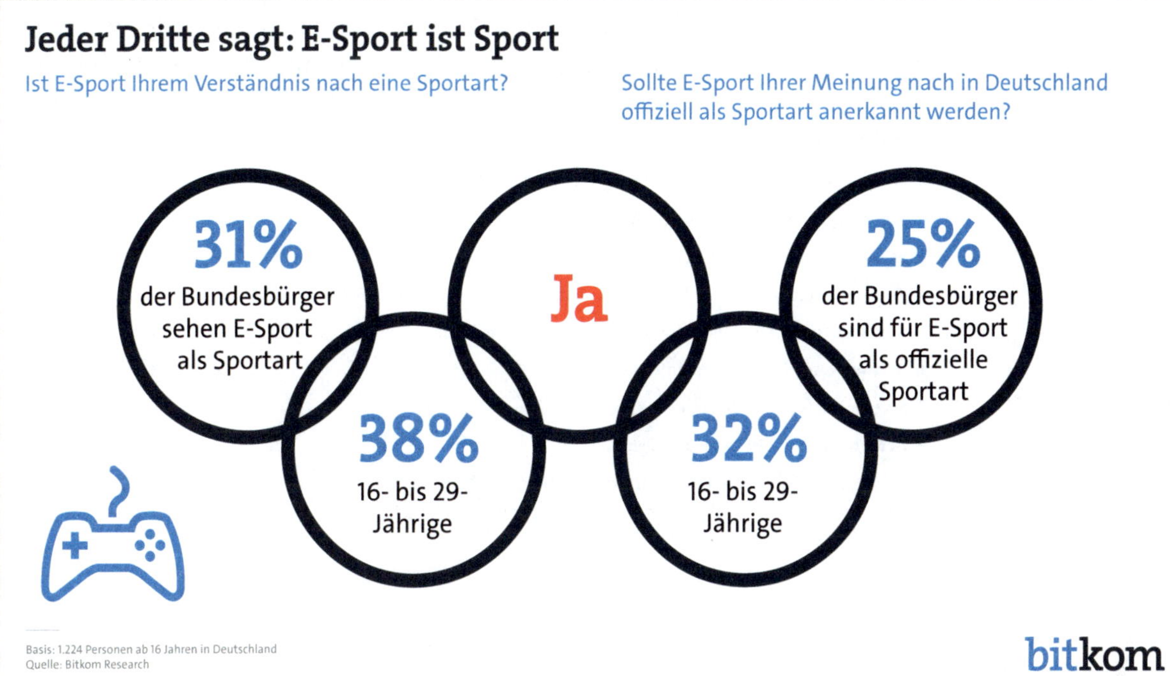

Bitkom Research GmbH

M3 Ist eSport Sport?

[...] Der DOSB[1] hat im Dezember 2018 ein Rechtsgutachten in Auftrag gegeben. Dieses ging der Frage nach, ob eSport in seiner Gesamtheit zum organisierten und gemeinnützigen Sport passt. Laut Positionierung des DOSB lautet Antwort auf diese Frage „Nein“. Eine Begründung hierfür ist, dass die Unternehmen, die über Regeln, Spielformen und Inhalte bestimmen, global agierende[2] und gewinnorientierte Unternehmen sind. Ein weiterer Grund für diese Entscheidung stellt der Inhalt der Spiele dar. Besonders Games wie „League of Legends“, „Dota“ oder „Counter-Strike“ – die dem DOSB zufolge nicht dem eSport, sondern dem eGaming zuzuordnen sind – seien mit den ethischen[3] Werten des Sports nicht vereinbar. Besonders Shooter[4] beinhalten die Tötung des Gegners sowie deren detaillierte visuelle Darstellung. [...] Ähnliche Ansichten vertritt auch der Deutsche Behindertensportverband (DBS). Während er Spiele, die auf die Tötung von virtuellen Gegnern abzielen, als Sportart ablehnt, sieht er Potenzial in den „virtuellen Sportarten“. Der DBS erkennt die Möglichkeiten der Inklusion[5] an, die der eSport bietet. So betont er, dass eSport insbesondere Menschen mit Behinderung die Teilnahme am gesellschaftlichen Leben erleichtern kann. Andererseits weist der Verband jedoch auf die Gefahren des eSports hin. Videospiele sind nämlich nicht zuletzt wegen der mit ihnen einhergehenden Suchtgefahr nicht unumstritten. [...] Obwohl eSports im Sitzen vor PC oder Konsole stattfinden, hat das professionelle Gaming mehr mit klassischen Sportarten gemeinsam, als man anfangs annehmen könnte. Im eSport sind nämlich zahlreiche Fähigkeiten – sogenannte Skills – erforderlich, die auch im offline-Sport[6] zentral sind. So kommt es unter anderem auf Ausdauer, Stressresistenz[7] und trainiertes peripheres[8] sowie fokussiertes Sehen an. Auch Geschicklichkeit, Feinmotorik und eine gute Team-Kommunikation sind bei professionellen Videospielern stark ausgeprägt. Zudem sind Reaktions- und Entscheidungsschnelligkeit gefragt. [...] Sportwissenschaftler Prof. Dr. Ingo Froböse [...] unterstreicht: „Körperliche Fitness ist unserer Meinung nach Grundvoraussetzung für effizientes Spielen an der Konsole". [...]

1 **DOSB:** Deutscher Olympischer Sportbund, regierungsunabhängige Dachorganisation des deutschen Sports

2 **global agieren:** weltweit handeln

3 **ethisch:** moralisch anständig

4 **Shooter:** Computerspiele, bei denen es hauptsächlich um das (Er-)Schießen geht

5 **die Inklusion:** Miteinbeziehung von Menschen mit Behinderungen

6 **offline:** ohne Zugang zum Internet

7 **Stressresistenz:** Widerstandskraft gegen Stress

8 **peripheres Sehen:** indirektes Sehen

Vereinsticket/Total Fansports GmbH, Saarbug, 21.07.2019
(https://www.vereinsticket.de/neuigkeiten/erobert-esport-die-vereinswelt, Zugriff: 17.11.21)

Glossar

Alliteration: → *Sprachliche Mittel*

Anapher: → *Sprachliche Mittel*

Anekdote: Eine Anekdote ist eine kurze, humorvolle Erzählung über eine Begebenheit, die für eine historische Persönlichkeit oder einen bestimmten Zeitraum bezeichnend ist.

Auktorialer Erzähler: → *Merkmale erzählender Texte*

Bericht: → *Journalistische Textsorten*

Diagramm: → *Grafik*

Direkte Rede: → *Merkmale erzählender Texte*

Ellipse: → *Sprachliche Mittel*

Epik: Unter diesem Begriff fasst man alle Arten der erzählenden Dichtung zusammen. Es gibt viele epische Kleinformen (→ *Erzählung*, → *Fabel*, → *Kurzgeschichte*, *Märchen*, *Sage*, *Schwank*). Zu den umfangreicheren epischen Texten gehört der → Roman.

Erlebte Rede: → *Merkmale erzählender Texte*

Er-/Sie-Erzählung: → *Merkmale erzählender Texte*

Erzählperspektive: → *Merkmale erzählender Texte*

Erzählung: In der Literatur versteht man unter einer Erzählung alle kurzen erzählenden Texte, die nicht eindeutig einer anderen Kurzform (→ *Fabel*, *Märchen*, *Sage*, *Schwank*) zugeordnet werden können.

Essay: → *Journalistische Textsorten*

Euphemismus: → *Sprachliche Mittel*

Fabel: Dies ist eine zumeist kurze Erzählung, in der Tiere oder Pflanzen sich wie Menschen verhalten. Häufig stehen sich zwei Tiere mit gegensätzlichen Eigenschaften gegenüber. Meistens wird nach einer kurzen Einführung die Handlung durch Rede und Gegenrede fortgeführt und endet mit einem überraschenden Schluss. Am Beispiel des erzählten Geschehens wird eine Lehre gezogen oder Kritik an bestimmten Verhaltensweisen geäußert.

Gedicht: → *Lyrik*

Glosse: → *Journalistische Textsorten*

Grafik: Grafiken stellen statistische Größen und Größenverhältnisse mithilfe von Diagrammen bildlich dar. Man unterscheidet folgende Typen von Diagrammen:

1. **Balkendiagramme** oder **Säulendiagramme**, die absolute Zahlen anzeigen. Die Höhe der Säule oder die Länge des Balkens gibt eine Anzahl an.
2. **Tortendiagramme** bzw. **Kreisdiagramme**, die eine prozentuale Zusammensetzung einer Gesamtmenge verdeutlichen. Der Kreis ist in mehrere Teile unterteilt, die jeweils den Anteil an der Gesamtmenge wiedergeben.
3. **Kurvendiagramme** oder **Liniendiagramme**, die eine Entwicklung anzeigen. Die Daten von verschiedenen Zeitpunkten können mithilfe eines solchen Diagramms miteinander verglichen werden.
4. **Flussdiagramme** oder **Ablaufpläne** stellen den Verlauf eines (Handlungs-)prozesses inklusive möglicher Variationen logisch dar. Sie eignen sich insbesondere, um Handlungs- bzw. Ablaufprozesse zu planen bzw. zu erklären.

Hyperbel: → *Sprachliche Mittel*

Ich-Erzählung: → *Merkmale erzählender Texte*

Indirekte Rede: → *Merkmale erzählender Texte*

Innerer Monolog: → *Merkmale erzählender Texte*

Interview: → *Journalistische Textsorten*

Ironie: → *Sprachliche Mittel*

Journalistische Textsorten:

Informierende Texte
Die **Meldung** ist die Kurzform der Nachricht. Sie enthält nur die wichtigsten Informationen (Wer? Wo? Was? Wann?). Sie steht häufig auf der ersten Seite und weist meist auf einen ausführlichen Bericht im Innenteil der Zeitung hin.

Der **Bericht** ist die ausführliche Form der Nachricht. Er liefert eine detaillierte und sachliche Darstellung eines Sachverhalts.
Merkmale:

1. Die Überschrift (häufig mit Unterüberschrift) informiert sachlich.
2. Ein halbfett gedruckter Vorspann fasst die wichtigsten Informationen (W-Fragen) zusammen.
3. Im Hauptteil erfolgt eine ausführliche Darstellung der Nachricht mit Erklärung der Zusammenhänge und Hintergründe.
4. Die Darstellung ist sachlich, wertende Äußerungen durch den Berichterstatter fehlen.
5. Aussagen von Personen werden in direkter und indirekter Rede wiedergegeben.
6. Häufig ergänzt den Text ein erklärendes Bild.

Die **Reportage** ist das Ergebnis vielfältiger Nachforschungen (= Recherchen). Die Reportage will nicht nur informieren, sondern die Leser auch durch die lebendige Art der Darstellung in besonderem Maße ansprechen.
Merkmale:

1. Die Überschrift ist so formuliert, dass sie die Neugier der Leser weckt.

2. Häufig informiert ein halbfett gedruckter Vorspann über den Inhalt der Reportage.
3. Der Anfang lässt die Leser oft ein Geschehen miterleben.
4. Sachlich-informierende Textstellen wechseln mit persönlich-schildernden Darstellungen.
5. Dadurch ergibt sich oft ein Wechsel von Zeitstufen (z. B. Präteritum für Rückblick).
6. Häufig werden Aussagen von Personen in wörtlicher Rede wiedergegeben.
7. Oft findet man wertende Meinungsäußerungen der Autorin/des Autors.
8. Illustrierende oder erklärende Bilder unterstützen die Aussagen des Textes.
9. Der Name der Autorin/des Autors wird angegeben.

Das **Interview** ist das Ergebnis eines Gesprächs, in dem ein Journalist/eine Journalistin gezielte Fragen an eine Person stellt, die von ihr beantwortet werden. Das Ziel kann darin bestehen, aktuelle Informationen über bestimmte Sachverhalte zu erhalten oder die persönliche Meinung zu einem bestimmten Problem zu erfahren.

Kommentierende Texte
Der **Kommentar** liefert eine Meinung zu einem Sachverhalt. Diese kann zustimmend oder ablehnend sein.
Merkmale:
1. Häufig wird er in Verbindung mit einem Bericht oder einer Meldung geschrieben.
2. In vielen Zeitungen erscheinen die Kommentare an einer bestimmten Stelle (z. B. Kommentare zu politischen Ereignissen).
3. Kürzere Kommentare beziehen sich oft auf einen Artikel auf der gleichen Seite.
4. Die Autorin/der Autor wird genannt.
5. In der Regel verwenden Kommentare keine Bilder.

Oft haben Kommentare einen typischen Aufbau:
1. Zunächst werden die wichtigsten Informationen dargestellt, die zum Verständnis der Stellungnahme nötig sind.
2. Die Autorin/der Autor legt seine Meinung begründet dar.
3. Als Abschluss wird meist ein Wunsch oder ein Ausblick formuliert.

Die **Glosse** ist ein locker geschriebener, häufig kritisch gehaltener Kommentar zu einem aktuellen Ereignis. Glossen stehen in vielen Zeitungen und Zeitschriften an einem festen Platz, haben das gleiche Layout und sind eine Form der persönlichen Meinungsäußerung.
Merkmale:
1. Sie sind oft zugespitzt formuliert und humorvoll geschrieben.
2. Aktuelle Themen oder neue gesellschaftliche Erscheinungen werden kritisiert oder verspottet.
3. Die Kenntnis des Sachverhalts wird vorausgesetzt.
4. Sie enden oft mit einer überraschenden Wende am Schluss (Pointe).
5. In Glossen tauchen immer wieder ironische Formulierungen, sprachliche Bilder, Wortspiele, Doppeldeutigkeiten und Anspielungen auf.

Der (oder das) **Essay** ist eine kürzere, sprachlich lebendige Abhandlung, in der ein Problem von verschiedenen Seiten betrachtet und in der die persönliche Meinung der Autorin/des Autors zum Ausdruck gebracht wird.

Karikatur: Durch Über- oder Untertreibungen werden in Zeichnungen menschliche Schwächen oder Missstände kritisiert und lächerlich gemacht.

Klimax: → *Sprachliche Mittel*

Kommentar: → *Journalistische Textsorten*

Konjunktiv: Die Verbform, die wir normalerweise verwenden, nennt man **Indikativ (Wirklichkeitsform)**:
Er sagt: „Ich komme morgen."
In der indirekten Rede (→ *Merkmale erzählender Texte*) verwendet man meistens den **Konjunktiv (Möglichkeitsform)**: Er sagt, er komme morgen.
Der Konjunktiv gibt an, was ein anderer gesagt haben soll.

Kurzgeschichte: Es handelt sich um einen kürzeren erzählenden Text. Die folgenden Merkmale sind zwar typisch für Kurzgeschichten, aber nicht immer treffen alle Kriterien in gleicher Weise zu.
Merkmale:
1. Die Handlung setzt unvermittelt ein. Es fehlen einleitende Angaben zu Ort, Zeit und Personen der Erzählung.
2. Gegenstand der Kurzgeschichte sind Alltagspersonen in Alltagssituationen.
3. Die Hauptperson ist einem Problem oder einer kritischen Situation ausgesetzt.
4. Oft nimmt die Handlung eine unerwartete Wendung.
5. Der Schluss ist offen. Der Leser soll über den Fortgang der Handlung selbst nachdenken.
6. Die Darstellung der Handlung ist kurz gefasst und auf das Wesentliche beschränkt.
7. Typische Merkmale der Sprache in Kurzgeschichten:
   - Wiederholungen, Aufzählungen,
   - Umgangssprache, Jugendsprache,
   - mehrere kurze Sätze, die aufeinanderfolgen,
   - unvollständige Sätze (Ellipsen).

Lyrik: Lyrik bezeichnet Dichtung in Versform (Gedichte). Früher wurden die Verse zur Lyra, einem alten Saiteninstrument, gesungen. Deshalb sagt man auch heute noch einfach: Lyrik ist liedartige Dichtung. Viele Gedichte sind vertont worden.
Im Gedicht drückt das → *lyrische Ich* seine Gefühle, seine Stimmungen, aber auch seine Erlebnisse, Einstellungen und Gedanken aus.
Viele Gedichte sind in **Strophen** gegliedert. Mindestens zwei Verszeilen werden in einer Strophe zusammengefasst. Oft beginnt mit einer Strophe ein neuer Gedanke. Es gibt Gedichte, die zwar einem bestimmten Rhythmus folgen, aber nicht am Wort- und Versende gereimt sind. Durch **Reime** erhalten Gedichte eine bestimmte Klangwirkung. Durch den Gleichklang der Reimwörter (z. B. *küssen – müssen; Fassaden – baden*) werden oft zwei oder mehr Verszeilen miteinander verbunden.

Drei Reimformen werden besonders oft verwendet (siehe S. 134):

Paarreim
a Sonne
a Wonne
b Eis
b heiß

umarmender Reim
a Sonne
b Eis
b heiß
c Wonne

Kreuzreim
a Sonne
b Eis
a Wonne
b heiß

Unter dem **Metrum** eines Gedichts versteht man die Folge von betonten und unbetonten Silben in den Wörtern eines Verses:

x x́ x x́ x x́ x (= Jambus)
Es war, als hätt der Himmel ...
x́ x x́ x x́ x x́ x (= Trochäus)
Als ich schläfrig heut erwachte ...

Eine besondere Gedichtform stellt das **Sonett** dar. Diese Gedichtform wurde im 14.–16. Jahrhundert häufig verwendet. Sie besteht aus zwei Strophen zu vier Zeilen und zwei Strophen zu drei Zeilen. Häufig wird in den beiden Vierzeilern das Thema vorgestellt, während die abschließenden Dreizeiler eine Auswertung oder Schlussfolgerung beinhalten.

Lyrisches Ich: Das lyrische Ich kann die oder der Sprechende im Gedicht sein. Das lyrische Ich kann, muss aber nicht die Einstellung oder Stimmung der Dichterin/des Dichters wiedergeben.

Märchen: Märchen erzählen Geschichten, die sich in Wirklichkeit nicht ereignen könnten. Oft handeln sie von Zauberern, Hexen, Feen und sprechenden Tieren. In einer räumlich und zeitlich nicht festgelegten Welt steht die Hauptfigur vor großen Gefahren und kaum lösbaren Aufgaben. Die Zahlen 3, 6, 7, 12 spielen eine besondere Rolle. Auch formelhafte Sprüche sind typisch für Märchen. Am Ende siegt meist das Gute.

Merkmale erzählender Texte: Wenn man eine Erzählung analysieren will, ist die genaue Untersuchung von folgenden Merkmalen wichtig:

1. **Erzählform:** Ein Autor kann in unterschiedlicher Weise erzählen. Daher unterscheidet man:
   Ich-Form: Das Geschehen, aber auch Gedanken und Gefühle werden aus der Sicht einer bestimmten Figur in der 1. Person erzählt: *Meine Eltern schlafen sicher schon. Mir aber dreht sich der Kopf, und ich komm nicht zur Ruhe. Was soll ich nur tun? Könnte ich doch nur die Zeit um einen halben Tag zurückdrehen!*
   Er-/Sie-Form: Der Erzähler stellt seine Personen in der dritten Person vor. Er kann dabei **als auktorialer Erzähler (auktoriales Erzählverhalten/auktoriales Erzählen)** auftreten. Der Autor ist der Allwissende, der das Geschehen von außen erzählt und auch mehr weiß als die Figuren des Geschehens und daher Ereignisse voraussehen oder auf sie zurückblicken und sie kommentieren kann.
   Jan vermutete, dass seine Eltern schon schliefen, während er sich im Bett wälzte und sich heftige Vorwürfe machte. Ein bisschen tat er sich auch selbst leid. Seine Eltern schliefen jedoch keineswegs, sondern fassten einen Entschluss.
   Der Erzähler kann aber auch in der 3. Person aus der Sicht einer Person die Geschichte erzählen und kommentieren. Man spricht dann von einem **personalen Erzähler (personales Erzählverhalten/personales Erzählen):**
   Jan wälzte sich im Bett und fand keine Ruh. Sicher würden seine Eltern schon schlafen. Warum nur konnte er die Zeit nicht zurückdrehen, nur einen halben Tag?
   Der Erzähler kann die Ereignisse aber auch von außen schildern und sich dabei auf die reine Wiedergabe der Handlung beschränken. Er gibt keine Kommentare oder Erklärungen ab. Man spricht dann von einem **neutralen Erzähler (neutrales Erzählverhalten/neutrales Erzählen):**
   Jan fuhr mit dem Fahrrad zum Training. Auf dem Sportplatz war niemand. „Wo seid ihr?", rief Jan. Er stellte sein Fahrrad ab und setzte sich auf eine Bank.

2. **Zeitverhältnisse:** Wenn ein Erzähler ein Geschehen, das in der Realität sehr kurz ist, sehr ausführlich darstellt und kommentiert, spricht man von **Zeitdehnung:**
   In diesem Augenblick des Fallens liefen die Ereignisse der letzten Tage in seinem Kopf wie in einem Film ab: die Begegnung mit seinem Vater, sein unbeherrschtes Verhalten Marion gegenüber und das Treffen mit dem großen Unbekannten, der ihn in diese ausweglose Situation gebracht hatte.
   Von **Zeitraffung** hingegen spricht man, wenn der Autor ein Geschehen, das in der Realität länger dauert, zusammenfasst, nur andeutet oder überspringt:
   Als Jan Stunden später im Krankenhaus aufwachte, hatte er Mühe, sich zurechtzufinden.
   Stimmen die erzählte Zeit und die Erzählzeit überein, laufen also die Handlung im Text und in der Realität ungefähr gleich schnell ab, spricht man von **Zeitdeckung.**

3. **Redeformen:** Der Erzähler kann unterschiedliche Redeformen verwenden.
   Direkte Rede: In wörtlicher Rede werden Äußerungen und Gedanken wiedergegeben: *Jan war aufgebracht: „Was wissen Sie schon, was geschehen ist!"*
   Indirekte Rede: Äußerungen werden vom Erzähler wiedergegeben, zumeist unter Verwendung des → Konjunktivs: *Vollkommen unbeherrscht machte er allen um ihn Stehenden Vorwürfe, dass schließlich niemand gekommen sei, ihm zu helfen, und er daher ganz allein auf sich selbst gestellt gewesen sei.*
   Erlebte Rede: Der Erzähler gibt die Gedanken und Gefühle in der 3. Person und meistens im Präteritum wieder: *Als alle den Raum verlassen hatten, war Jan sehr niedergeschlagen. War es nicht auch sein Fehler, dass es so weit gekommen war? War er nicht einfach zu stolz gewesen?*

Innerer Monolog: Die Gedanken und Gefühle werden in der Ich-Form dargestellt, häufig im Präsens: *Jan nahm sein Handy und suchte die Nummer von Marion. Ich werde ihr alles erklären. Ich werde sie nicht um Verzeihung bitten, denn mein Verhalten kann man nicht entschuldigen.*

4. **Satzbau:** Man unterscheidet folgende Möglichkeiten des Satzbaus:
   - **Satzreihe (Parataxe):** Es werden nur Hauptsätze aneinandergereiht. Häufig sind sie kurz: *Jan schwieg. Sein Puls raste. Blut schoss ihm in den Kopf. Dann sprang er auf.*
   - **Satzgefüge (Hypotaxe):** Darunter versteht man den Verbund von Haupt- und Nebensätzen: *Als er die Tür öffnete* (Nebensatz), *blies ihm ein kalter Wind entgegen* (Hauptsatz), *der schon vor geraumer Zeit begonnen hatte zu wehen und sich nun zu einem Sturm entwickelte* (Relativsatz).
   - **Unvollständige Sätze (Ellipse):** → *Sprachliche Mittel*

   Die Wirkung dieser Satzformen kann sehr unterschiedlich sein und kann nur aus dem Zusammenhang des Textes erschlossen werden.

5. **Sprachliche Mittel:** → *Sprachliche Mittel*

Metapher: → *Sprachliche Mittel*

Metrum: → *Lyrik*

Neologismus: → *Sprachliche Mittel*

Operatoren: In jeder Aufgabenstellung werden Anweisungen gegeben. Diese Anweisungen bezeichnet man als Operatoren. Wichtige Operatoren sind:
zusammenfassen (Inhalte, Aussagen und Zusammenhänge komprimiert und strukturiert wiedergeben),
beschreiben (Textaussagen in eigenen Worten strukturiert wiedergeben),
(be)nennen (Informationen zusammentragen),
darstellen (Inhalte, Aussagen oder Zusammenhänge sachlich und strukturiert formulieren),
erläutern (Textaussagen oder Sachverhalte auf der Basis von Kenntnissen/Einsichten darstellen und durch Informationen/Beispiele veranschaulichen),
erklären (Textaussagen oder Sachverhalte auf der Basis von Kenntnissen und Einsichten darstellen),
bewerten (zu einer Textaussage, einem Sachverhalt ein selbstständiges Urteil abgeben und dabei die eigenen Wertmaßstäbe offenlegen),
begründen (eigene Aussagen erklären, z. B. durch Konjunktionen (*weil, denn, …*) einleiten),
schlussfolgern (auf der Grundlage gegebener Informationen zu eigenen Erkenntnissen gelangen),
Stellung nehmen (eine Problemstellung oder einen Sachverhalt auf der Grundlage von Kenntnissen, Einsichten und Erfahrungen kritisch prüfen und die Einschätzung sorgfältig abwägend formulieren),
verfassen (einen Text unter Beachtung der Vorgaben für eine bestimmte Textsorte formulieren).

Parabel: Eine lehrhafte Erzählung über eine allgemeine Erkenntnis oder Wahrheit, in der anders als im Gleichnis der direkte Vergleich mit dem Vergleichswort „wie" fehlt. Die Parabel enthält eine Sachebene (Sachteil) und eine Bildebene (Bildteil). Die Leser müssen selbstständig von der Bildebene auf die Sachebene schließen.

Paradoxon: → *Sprachliche Mittel*

Parallelismus: → *Sprachliche Mittel*

Personaler Erzähler: → *Merkmale erzählender Texte*

Personifikation: → *Sprachliche Mittel*

Redeformen: → *Merkmale erzählender Texte*

Reim: → *Lyrik*

Reportage: → *Journalistische Textsorten*

Rhetorische Frage: → *Sprachliche Mittel*

Roman: Der Roman ist eine lange Erzählung, die zwischen hundert und mehreren tausend Seiten umfassen kann. Im Zentrum eines Romans steht oft die ausführliche Schilderung der problematischen Situation eines Einzelnen. Beschrieben wird, wie er in seiner Umgebung und mit seinen Mitmenschen lebt, sich verändert und entwickelt.

Rückblick: Vor allem in der → *Epik* (Erzählung, Roman) gibt es solche Einschübe, die vor der Zeit der eigentlichen Handlung spielen. Sie dienen dazu, die jetzige Situation oder das Handeln einer Figur zu erklären.

Sachtext: Ein Sachtext informiert über Tatsachen, Vorgänge und Sachverhalte. Er kann z. B. über die Tier- oder Pflanzenwelt informieren oder über bedeutsame Ereignisse. Sachtexte findet man in Zeitungen, Zeitschriften (→ *Journalistische Textsorten*) oder in Sach- oder Schulbüchern.

Satire: Eine satirische Darstellung zeigt menschliche Schwächen oder Fehler in stark übertriebener Darstellungsweise auf. Sie will diese lächerlich machen, zum Nachdenken anregen, kritisieren und häufig auch eine Änderung von Verhaltensweisen bewirken. Satire kann in den verschiedensten Textsorten auftreten.

Merkmale:
1. Ironie → *Sprachliche Mittel*
2. Übertreibungen und überzogene Vergleiche
3. Verspottungen durch ins Lächerliche gezogene Situationen
4. Wortspiele

Satzgefüge: → *Merkmale erzählender Texte*

Satzreihe: → *Merkmale erzählender Texte*

Sprachliche Mittel: Nahezu in allen Texten werden gezielt sprachliche Mittel eingesetzt, um bestimmte Wirkungen zu erzielen (siehe Übersicht am Ende dieser Seite).

Sonett: → *Lyrik*

Strophe: → *Lyrik*

Umarmender Reim: → *Lyrik*

Vergleich: → *Sprachliche Mittel*

Vers: → *Lyrik*

Vorausdeutung: Vor allem in der → *Epik* (Erzählung, Roman) gibt es solche Hinweise auf das, was nach der Zeit der eigentlichen Handlung passiert. Vorausdeutungen dienen einerseits dazu, das Interesse an der weiteren Entwicklung zu wecken, ordnen das Geschehen aber auch in einen Gesamtzusammenhang ein.

Zeitdeckung: → *Merkmale erzählender Texte*

Zeitdehnung: → *Merkmale erzählender Texte*

Zeitraffung: → *Merkmale erzählender Texte*

Zeitverhältnisse: → *Merkmale erzählender Texte*

Sprachliche Mittel	Erläuterung	Beispiel	mögliche Wirkung
Alliteration, die	Wiederholung von Anfangslauten bei aufeinanderfolgenden Wörtern	Milch macht müde Männer munter.	emotionale Verstärkung des gewünschten Eindrucks
Anapher, die	Wiederholung derselben Wortgruppe an Satz-/Versanfängen	Worte sind verletzend. Worte sind unersetzlich.	Eindringlichkeit; Rhythmisierung erreichen
Ellipse, die	unvollständiger Satz, der aber sinngemäß leicht zu ergänzen ist	Feuer! / Je früher der Abschied, desto kürzer die Qual.	der wichtigste Aspekt soll hervorgehoben werden
Euphemismus, der	Beschönigung	vollschlank statt dick / eingeschlafen statt gestorben	abgemilderte Negativbotschaft, taktisches Verhalten
Hyperbel, die	starke Unter- oder Übertreibung	Es ist zum Haareraufen! / ein Meer von Tränen	Dramatisierung; starke Veranschaulichung
Ironie, die	Äußerung, die durchblicken lässt, dass das Gegenteil gemeint ist	Das hast du ja ganz toll hinbekommen! / Vier Wochen Regen. Super!	Herabsetzung; kritische Anmerkung; Stellungnahme
Klimax, die	Steigerung; meist dreigliedrig	Er kam, sah und siegte.	Dramatisierung
Metapher, die	verkürzter Vergleich, Verwendung eines Wortes in übertragener Bedeutung	Geldwäsche / Er war ein Löwe in der Schlacht. / Du bist meine Sonne.	Veranschaulichung
Neologismus, der	Wortneuschöpfung	Mobbing / Gammelfleisch / unkaputtbar (Werbesprache)	Hervorhebung
Oxymoron, das	Verbindung von sich ausschließenden Begriffen	Weniger ist mehr / Eile mit Weile / unblutiger Krieg	Verdeutlichung; Ausdruck von Widersprüchlichkeit
Paradoxon, das	Zusammenstellung von Wörtern, die sich eigentlich widersprechen	bittersüß / Vor lauter Individualismus tragen sie eine Uniform.	starker Anreiz zum Nachdenken
Parallelismus, der	Wiederholung gleicher Satzstrukturen	Ein Blitz leuchtete, der Donner folgte, ein Gewitter setzte ein.	Dramatisierung, Intensivierung
Personifikation, die	Vermenschlichung; Gegenstände oder Tiere erhalten die Eigenschaften oder Fähigkeiten von Menschen	Die Sonne lacht. / Die Smileys haben uns fest im Griff. / Mutter Natur	lebendige und anschauliche Darstellung
rhetorische Frage, die	scheinbare Frage, deren Antwort jeder kennt; Leser und Zuhörer müssen zustimmen, da ihr Einverständnis vorausgesetzt wird	Gibt es den idealen Menschen? / Wer ist schon perfekt? / Wer glaubt denn das noch?	Mobilisierung einer bestätigenden Reaktion der Leser
Vergleich, der	Verknüpfung zweier Begriffe mit *wie*	Der Kämpfer ist stark wie ein Löwe.	anschauliche Darstellung

Übersicht zu den Textarten

Die bisher prüfungsrelevanten Textarten für das Leseverständnis oder die Schreibaufgaben sind in der folgenden Übersicht unterschlängelt.

Kontinuierliche Texte

Grundformen der Dichtung (fiktional)

Epik (erzählende Texte)

- <u>Erzählung</u>
- Fabel
- Gleichnis
- Kalendergeschichte
- Kurzgeschichte
- Legende
- Märchen
- Novelle
- Parabel
- <u>Roman/ Romanauszug</u>
- Sage
- Satire
- …

Lyrik (Texte in Versform)

- Ballade
- <u>Gedicht</u>
- konkrete Poesie
- Lied
- Moritat
- Ode
- Slam-Poetry
- …

Dramatik (Theatertexte)

- Hörspiel
- Komödie
- Musical
- Oper
- Schauspiel
- Tragödie
- …

Sachtexte (nicht-fiktional)

- Autobiografie
- <u>Bericht</u>
- <u>Biografie</u>
- <u>Blogeintrag</u>/ Chat
- Brief
- <u>Definition</u>
- <u>Dokumentation</u>
- <u>Essay</u>
- Exzerpt
- Glosse
- <u>Interview</u>
- <u>Kommentar</u>
- <u>Leserbrief</u>
- <u>Lexikontext</u>
- <u>Nachricht/ Meldung</u>
- <u>politische Rede</u>
- <u>Reportage</u>
- …

Diskontinuierliche Texte

- <u>Balkendiagramm</u>
- <u>Comic/ Graphic Novel</u>
- Flyer
- <u>Foto</u>
- <u>Illustration</u>
- <u>Infografik</u>
- <u>Kreisdiagramm</u>
- Kurvendiagramm
- <u>Lebenslauf</u>
- Piktogramm
- Plakat
- <u>Säulendiagramm</u>
- <u>Schaubild</u>
- <u>Tabelle</u>
- Wellendiagramm
- <u>Zeichnung</u>
- …

Besondere Merkmale, z. B. … (vgl. dazu C 1.2, C 2.2, C 2.3, C 3.2 und das Glossar)

Epik:

- Erzähler
- Erzählform
- Erzählhaltung
- innerer Monolog
- Zeitgestaltung
- …

Lyrik:

- Strophen
- Verse
- Reimschemata
- sprachliche Bilder
- lyrischer Sprecher
- …

Dramatik:

- Akte
- Szenen
- Dialoge
- Monologe
- Regieanweisungen
- Bühnenbild
- …

Sachtexte:

- Fakten
- informativ
- argumentativ
- sachlich
- verschiedene Medien
- narrativ
- deskriptiv
- …

Diskontinuierliche Texte:

- Legende
- Farbdeutung
- Einheiten
- verschiedene Werte
- Entwicklung
- Prozentzahlen
- Zeitraum
- …

Nicht immer ist in der Prüfungsvorlage angegeben, um welche Textart es sich bei den Materialien handelt. Daher ist es wichtig, dass du die richtigen Bezeichnungen lernst, um durch bestimmte Textmerkmale die Textart und ihre Wirkung/Funktion ermitteln und benennen zu können.